Le nouvel état du monde

Le nouvel état du monde

Sous la direction de Serge Cordellier

Les idées-forces pour comprendre les nouveaux enjeux internationaux

Deuxième édition
actualisée

La Découverte
9 *bis*, rue Abel-Hovelacque
75013 Paris

Si vous désirez être tenu régulièrement au courant de nos parutions, il vous suffit d'envoyer vos nom et adresse aux Éditions La Découverte, 9 *bis*, rue Abel-Hovelacque, 75013 Paris. Vous recevrez gratuitement notre bulletin *A la Découverte*.

Catalogage Electre-Bibliographie

Le nouvel état du monde : 80 idées-forces pour comprendre les nouveaux enjeux internationaux / dir. Serge Cordellier. – Nouv. éd. ref. – Paris : La dédouverte, 2002. – (L'état du monde)
ISBN 2-7071-3708-1

Rameau :	politique mondiale : 1995-...
	géographie politique : 1990-...
	histoire économique : 1990-...
Dewey :	327.1 : Relations internationales. Politique étrangère.
	Politique internationale. Généralités
Public concerné :	Tout public

Rédaction

Direction éditoriale
Serge Cordellier.

Coordination de la rédaction et édition
Antoine de Ravignan (pour l'édition 1999), Serge Cordellier, Béatrice Didiot, Sarah Netter (pour l'édition 2002).

Auteurs
Bernard Adam, relations internationales (sécurité et défense), directeur du GRIP, Bruxelles.
Serge Allou, GRET (Groupe de recherche et d'études technologiques), IFU (Institut français d'urbanisme).
Wladimir Andreff, économiste, Université Paris-I-Panthéon-Sorbonne.
Bertrand Badie, science politique, IEP-Paris.
Yannick Barthe, politologue, CNRS-CERAT (Centre de recherche sur le politique, l'administration, la ville et le territoire), IEP-Grenoble.
Patrick Baudouin, président d'honneur de la FIDH.
Saïda Bédar, CIRPES.
Georges Benko, économie géographique, Université Paris-I-Panthéon-Sorbonne, EHESS-CEMI (Centre d'études des modes d'industrialisation).
Antoine Bernard, directeur exécutif de la FIDH.
Sophie Bessis, journaliste et historienne.
Robert Boyer, économiste, CNRS, EHESS, Cepremap (Centre d'études prospectives d'économie mathématique appliquées à la planification).
Philippe Breton, sciences de l'information et de la communication, CNRS.
Nicolas Brouard, chercheur, INED.
Jean-Marie Charon, sociologue des médias, CNRS.
Monique Chemillier-Gendreau, droit public et science politique, Université Paris-VII-Denis-Diderot.
Jacques Chevallier, droit public et science politique, Université Paris-II-Panthéon-Assas.
Denis Clerc, économiste, conseiller de la rédaction du mensuel *Alternatives économiques*.
Thomas Coutrot, économiste, DARES (Direction de l'animation de la recherche, des études et des statistiques).
Jérôme Creel, économiste, OFCE (Observatoire français des conjonctures économiques).
John Crowley, politologue, CERI-Sciences Po.
Jean-Paul Deléage, historien des sciences, Université d'Orléans, directeur de la revue *Écologie & Politique*.
Philippe Dewitte, historien, rédacteur en chef de la revue *Hommes & Migrations*.
André Dumoulin, science politique (questions de défense), Université de Liège.
Guillaume Duval, rédacteur en chef adjoint du mensuel *Alternatives économiques*.
Michel Freyssenet, sociologue, CNRS (CSU-Iresco – Cultures et sociétés urbaines-Institut de recherche sur les sociétés contemporaines), GERPISA (Groupe d'études et de recherche permanent sur l'industrie et les salariés de l'automobile).
Jean-Jacques Gabas, économiste du développement, Université Paris-XI-Orsay, Gemdev (Groupement d'intérêt scientifique Économie mondiale, Tiers monde, Développement).
Jean-Paul Guetny, directeur de la revue *Actualité des religions*.
André Guichaoua, sociologue, Université des sciences et technologies de Lille.
Fabienne Hara, International Crisis Group.
Pierre Hassner, politologue, CERI-Sciences Po.
Jean-Charles Hourcade, CIRED-CNRS.
Sybille van den Hove, consultante, MEDIAN, SCP.
Yannick Jadot, Solagral.
Alain Joxe, directeur de recherche, EHESS-CIRPES.
Joseph Krulic, historien, chercheur associé au CERI-Sciences Po.
Annie Labourie-Racapé, sociologue.
Marc Laimé, journaliste spécialisé.

Franck Latty, CEDIN (Centre de droit international), Université Paris-X-Nanterre.
Émile Le Bris, géographe, Institut de recherches pour le développement (IRD, ex-ORSTOM).
Paul Magnette, politologue, ULB (Université libre de Bruxelles).
Jean de Maillard, magistrat.
Valérie Marange, philosophie, Universités Paris-VIII-Saint-Denis et Paris-XIII-Nord, corédactrice en chef de la revue *Chimères*.
Roland Marchal, politologue, CNRS, CERI-Sciences Po.
Jean Martin, avocat, Université Paris-IX-Dauphine, expert auprès de la Commission européenne.
Jean-Marie Martin, Institut d'économie et de politique de l'énergie – IEPE (CNRS-Université Pierre-Mendès-France, Grenoble).
Armand Mattelart, sociologue de la communication, Université Paris-VIII-Saint-Denis.
Georges Mink, sociologue, CNRS, IEP-Paris.
Philippe Moreau Defarges, IFRI (Institut français des relations internationales).
Pierre Papon, Observatoire des sciences et des techniques, École de physique et de chimie de Paris.
Jean-Marie Pernot, science politique, IRES.
Dominique Plihon, économiste, Université Paris-XIII-Nord.
Béatrice Pouligny, politologue, CERI-Sciences Po.
Marc Raffinot, économiste, Université Paris-IX-Dauphine.
Antoine de Ravignan, journaliste, *Alternatives Internationales.*
Pierre-Jean Roca, agronome et géographe, CNRS, directeur de l'IFAID-Aquitaine (Institut de formation et d'appui aux initiatives de développement).
Olivier Roy, politologue, CNRS.
Catherine Sauviat, économiste, IRES.
Marie-Claude Smouts, politologue, CNRS, CERI-Sciences Po.
Isabelle Sommier, sociologie politique, CRPS (Centre de recherches politiques de la Sorbonne), Université Paris-I-Panthéon-Sorbonne.
Daniel Théry, CIRED-CNRS.
Louise Vandelac, sociologue, Institut des sciences de l'environnement, Université du Québec à Montréal.
Jacques Véron, démographe, INED.

CERI : Centre d'études et de recherches internationales (Sciences Po)
CIRED : Centre international de recherche pour l'environnement et le développement
CIRPES : Centre interdisciplinaire de recherches sur la paix et d'études stratégiques
CNRS : Centre national de la recherche scientifique
EHESS : École des hautes études en sciences sociales
FIDH : Fédération internationale des ligues des droits de l'homme
GRIP : Groupe de recherche et d'information sur la paix et la sécurité
IEP : Institut d'études politiques
INED : Institut national d'études démographiques
IRES : Institut de recherches économiques et sociales

Graphisme

Conception de la couverture, maquette intérieure et création typographique :

Agence Papous, Paris.

Les titres et les intertitres sont de la responsabilité de l'éditeur.

Par **Serge Cordellier**
Directeur de la collection « L'état du monde »

L'actualité souligne régulièrement le besoin de comprendre les enjeux internationaux dans leur complexité. Maints commentateurs ont ainsi affirmé que les attentats du 11 septembre 2001 contre le World Trade Center et le Pentagone américains, dix ans après la disparition de l'Union soviétique, ont ouvert une nouvelle période marquant une rupture dans la marche du monde. *Le nouvel état du monde* permet précisément d'examiner cette question. Ses soixante auteurs présentent en effet les principales *lignes de force* qui caractérisent le monde de ce début de siècle et mettent en évidence non seulement les *inflexions*, mais aussi les *continuités* des tendances à l'œuvre, qu'elles concernent les sociétés, la géopolitique, l'économie ou la politique. Ces articles permettent de dépasser le « prêt-à-penser » et d'offrir une lecture hiérarchisée, interprétée et rigoureuse des temps présents, très accessible parce que voulue délibérément synthétique et didactique.

Une première section est consacrée à l'évolution du genre humain (dynamique de la population, inégalités hommes/femmes, frontières de la vie…) et aux besoins fondamentaux des sociétés (alimentation, santé, logement, éducation…). La deuxième section, « Géopolitique et relations internationales », traite de thèmes liés à l'ordre mondial, à la guerre et à la paix, etc. Une troisième section est consacrée aux questions économiques, au travail et aux entreprises. La politique, les représentations, les valeurs et les utopies font l'objet de la quatrième section.

Le nouvel état du monde a été publié une première fois à l'automne 1999 et traduit en plusieurs langues. Cette nouvelle édition a fait l'objet d'une refonte, ainsi que de mises à jour substantielles. Près de quatre-vingts thèmes sont étudiés, qui correspondent à une mosaïque de mots clés : « biens communs », nouveau capitalisme, menaces « asymétriques », multiculturalisme, OGM, mondialisation et antimondialisation, nouvelle économie, OMC, « choc des civilisations », gouvernance, multilatéralisme et unilatéralisme, développement durable, géopolitique de l'eau, missions de paix de l'ONU…

Sociétés et développement humain

Le développement durable est un projet politique pour toute l'humanité - *Jean-Paul Deléage* 15

La population mondiale continue d'augmenter, mais son rythme de croissance s'est nettement infléchi - *Jacques Véron* 18

Les inégalités entre hommes et femmes, bien que toujours globalement criantes, tendent à se réduire - *Annie Labourie-Racapé* 21

Les nouvelles frontières de la vie sont au cœur du débat bioéthique - *Valérie Marange* 24

La fracture des inégalités entre riches et pauvres ne cesse de se creuser - *Sophie Bessis* 27

L'eau représente un défi géopolitique majeur de notre temps - *Jean-Paul Deléage* 30

Famines et malnutrition ont des racines plus politiques qu'économiques ou démographiques - *Yannick Jadot* 33

La santé progresse globalement partout dans le monde, mais de grands écarts opposent le Nord et le Sud - *Nicolas Brouard* 36

L'accès à l'éducation est l'un des miroirs des inégalités entre Nord et Sud - *Antoine de Ravignan* 39

La planète devrait compter 25 mégapoles de 7 à 25 millions d'habitants en 2025 - *Émile Le Bris* 42

Seul un très petit club de pays a accès aux résultats de la recherche - *Pierre Papon* 45

L'« industrie du vivant » tente de faire main basse sur le patrimoine génétique de la planète - *Louise Vandelac* 48

Cinquante millions de réfugiés et de déplacés vivent une précarité durable - *Fabienne Hara* 51

La notion de « culture mondiale uniformisée » sous-estime les rapports entre le singulier et l'universel - *Armand Mattelart* 54

La modernité n'a éteint ni le fait religieux ni la quête de spiritualité - *Jean-Paul Guetny* 57

La problématique des « biens communs » représente un levier politique mais mérite clarification - *Marie-Claude Smouts* 60

Géopolitique et relations internationales

Les attentats du 11 septembre 2001 obligent à repenser la puissance - *Bertrand Badie* 65

La thèse du « choc des civilisations » est une vision fausse de l'avenir de l'humanité - *Pierre Hassner* 68

La sécurité collective repose plus que jamais sur les États-Unis et échappe à l'ONU - *Bernard Adam* 71

La globalisation des risques environnementaux rend nécessaire un renforcement des régulations internationales - *Sybille van den Hove* 74

Les États-Unis et l'Union européenne proposent deux conceptions très différentes de l'« ordre mondial » - *Alain Joxe* 77

Recentrage stratégique des États-Unis vers la lutte contre les « menaces asymétriques » - *Saïda Bédar* 80

L'Union européenne apparaît comme une tentative inédite de construction multinationale organisée par des États - *Paul Magnette* 83

L'émergence d'une justice pénale internationale permet de réprimer les crimes les plus révoltants - *Franck Latty* 86

L'ingérence entre États est l'expression du déclin du droit international - *Monique Chemillier-Gendreau* 89

L'utopie de la « guerre technologique » dispense à tort de chercher des règlements politiques aux conflits - *Philippe Breton* 92

Les opérations de paix de l'ONU ont un caractère très ambigu - *Béatrice Pouligny* 95

Les réformes des politiques de coopération Nord-Sud restent ambiguës dans leurs finalités - *Jean-Jacques Gabas* 98

Après la fin de la Guerre froide, la prolifération et la dissémination des armements se sont poursuivies - *André Dumoulin* 101

Réduire certains conflits à des « replis identitaires » interdit d'en comprendre les ressorts politiques et sociaux - *John Crowley* 104

Les migrations internationales concernent essentiellement les pays du Sud, mais la pression s'accentue vers ceux du Nord - *Philippe Dewitte* 107

La « montée en puissance d'une internationale islamiste » est un mythe qui a fait long feu - *Olivier Roy* 110

Les ONG sont porteuses de sens, mais la question de leur identité et de leur représentativité reste posée - *Pierre-Jean Roca* 113

La thèse des « guerres sans fin » ne rend pas compte du caractère très mouvant des conflits durables - *Roland Marchal* 116

La fin de la Guerre froide a modifié la carte mondiale du crime organisé - *Isabelle Sommier* 119

Le risque climatique est l'occasion d'expérimenter une régulation par des mécanismes de marché - *Jean-Charles Hourcade, Daniel Théry* 122
Le multilatéralisme est tout autant souhaitable que l'unilatéralisme apparaît inévitable - *Philippe Moreau Defarges* 125

Économie, travail et entreprises

Un nouveau capitalisme s'affirme, mondialisé et dominé par la finance - *Dominique Plihon* 131
L'hypothèse d'une prochaine convergence des capitalismes et des régimes de croissance est improbable - *Robert Boyer* 134
Loin d'avoir disparu, la nouvelle économie a muté, transformant l'activité et l'organisation des entreprises - *Marc Laimé* 137
L'OMC ne peut fonder seule la gouvernance internationale - *Yannick Jadot* 140
La globalisation financière a profondément modifié le fonctionnement de l'économie mondiale - *Dominique Plihon* 143
Les fusions géantes se sont multipliées, mais peu de multinationales sont véritablement globales - *Wladimir Andreff* 146
La création de l'euro modifie le fonctionnement du Système monétaire international - *Jérôme Creel* 149
Les grandes entreprises occidentales favorisent une organisation du travail qui repose sur une autonomie contrôlée - *Thomas Coutrot* 152
Une réforme du Système financier international s'impose d'urgence - *Dominique Plihon* 155
Malgré ses évolutions, le financement du développement reste inadapté aux besoins des pays pauvres - *Marc Raffinot* 158
La crise et les transformations des formes de l'emploi ne signifient nullement la fin du travail - *Michel Freyssenet* 161
L'État reste présent dans l'économie, mais à la manière d'un « stratège » et non plus d'un « pilote » - *Jacques Chevallier* 164
La mondialisation de l'économie du crime s'accompagne de la criminalisation de l'économie mondialisée - *Jean de Maillard* 167
La mobilité des investissements a changé la géographie de l'emploi et des inégalités - *Denis Clerc* 170
La mondialisation de l'économie n'est pas synonyme d'abolition des territoires - *Georges Benko* 173

La constitution d'ensembles économiques régionaux accompagne le mouvement de la mondialisation - *Denis Clerc* 176
Le secteur de l'énergie est emblématique des bouleversements entraînés par l'extension de la concurrence aux industries de réseau - *Jean-Marie Martin* 179
Le lobbying en faveur de la « responsabilité sociale des entreprises » peut-il civiliser le capitalisme ? - *Guillaume Duval* 182
Les marchés financiers et les nouvelles règles du jeu salarial déstabilisent les relations professionnelles - *Catherine Sauviat et Jean-Marie Pernot* 185
Le Japon n'est plus considéré comme l'unique creuset du modèle productif de demain - *Michel Freyssenet* 188

Politique, valeurs et utopies

Sur le plan politique, le multiculturalisme semble connaître un certain recul - *John Crowley* 193
Les réseaux antimondialisation dessinent-ils véritablement une société civile internationale ? - *Béatrice Pouligny* 196
Même allégé de certaines fonctions, l'État reste un cadre privilégié de régulation politique des sociétés - *Jacques Chevallier* 199
Les progrès du multipartisme cachent la persistance du manque de démocratie - *Patrick Baudouin et Antoine Bernard* 202
La communication représente un nouvel horizon des utopies totalisantes, prenant le relais du « progrès sans fin » - *Armand Mattelart* 205
Le gouvernement représentatif ne paraît plus suffisant pour répondre à l'exigence démocratique - *Jacques Chevallier* 208
Aux déconvenues suscitées par l'idéologie développementiste ont succédé de nouveaux credo - *André Guichaoua* 211
Les élites des pays post-communistes appartiennent de moins en moins à l'ancienne nomenklatura - *Georges Mink* 214
La gestion des risques technologiques tend à se soumettre au « principe de précaution » - *Yannick Barthe* 217
L'idéologie nationaliste a trouvé une vigueur renouvelée, mais elle habille des projets politiques contradictoires - *Joseph Krulic* 220
Internet n'est pas intrinsèquement un outil contribuant à la démocratie - *Jean-Marie Charon* 223
L'écologie politique prend des formes très différentes au Nord et au Sud - *Jean-Paul Deléage* 226

Les pouvoirs locaux s'affirment, y compris sur la scène internationale
- *Serge Allou* 229
Le développement du numérique s'accompagne à la fois d'une mise en cause et d'un renouveau de la propriété intellectuelle - *Jean Martin* 232
Les sociétés s'interrogent sur leur passé et sur les crimes qui les hantent
- *Philippe Moreau Defarges* 235

Sociétés et développement humain

Développement durable
Population mondiale
Hommes et femmes
Vie et mort
Richesse et pauvreté
Géopolitique de l'eau
Faim et malnutrition
Santé humaine
Éducation
Urbanisation
Recherche-Développement
Patrimoine génétique
Réfugiés et déplacés
Cultures et mondialisation
Fait religieux et spiritualité
Biens communs

Le développement durable est un projet politique pour toute l'humanité

Par **Jean-Paul Deléage**
Historien des sciences, Université d'Orléans, directeur de la revue « Écologie & Politique »

Il peut paraître troublant que le concept de « développement durable » ait connu un accueil unanimement favorable, y compris de la part d'institutions ou d'hommes politiques qui le bafouaient au quotidien.

La première définition du concept de développement durable date du rapport Brundtland préparatoire à la Conférence des Nations unies sur l'environnement et le développement (CNUED, Rio de Janeiro, 1992) : il s'agit d'« un processus de changement par lequel l'exploitation des ressources, l'orientation des investissements, des changements techniques et institutionnels se trouvent en harmonie, et renforcent le potentiel actuel et futur de satisfaction des besoins humains ».

Le concept de développement durable a fait suite à celui d'écodéveloppement, auquel avait fait référence, pour la première fois en 1980, l'Union internationale pour la conservation de la nature et de ses ressources (UICN) dans son rapport rédigé avec le World Wild Fund (WWF), *La Stratégie mondiale pour l'environnement.*

Le développement « durable » ou mieux encore « soutenable », de l'anglais « *sustainable* », cherche donc à concilier les besoins des générations vivantes sans aliéner ceux des générations du futur. Il part d'un constat écologique qui est un véritable état des lieux de la planète Terre. L'explosion démographique et urbaine [*voir articles p. 18 et 42*], l'extinction en masse d'espèces vivantes, la pollution croissante des sols, des eaux et de l'atmosphère, ainsi que les changements climatiques, sont analysés comme les conséquences inéluctables d'un modèle de croissance non durable, littéralement « insoutenable », dans les deux sens du terme, éthique et écologique.

La critique initiale est donc bien écologique, non seulement appuyée sur le constat précis d'une dégradation générale de l'état de l'environnement terrestre, mais aussi confirmée par la succession des catastrophes de grande ampleur: *Amoco Cadiz* (au large de la Bretagne, 1978), Seveso (Italie, 1976), Bhopal (Inde, 1984), Tchernobyl (Ukraine, 1986), *Exxon Valdez* (au large de l'Alaska, 1989), etc.

Une croissance économique sans précaution

La critique écologique débouche sur la critique d'une économie peu soucieuse de la contrainte écologique, ignorante de la circularité des régulations globales de la biosphère par les cycles biogéochimiques. Ces régulations sont désormais en péril sous les effets mortifères d'une croissance économique sans précaution.

La pensée économique est bousculée par le concept de développement durable. L'un des premiers grands économistes, Adam Smith (1723-1790), ne proposait-il pas une conception imprégnée des valeurs de la croissance industrielle et des vertus du marché comme moteur du progrès de toute société ? L'utopie du progrès allait profondément marquer les conceptions au cours des siècles suivants. Aujourd'hui, la plupart des héritiers néo-classiques des grands économistes du XIXe siècle n'ont quant à eux guère d'autre préoccupation que de réintégrer les coûts écologiques au jeu du marché, de réinternaliser les coûts externes à la logique de l'évaluation économique, en donnant un prix aux dégâts écologiques du développement économique.

Le développement « durable » ou mieux encore « soutenable », de l'anglais « sustainable », cherche à concilier les besoins des générations vivantes sans aliéner ceux des générations du futur.

Même chez des auteurs comme Paul A. Samuelson (prix Nobel en 1970), qui affirme dans *L'Économique* (1948) que « l'ordre du jour social sera, jusqu'à la fin du [XXe] siècle, surchargé de programmes écologiques, hautement prioritaires du point de vue humain », la priorité reste à la défense d'une richesse économique avant tout fondée sur la croissance. C'est en termes beaucoup plus profonds que les bioéconomistes ont posé la question du développement durable, en montrant en particulier que les régulations de la sphère de l'économie devaient se plier à celles, englobantes, de la biosphère. Dès lors, le marché ne pouvait plus être le seul juge de la durabilité du développement économique.

La bioéconomie doit beaucoup à l'économiste Nicolas Georgescu-Roegen, d'origine roumaine. Dans un autre registre, celui de l'éthique et de l'économie du développement, l'Indien Amartya Sen, prix Nobel en 1998, a aussi apporté une contribution très positive.

Une critique sociale et sociologique

Pour que la croissance économique entraîne le développement social, les critères sociaux de justice environnementale doivent primer sur les prophéties autoréalisatrices du jugement économique. Georges Balandier a été l'un des premiers sociologues à s'intéresser aux dimensions sociales du développement. Il étudiait – est-ce un hasard ? – les régions dites « sous-développées ». S'intéressant plus spécifiquement à l'Afrique de l'Ouest, il a montré les enchaînements désastreux d'une croissance strictement économique. Ainsi, une poussée urbaine brutale accroît la demande de produits agricoles, laquelle accélère la rotation des cultures, puis précipite la dégradation des sols.

Divers auteurs ont analysé les effets, en termes sociologiques, d'un développement « insoutenable », avec les tendances au déclin de la sociabilité, le déficit des repères et enfin les effets les plus déstructurants qu'il entraîne sur la personne, c'est-à-dire les diverses formes d'altération de la vie elle-même au niveau du quotidien : taux de suicides en augmentation chez les plus jeunes, accroissement des maladies de civilisation comme le cancer ou les accidents cardiovasculaires, stress et troubles du psychisme, etc. Ces travaux rejoignent les études d'autres critiques socio-écologiques du capitalisme comme celles, par exemple, d'André Gorz, qui analyse le mouvement écologique comme celui de la défense du « monde vécu ».

Un projet politique ambitieux

Dès lors, le concept de développement durable entre en politique. Le moment historique de cette entrée a été la conférence mondiale dite du « Sommet de la Terre » à Rio en 1992. Ce fut une entrée historique et symbolique, puisque les chefs d'États des 174 pays alors membres de l'ONU y participèrent ou s'y firent représenter. Il peut paraître troublant que ce concept ait connu un accueil aussi unanimement favorable, y compris de la part d'institutions ou d'hommes politiques qui le bafouaient au quotidien, mais il n'en représente pas moins un véritable levier politique pour tous les acteurs de la vie en société : gouvernements, partis, entreprises, associations, ONG (organisations non gouvernementales), simples citoyens. Et il serait stupide d'opposer développement durable « formel » et « réel », comme certains le firent naguère au sujet de la démocratie ! En effet, le concept n'est rien en lui-même. Il reste peu pertinent s'il est enfermé dans les différents champs disciplinaires et que ceux-ci s'en emparent à la seule fin de développer leur propre rhétorique universitaire. En revanche, il peut devenir un puissant outil pour l'action dès lors qu'il entre dans l'arène politique. Banalisé et abaissé au rang d'argument de marketing par les entreprises multinationales et leurs agences de communication, dévalorisé par les tactiques d'hommes politiques cyniques, le développement durable est une arme pour les citoyens et leurs associations dans les conflits pour la reconnaissance de leurs droits civiques, sociaux et environnementaux. Désormais, nulle politique ne peut se soustraire au fait que l'empreinte écologique, c'est-à-dire la surface productive nécessaire aux activités humaines, augmente annuellement de 2,5 % dans la biosphère, monde fini et seul espace possible de notre vie future.

Il n'est guère d'activité qui échappe aux conflits suscités par l'exigence d'un développement durable : politiques agricoles et industrielles, rurales et urbaines, déséquilibres Nord-Sud sont autant de points sensibles des débats qui préparaient la conférence de Johannesburg pour l'environnement mondial, convoquée dix ans après celle de Rio, pour l'automne 2002. ■

Il n'est guère d'activité qui échappe aux conflits suscités par l'exigence d'un développement durable : politiques agricoles et industrielles, rurales et urbaines, déséquilibres Nord-Sud.

Pour en savoir plus

J.-P. Deléage, *La Biosphère, notre terre vivante,* Gallimard, coll. « Découvertes », Paris, 2001.

S. Juan, *Croissance économique, déficits sociaux et indicateurs sociaux de développement durable,* IFEN, Orléans, 1998.

J.-P. Maréchal, *Humaniser l'économie,* Desclée de Brouwer, Paris, 2000.

PNUD, *Rapport sur le développement humain,* diffusion De Boek Université, Paris/Bruxelles, annuel.

@ Sites Internet

Agora 21 (« Le site francophone du développement durable ») : **http://www.agora21.org/**

PNUD (Programme des Nations unies pour le développement) : **http://www.undp.org**

La population mondiale continue d'augmenter, mais son rythme de croissance s'est nettement infléchi

Par **Jacques Véron**
Démographe, INED

RIEN NE PERMET DE PENSER QU'ON ATTEINDRA NÉCESSAIREMENT À LONG TERME UN « ÉQUILIBRE » DES POPULATIONS, MAIS RIEN N'INDIQUE NON PLUS QUE LA PLUS GRANDE PARTIE DU MONDE DOIVE SUIVRE INÉLUCTABLEMENT LE MODÈLE DES PAYS ACTUELLEMENT LES PLUS DÉVELOPPÉS.

À l'aube de l'an 2000, l'humanité a franchi le cap, certes purement symbolique, des six milliards d'habitants et elle est six fois plus nombreuse que vers 1800. La croissance de la population semblait, dans les années 1960 et 1970, devoir être indéfinie. Le temps était alors au discours sur les limites de la planète. Mais les rythmes de croissance se sont depuis ralentis. Dans les pays en développement, la transition démographique a été plus précoce ou plus rapide que prévu. La Chine a mis en place une politique de population vigoureuse, prônant le modèle de l'enfant unique, dont les effets ont été sensibles sur la dynamique mondiale même. L'infléchissement de la courbe de croissance, qui semblait naguère si peu probable, s'est réalisé à tel point que parler d'une stabilisation de la population mondiale ne paraît plus déraisonnable.

Supérieur à 2 % entre 1965 et 1970, le taux de croissance de la population mondiale est tombé à 1,3 % à la fin des années 1990. On dénombre alors 78 millions de nouveaux Terriens chaque année, contre 86 millions dans la période 1985-1990, au moment le plus fort de la vague. Cependant, malgré cette inflexion, la population continuera de croître encore longtemps. Les démographes des Nations unies, dans leur révision statistique de 2000, ont fait l'hypothèse moyenne d'une population mondiale un peu supérieure à 9 milliards en 2050. La population augmenterait alors encore de quelque 43 millions d'habitants chaque année.

La transition démographique est générale

Tous les pays du monde sont concernés par le phénomène de transition démographique, caractérisé par la baisse de la mortalité suivie de celle de la natalité. Les pays du Nord l'ont achevée. Un très grand nombre de pays en développement sont, en ce début de XXIe siècle, en cours de transition et ont déjà des niveaux de fécondité réduits (on comptait en 2000 2,2 enfants en moyenne par femme au Brésil et 3,04 en Inde). Le continent africain, où la fécondité semblait devoir se maintenir à des niveaux très élevés, de l'ordre de cinq enfants par femme, est lui-même « entré en transition » dans les années 1990.

La révision de 2000 des perspectives démographiques des Nations unies s'efforce par ailleurs d'intégrer les conséquences démographiques du sida, en prenant en compte les pays de plus de un million d'habitants où la prévalence de la séropositivité adulte est d'au moins 2 % et les grands pays qui regroupent une part importante des cas d'infection. Sur les 33 millions de personnes qui seraient séropositives en 1999, 88 % vivraient dans quarante-cinq pays seulement : trente-cinq pays d'Afrique subsaharienne, quatre d'Asie (Cambodge, Inde, Myanmar et Thaïlande) et six d'Amérique latine ou des Caraïbes (Bahamas, Brésil, Guyana, Haïti, Honduras, République dominicaine). L'ampleur des effets du sida est telle dans les pays d'Afrique les plus touchés que l'espérance de vie à la naissance serait inférieure de sept ans au niveau qui serait atteint sans cette infection (48 ans contre 55 ans). Dans certains pays, la perte, en durée de vie humaine, serait même de onze années. Les conséquences de l'infection seraient, dans le futur, plus importantes encore. L'effet sur la croissance démographique est majeur dans certains pays très touchés par l'épidémie comme le Botswana ou le Zimbabwé. Malgré l'importance du sida en Afrique, ce continent devrait voir la croissance de sa population rester encore forte au XXIe siècle.

Vers une « croissance zéro » ?

Si on allonge l'horizon temporel, l'hypothèse d'une stabilisation de la population mondiale devient envisageable. Selon les perspectives à long terme des Nations unies réalisées sur la base de la révision de 1996, la population mondiale pourrait se stabiliser aux alentours de 11 milliards d'êtres humains vers 2200.

Mais ce scénario n'est que l'un des sept qui reposent tous sur des hypothèses de fécondité différentes (la mortalité étant supposée évoluer de la même façon dans tous les cas). L'éventail des situations possibles à très long terme est donc particulièrement large : la population mondiale pourrait compter entre 3,6 milliards d'habitants (fécondité à terme de 1,5 enfant en moyenne par femme) et 27 milliards (fécondité de 2,5). Si, du jour au lendemain, la fécondité mondiale chutait brutalement dans tous les pays pour se situer de manière immédiate au niveau du seuil de remplacement des générations, la population du monde se stabiliserait autour de 9,5 milliards d'habitants. Cela signifie que par le jeu de l'inertie, c'est-à-dire l'élan pris par la population dans sa croissance, la population mondiale s'accroîtrait encore de plus de 3 milliards d'habitants.

Selon les perspectives à long terme des Nations unies réalisées sur la base de la révision de 1996, la population mondiale pourrait se stabiliser aux alentours de 11 milliards d'êtres humains vers 2200.

Le scénario « moyen » n'est *a priori pas* plus probable qu'un autre mais il est le plus souhaitable aux yeux de la communauté internationale. Le programme d'action de la conférence du Caire de 1994 consacrée au thème « population et développement » a insisté sur la nécessité d'une stabilisation de la croissance démographique mondiale la plus rapide possible.

Dans l'hypothèse où la population du monde évoluerait jusqu'à se stabiliser autour de 11 milliards d'habitants dans deux siècles, la répartition des êtres humains sur terre serait, à terme, bien différente de celle de la fin du deuxième millénaire. Moins de 6 % des habitants de la planète vivraient alors en Europe (contre 13 % aujourd'hui) et 4 % vivraient en Amérique du Nord (contre 5 % actuellement). Le poids relatif de l'Amérique du Sud serait à peu près le même qu'aujourd'hui, environ 8,5 %. La part de la population mondiale vivant en Chine se réduirait fortement (15 % contre 21 %) et celle de la population vivant en Inde diminuerait un peu au profit du reste de l'Asie. Quant à la part de la population mondiale vivant en Afrique, elle doublerait (26 % en 2150 contre 13 %). Cette stabilisation à l'horizon 2200 s'accompagnerait par ailleurs d'un vieillissement très intense de la population mondiale : les plus de soixante ans représenteraient plus du tiers des habitants de la planète dans cent cinquante ans et les plus de quatre-vingts ans près du dixième.

De nouvelles incertitudes

L'évolution démographique des trois dernières décennies du XXe siècle a transformé les craintes. À la peur d'une asphyxie de la Terre submergée sous le nombre de ses habitants, alimentée par la situation des pays en développement, a succédé pour certains celle d'une dépopulation à l'échelle planétaire. Cette nouvelle inquiétude se fonde sur une généralisation à la planète entière de l'évolution que connaissent les pays les plus développés. La plupart de ces derniers n'assurent plus le renouvellement des générations et certains, comme le Japon, l'Italie, l'Espagne ou l'Allemagne, ont une fécondité particulièrement basse (1,4 enfant en moyenne par femme, voire encore moins). L'introduction dans les études prospectives d'une hypothèse de basse fécondité (1,6 enfant par femme) fait suite aux critiques émises par certains pays développés qui jugent pour eux-mêmes peu vraisemblable le scénario de la stabilisation. Dans ce cas, la population mondiale diminuerait de plus de deux milliards d'ici à cent cinquante ans.

À la peur d'une asphyxie de la Terre submergée sous le nombre de ses habitants, alimentée par la situation des pays en développement, a succédé pour certains celle d'une dépopulation à l'échelle planétaire.

La vraisemblance de chaque scénario peut être discutée à l'infini et les pronostics très assurés sont en réalité de nature profondément idéologiques. Si l'ensemble du monde connaît une transition démographique comparable à celle des pays d'Europe, la population de la planète ne pourra que décroître dans l'avenir. Rien ne permet certes de penser qu'on atteindra nécessairement à long terme un « équilibre » des populations, mais rien n'indique non plus que la plus grande partie du monde doive suivre inéluctablement le modèle des pays actuellement les plus développés. ■

Pour en savoir plus

J.-C. Chasteland, J.-C. Chesnais (sous la dir. de), *La Population du monde, enjeux et problèmes*, INED/PUF, Paris, 1997.

H. Leridon *et alii*, « Compter les hommes. Six variations autour d'un thème », *Population et Sociétés*, n° 318, INED, Paris, nov. 1996.

Nations unies, *World Population Projections to 2150*, New York, 1998.

Nations unies, *World Population Prospects. The 2000 Revision*, New York, 2001.

D. Noin, *Atlas de la population mondiale*, La Documentation française/RECLUS, Paris/Montpellier, 1996.

A. Sen, « Il n'y a pas de bombe démographique », *Esprit*, Paris, nov. 1995.

J. Vallin, *La Population mondiale*, La Découverte, coll. « Repères », Paris, 1995.

J. Véron, « La population mondiale : défis et perspectives », *Problèmes politiques et sociaux*, n° 743, La Documentation française, Paris, 20 janv. 1995.

J. Véron, *Population et développement*, PUF, Paris, 1996.

@ Sites Internet

Institut national d'études démographiques (INED) : **http://www.ined.fr**

Popin (réseau d'information démographique des Nations unies) : **http://www.un.org/popin/**

Fonds des Nations unies pour la population (FNUAP) : **http://www.unfpa.org/**

Union internationale pour l'étude scientifique de la population (UIESP) : **http://www.iussp.org**

Population Index, Université de Princeton (États-Unis) : **http://popindex.princeton.edu/search/index.html**

Les inégalités entre hommes et femmes, bien que toujours globalement criantes, tendent à se réduire

Par **Annie Labourie-Racapé**
Sociologue

LA GÉNÉRALISATION DE LA CONTRACEPTION, QUI A PERMIS DE DISSOCIER SEXUALITÉ ET REPRODUCTION, EST SANS DOUTE LE PHÉNOMÈNE QUI A LE PLUS TRANSFORMÉ LA VIE DES FEMMES... ET DES HOMMES DANS LE MONDE ENTIER AU COURS DES DERNIÈRES DÉCENNIES DU XXe SIÈCLE.

L'inscription du principe de l'égalité des sexes dans les textes des organisations internationales et de la Commission européenne, la revendication de l'égalité des chances par des ONG ou encore les débats qui ont agité la presse et l'opinion publique en France concernant la parité sont révélateurs des profonds changements survenus ces dernières années dans le domaine des rapports entre les hommes et les femmes. Même si elles sont encore trop souvent marginalisées – voire cachées sous un voile –, même si elles rencontrent des difficultés à sortir de rôles qui leur ont été assignés depuis des siècles, les femmes ont conquis une visibilité dans l'espace public et voient leur rôle économique commencer à être reconnu.

Certes, du chemin reste à faire. Le droit des femmes à contrôler leur sexualité, longuement débattu à Pékin lors de la IVe conférence mondiale sur les femmes, n'est pas une évidence pour tous les pays, en particulier ceux où religion et politique tendent à se confondre. Dans nombre de sociétés patriarcales, le corps et la sexualité des femmes restent sous le contrôle des maris et des hommes, et la tradition est un alibi pour justifier toutes les pratiques, y compris les plus aliénantes, comme les mutilations génitales. Mais l'appropriation du corps des femmes n'est pas seulement affaire de « spécificités culturelles », loin s'en faut : les viols massifs perpétrés en temps de guerre, la prostitution forcée, la traite des femmes ou le tourisme sexuel sont autant de cas de violences et de réduction d'être humains au rang de simples objets de consommation.

Pauvreté et précarité se féminisent

La féminisation de la pauvreté et de la précarité est aussi l'un des principaux obstacles au progrès social. L'emploi des femmes a progressé, notamment dans les domaines qui leur sont traditionnellement dévolus, les services, la santé et l'éducation, mais il s'agit souvent de travail précaire ou à temps partiel – subi plus que choisi –, de postes en majorité peu qualifiés et marqués par des inégalités de salaire. Dans les régions rurales les plus pauvres du globe, là ou les femmes n'ont le droit ni de travailler la terre en leur nom, ni d'accéder aux prêts bancaires alors qu'elles assurent plus de la moitié de la production alimentaire, la situation est bien pire encore. Dans les pays du Sud, le nombre des femmes vivant en dessous du seuil de pauvreté a crû de 50 % au cours des trente dernières années du XXe siècle contre 30 % pour les hommes. La propagation du sida y touche de plus en plus de femmes et d'enfants, rendant parfois dérisoires les efforts faits pour améliorer la santé des femmes. Les taux de mortalité maternelle (décès liés à la naissance) sont de quinze à soixante fois plus élevés dans les pays en développement que dans la plupart des pays développés. En réduisant les budgets de santé et d'éducation, la crise de la dette et les mesures d'ajustement structurel adoptées sous les injonctions du FMI dans les années 1980 ont largement contribué à aggraver cette situation.

Dans les pays d'Europe centrale et orientale, ainsi que dans les ex-républiques soviétiques, le chômage s'est accru. Si les pays socialistes étaient parvenus à une certaine égalité des sexes au travail – qui reposait en réalité sur beaucoup de contraintes –, la libéralisation qui a suivi l'effondrement du bloc soviétique a créé de nouvelles discriminations.

Une lame de fond

Tous ces points noirs ne peuvent pourtant masquer le mouvement de fond qui a bouleversé et qui continue de travailler, à des degrés divers, toutes les sociétés. Dans les pays du Nord, l'espérance de vie des femmes est de plusieurs années supérieure à celle des hommes. La généralisation de la contraception, qui a permis de dissocier sexualité et reproduction, est sans doute le phénomène qui a le plus transformé la vie des femmes... et des hommes dans le monde entier au cours des dernières décennies du XXe siècle. La femme apparaît derrière, ou plutôt avec, la mère, et cette dissociation possible bouleverse ce qui semblait positionner femmes et hommes dans des rapports immuables.

On a vu aussi les femmes percer dans des fonctions réservées jusque-là au monde masculin. Sur la scène politique quelques femmes ont pris la tête de l'État (à Sri Lanka, en Inde, au Pakistan, aux Philippines), bien qu'elles aient été, il est vrai, des héritières. Dans les pays nordiques, les parlements comptent pratiquement autant de femmes que d'hommes. En France, la proportion des députées a doublé après les législatives de 1997, mais elles ne représentent encore que le dixième des parlementaires. Là comme ailleurs, la route est encore longue, marquée par des débats très animés sur la notion de parité, perçue par certains comme une stigmatisation de la différence et une assimilation des femmes à un groupe social dont il faudrait charitablement assurer la représentation, perçue par d'autres comme la nécessaire expression de la réalité bisexuée du genre humain.

Les femmes ont de même investi les fonctions d'encadrement dans les services et l'administration, mais leur absence dans les fonctions de direction, en particulier dans l'entreprise, est notoire. Le « plafond de verre », qui rend ces fonctions visibles mais inaccessibles aux femmes est toujours aussi présent. En Suède, où les femmes ont acquis la parité en politique, 7 % seulement des professeurs d'université sont des femmes.

Le « plafond de verre », qui rend les fonctions de direction visibles mais inaccessibles aux femmes est toujours aussi présent. En Suède, où les femmes ont acquis la parité en politique, 7 % seulement des professeurs d'université sont des femmes.

C'est peut-être dans le domaine de l'éducation que les changements ont été les plus sensibles. Les jeunes filles sont de plus en plus nombreuses à poursuivre des études secondaires et supérieures. Elles réussissent mieux que les garçons mais elles restent toujours éloignées des filières les plus prestigieuses. Dans les pays du Sud, en revanche, si la scolarisation des filles – un enjeu crucial pour leur statut de futures femmes – a beaucoup progressé, l'égalité des sexes devant l'école est encore loin d'être acquise.

Pour une perspective de « genre »

L'égalité entre les sexes se pense de moins en moins en termes de vouloir « être pareil », « être le même » ou ressembler le plus possible à la catégorie dominante (le masculin). L'égalité pourrait être le résultat de ce qui donne aux femmes et aux hommes la même capacité de faire, de concevoir, de réaliser. Les mouvements féministes, et particulièrement ceux des pays du Sud, insistent sur la nécessité de sortir d'une victimisation et de reconnaître les femmes comme des actrices de toutes les dimensions du développement. Les discriminations positives tendent à progresser vers une égalité toujours remise en question. Mais, en complément de ces actions, on commence à percevoir la nécessité d'intégrer la dimension de *genre*, c'est-à-dire de prendre en compte la place et la situation des femmes et des hommes dans toutes les analyses, les politiques, dans tous les projets de développement. Au-delà des différences définies par des caractéristiques biologiques, le rôle des femmes dans toute société est l'objet de constructions sociales. Le dévoilement du féminin caché derrière le neutre *homme* pourrait alors faire apparaître un masculin dépouillé de ses assurances de dominant.

L'égalité entre les sexes se pense de moins en moins en termes d'« être identique ». Vouloir « être pareil », « être le même » ou ressembler le plus possible à la catégorie dominante (le masculin) paraît moins être un enjeu que par le passé.

Les femmes du XXIe siècle verront-elles reconnus leurs droits et leurs aspirations ? Comprendra-t-on que, sans cette reconnaissance, les chances d'un véritable développement économique et social sont réduites ? Verra-t-on aussi l'arrivée des femmes aux postes de responsabilités avec – on peut l'espérer – une manière différente d'y parvenir, d'exercer le pouvoir et de s'y maintenir ? Des voies sont tracées dans ce sens mais l'histoire nous rappelle la réversibilité de tout progrès de l'humanité. ■

Pour en savoir plus

Éphesia, *La Place des femmes. Les enjeux de l'identité et de l'égalité au regard des sciences sociales*, La Découverte, coll. « Recherches », Paris, 1995.

« Femmes, genre et travail », *Revue internationale du travail*, n° 3 (n° spéc.), 1999.

J. Laufer, C. Marry, M. Maruani (sous la dir. de), *Masculin-féminin : questions pour les sciences de l'homme*, PUF, Paris, 2001.

PNUD, *Rapport mondial sur le développement humain*, Économica, Paris, Bruxelles, New York (annuel).

J. Véron, *Le Monde des femmes. Inégalités des sexes, inégalités des sociétés*, Seuil, Paris, 1997.

@ Sites Internet

Women Watch (Nations unies) : **http://www.un.org/womenwatch**
WECF (Women in Europe for a Common Future) : **http://www.wecf.org**
WEDO (Women's Environmental Development Organization) : **http://www.wedo.org**
Division de la femme et de la population – FAO : **http://www.fao.org/sd/SDW_fr.htm**

Les nouvelles frontières de la vie sont au cœur du débat bioéthique

Par **Valérie Marange**
Philosophie, Universités de Paris-VIII-Saint-Denis et Paris-XIII-Nord
Corédactrice en chef de la revue « Chimères »

Entre la vie et la mort, c'est désormais la machine technique, avec la grande machine biopolitique dont elle fait partie (équipements sanitaires, banques biologiques, systèmes d'assurance), qui distribue les frontières tout en répartissant les matériaux vitaux.

Est-il mort, est-il vivant, celui dont le « cerveau mort dans un corps vivant » contredit le dualisme classique ? Est-il mort, est-il vivant, ce fœtus non viable mais suffisamment « intact » pour qu'on en extraie de précieuses cellules hépatiques ou pancréatiques, voire cérébrales qui sauveront d'autres vies ? Est-il mort, est-il vivant, celui dont le froid arrête l'horloge interne, l'embryon surnuméraire des procréations *in vitro* ? Est-il mort, est-il vivant, cet homme atteint de la maladie d'Alzheimer, que ses proches disent psychiquement mort ?

À d'aussi étranges questions, l'humanité n'est pas entièrement inaccoutumée, et le débat bioéthique a souvent des allures scolastiques, des accents baroques. Ressuscités et morts-vivants hantent les couloirs de nos hôpitaux. À la peur d'être enterré vivant succède celle de mourir hérissé de tubes, ou transformé en « produits du corps ». À l'espoir de la résurrection se substitue une nouvelle efficacité du commandement « Croissez et multipliez ! », repris par de nouvelles techniques de procréation, de réanimation, de revitalisation. La figure du clone, à portée de la main en ce début de siècle, exprime au mieux cette nouvelle fabrique mythologique de la vie : fantôme et prothèse d'un individu qui rêve de devenir, comme certaines de ses cellules, immortel.

Le débat remonte aux années 1960, avec l'émergence d'une catégorie intermédiaire entre corps vivant et cadavre, celle du « coma dépassé » (différent des simples « état végétatifs ») : fonctions cérébrales inexistantes, respiration et circulation artificiellement soutenues. La protestation contre l'« acharnement thérapeutique » est née, mais avec elle la définition d'un état de « faux vivant » [*Dagognet*], permettant le prélèvement ou l'expérimentation pour la prolongation d'autres vies.

Le corps sécable et recyclable

Le modèle de la mort cérébrale s'imposera au fil des années, restant cependant sujet à discussion et fluctuation. Dans la nouvelle progressivité de la mort, ce n'est en effet pas tant la science qui tranche, qu'une décision reliée à une action. L'anatomie pathologique connaissait déjà la mort partielle, disséminée dans la vie sous la forme des lésions, ces « morts en détail, progressives, lentes à s'achever par-delà la mort même » [*Foucault*]. Mais l'acte technique du prélèvement retourne le sens de cette proposition : la mort du tout, de l'individu, précède la mort des parties, ces entités « dividuelles » [*Deleuze*] recyclables. Et plus encore que la mort du cerveau, c'est au bout du compte la non-viabilité qui fait critère pour désigner ces états de demi-vie, « limbes étalés de la durée prénatale et post-mortelle » [*Beaune*], dans le cas des « cadavres chauds » comme dans celui des fœtus issus d'avortements. Critère rassurant à certains égards, puisqu'il porte sur la totalité corporelle, mais dessinant désormais l'espace d'un autre genre de vie, infra-vie indifférenciée et interchangeable, qui viendra réparer les « morts en détail » par les artifices de la procréatique, de la greffe ou de la cosmétique. À la totalité organique, possession « indisponible » de l'individu, s'ajoute désormais un corps sécable, appropriable dans le modèle libéral, « nationalisé » [*Dagognet*] dans un modèle de santé publique. La mortalité des uns fait la viabilité des autres, ce critère étant lui-même intimement dépendant des moyens techniques, nourrissant le fantasme d'une technique magicienne, mais aussi cannibale.

L'anatomie pathologique connaissait déjà la mort partielle, disséminée dans la vie sous la forme des lésions, ces « morts en détail, progressives, lentes à s'achever par-delà la mort même ».

Acharnement technicien

C'est pourtant une politique favorable à la vie qui anime ces nouveaux développements techniques, non sans menacer cependant l'« antériorité du biologique sur la mécanique » chère au médecin et philosophe Canguilhem. Entre la vie et la mort, c'est désormais la machine technique, avec la grande machine biopolitique dont elle fait partie (équipements sanitaires, banques biologiques, systèmes d'assurance), qui distribue les frontières tout en répartissant les matériaux vitaux. Ces machines coûteuses posent la question des limites économiques à opposer à une demande a *priori* infinie, et contribuent fortement à la dualisation des systèmes de santé. Elles fragilisent aussi l'éthique clinique qui voyait dans toute pathologie une forme de vie singulière, épisode ou terme d'un itinéraire biographique irréductible à tout autre. Dans l'hôpital devenu « plateau technique », l'individu qui persiste dans l'espace indifférencié du vivant, automate normalisé par des techniques réparatrices, esthétiques ou correctrices du comportement, est écartelé entre corps-objet et corps-image, doublement assujetti. Le sens biologique du vivant se perd dans les limbes des « organes sans corps » [*Braidoti*], la maladie perd sa singularité, devient le point de départ d'un hypermécanisme correcteur. La vie des technologies biomédicales est une vie dévitalisée, anonyme et objectivable jusque dans sa « qualité ». Le réductionnisme biotechnologique rencontre de plus une catégorie politique, celle des corps sans âme que les politiques euthanasiques ou eugéniques rejetaient dans la mort, que nos sociétés maintiennent charitablement dans un entre-deux. C'est la vie qui « sent l'ammoniaque », la demi-vie des « zombies » qui peuplent les hospices de vieillards, des fous, des anormaux et divers improductifs, « automates ambulatoires » selon la psychiatrie début de siècle, « morts sociaux » selon nos coordonnées médico-sociales actuelles [*Beaune*].

En même temps que le sens singulier de la pathologie, s'estompe la dimension lyrique de la finitude : la clinique ôtait au vivant l'éternité, lui rendant « bonne » la mort préparée comme aiguillon d'une vie pleine. La biotechnologie étire le temps de la vie, jusqu'à celui de la mort devenue « fin de vie », et fait désirer la mort rapide, inconsciente, de plus en plus rare. L'imaginaire sain du volontarisme vital fait de la mort un scandale, il l'« ensauvage » [*Ariès*]. La mort, comme la vie, comme la maladie qui les réunit, est nue, livrée au « travail » de sa gestion hospitalière et à des images de pure anomie.

Réanimer la vie

C'est sans doute à réapprivoiser la mort que s'emploient aujourd'hui les partisans du suicide assisté, comme ceux des « soins palliatifs ». Les uns en écourtant la « mort avant la mort », les autres en valorisant ce temps comme « maturation » voire « nouvelle naissance ». Mais est-ce seulement de mauvaise mort que souffrent nos corps médicalisés, ou d'impuissance à affronter l'« inconvénient d'être né » dont parle Cioran, à donner sens à une vie mécanique envahissant les représentations ? Comment repenser aujourd'hui une biopolitique intégrant la finitude et les singularités, les équilibres du vivant ? Si « la pensée médicale engage pleinement le statut philosophique de l'homme » [*Foucault*], comment faire pour que cette pensée ne soit pas seulement celle de la vie anonyme et du corps performant, mais celle d'une vie toujours en même temps mode de vie, existence et coexistence ? De nouvelles approches cliniques, politiques et esthétiques du vivant mortel réanimeront-elles la vie dévitalisée, réenchanteront-elles le corps morcelé ?

Repenser la vie « par le milieu », plutôt que par ses extrémités, comme consistance singulière et comme globalité fragile est la tâche actuelle de l'animal biopolitique.

« Vivre, même pour une amibe, c'est déjà préférer et exclure » écrivait Canguilhem. La leçon pourrait être utile, non seulement dans ces lieux de stockage des incurables ou anormaux qui sont rarement des « lieux de vie », mais aussi pour faire face aux défis existentiels et écologiques du début de siècle. Repenser la vie « par le milieu » [*Deleuze*], plutôt que par ses extrémités, comme consistance singulière et comme globalité fragile est la tâche actuelle de l'animal biopolitique. ■

Pour en savoir plus

G. Agamben, *Homo sacer, le pouvoir souverain et la vie nue*, Seuil, Paris, 1997.

P. Ariès, *L'Homme devant la mort*, Seuil, Paris, 1977.

J.-C. Beaune, « Entre corps et mort, le fantôme de l'individu », *in Milieux, Anatomies du corps*, n° 23-24, Champ Vallon, Seyssel, 1986.

R. Braidoti, « Des organes sans corps », *in* « De la parenté à l'eugénisme », *Cahiers du Grif*, n° 36, Paris, aut. 1987.

F. Dagognet, *La Maîtrise du vivant*, Hachette, Paris, 1988.

G. Deleuze, « Les sociétés de contrôle », *in Pourparlers*, Minuit, Paris, 1990.

Forum Diderot, *La fin de la vie, qui en décide ?*, PUF, Paris, 1996. Voir notamment M. de Hennezel, « Sens et valeur du temps qui précède la mort », et C. Herzlich, « Les nouveaux discours sur la mort et le silence face aux mourants ».

M. Foucault, *La Volonté de savoir*, Gallimard, Paris, 1976.

M. Foucault, *Naissance de la clinique*, PUF, Paris, 1963.

La fracture des inégalités entre riches et pauvres ne cesse de se creuser

Par **Sophie Bessis**
Journaliste et historienne

L'APPARITION D'UNE PAUVRETÉ DE MASSE AU NORD NE DOIT PAS OCCULTER LE FAIT QUE LA FRACTURE SOCIALE LA PLUS GRAVE EST CELLE QUI SÉPARE LE NORD PROSPÈRE DES SUDS LES PLUS DÉMUNIS. C'EST LÀ QUE SE TROUVENT LES DAMNÉS DE LA TERRE. ILS N'ACCEPTERONT PEUT-ÊTRE PAS TOUJOURS DE LE RESTER.

Il faut, à l'aube du nouveau millénaire, se rendre à l'évidence. Sur une planète qui produit chaque année davantage de richesses, les pauvres deviennent plus pauvres tandis que les riches ne cessent de s'enrichir. Dans la seconde moitié du XXe siècle, le revenu mondial a été multiplié par sept et le revenu moyen théorique par habitant par trois. Mais, entre 1960 et 1995, les 20 % d'individus les plus riches du globe – qui vivent en quasi-totalité dans les pays du Nord – ont vu leur part de ce revenu passer de 70 % à 86 %, tandis que celle des 20 % les plus pauvres chutait de 2,3 % à 1,3 %. Selon la Banque mondiale, le nombre de personnes vivant dans un dénuement absolu aurait augmenté de 100 millions d'individus au cours des seules années 1980.

Si la coexistence de l'extrême pauvreté et de la fortune la plus insolente est un phénomène aussi vieux que l'histoire, l'époque contemporaine connaît une aggravation des inégalités à bien des égards inédite dans un contexte où la croissance économique mondiale n'a jamais été inférieure, durant les dernières décennies, à celle de la population. Jamais non plus le fossé entre pays du Nord – c'est-à-dire l'ensemble des vieilles nations industrielles – et du Sud – le tiers monde de naguère – n'a été aussi profond. Certes, au Sud, certains s'en tirent mieux que d'autres : tandis qu'elle s'aggrave en Afrique, la pauvreté recule dans une bonne partie de l'Asie.

Un monde deux fois plus inégalitaire qu'en 1960

Globalement, la société mondiale est cependant, en ce début de siècle, deux fois plus inégalitaire que quarante ans auparavant. En 1960 en effet, les 20 % d'individus les plus riches du globe disposaient d'un revenu environ trente fois supérieur à celui du milliard de personnes les plus pauvres. À la fin des années 1990, la proportion était passée de 1 à 60, et les pays les plus riches disposaient des quatre cinquièmes du revenu planétaire. Les historiens estiment de leur côté qu'en 1820 le revenu moyen par habitant en Europe occidentale était 2,9 fois supérieur à celui de l'Afrique subsaharienne. En 1992, le rapport était de 1 à 13,5. Malgré les progrès remarquables de certains pays qui n'appartiennent plus vraiment au Sud, comme la Corée du Sud et Taïwan, et la modestie relative du revenu de quelques États occidentaux comme le Portugal ou la Grèce, le PNB moyen par tête, calculé en parités de pouvoir d'achat, s'élevait en 1999 à 26 050 dollars dans les États industrialisés à haut revenu, contre 3 530 en moyenne pour les pays en développement et 1 170 dollars pour les plus pauvres d'entre eux.

Au-delà des inégalités de revenu, la pauvreté et la richesse se mesurent aussi à la densité des infrastructures que possède un pays ou à la qualité de sa santé et de son éducation. Là encore, les écarts restent criants. Quand les habitants des nations riches peuvent espérer vivre jusqu'à 76,4 ans, l'espérance de vie à la naissance est de 45,3 ans au Burkina et de 56,5 ans au Cambodge. Et c'est chez les plus pauvres que l'on trouve les taux de scolarisation les moins élevés et l'analphabétisme le plus massif. Les pays riches, en revanche, se distinguent par des niveaux de consommation paraissant presque obscènes au regard du dénuement dans lequel vivent 1,3 milliard d'humains. Avec seulement 20 % de la population mondiale au tournant du siècle, le Nord consomme 60 % de l'énergie, 75 % des métaux et 85 % du bois produits sur le globe, abrite les trois quarts des véhicules automobiles qui y circulent, et rejette dans l'atmosphère 49 % du gaz carbonique émis sur la planète.

Au-delà des inégalités de revenu, la pauvreté et la richesse se mesurent aussi à la densité des infrastructures que possède un pays ou à la qualité de sa santé et de son éducation.

Pour être la plus voyante, la fracture Nord-Sud n'est cependant pas la seule. Les femmes, en effet, sont moins riches que les hommes et représenteraient en ce tournant de siècle 70 % des pauvres de la planète. Moins bien soignées et peu scolarisées dans de nombreux pays pauvres ou dans des États particulièrement misogynes, elles ne possèdent qu'une infime partie de la propriété mondiale et ont un accès limité aux moyens de production. L'Europe et l'Amérique du Nord sont loin de l'égalité des salaires entre les sexes et, dans le monde entier, les femmes ont été les plus touchées par la montée du chômage et la généralisation des politiques d'austérité budgétaires.

Le caractère inégalitaire de la croissance économique

Les pays du Nord ne sont pas à l'abri de la montée des inégalités, contrairement à ce que crurent leurs citoyens pendant les trois décennies où l'État-providence fut chargé de jeter les bases d'une certaine démocratie sociale. La conversion de l'Occident dans les années 1980 à un libéralisme économique pur et dur, fondé entre autres sur la déréglementation sociale, a fait, depuis, surgir une « nouvelle pauvreté » qui frappe désormais des millions d'individus. Dans l'Union européenne et aux États-Unis, 15 % des habitants vivent dans la pauvreté malgré la richesse de leurs pays. Mais la croissance est de plus en plus inégalitaire et ne profite guère qu'aux revenus déjà élevés. En 1995, la rémunération des P-DG américains était en moyenne cent soixante-treize fois supérieure à celle de leurs salariés.

Le caractère inégalitaire de la croissance n'est pas propre aux pays riches. De fait, les inégalités au sein de chaque nation se sont creusées partout, en même temps que s'approfondissait le fossé Nord-Sud. Pendant que des îlots d'extrême pauvreté apparaissent comme autant d'intrusions du Sud dans le Nord, l'existence de petites minorités fortunées dans les pays du Sud rend plus scandaleuse encore la misère du plus grand nombre. Parmi les douze pays qui concentrent 80 % des pauvres du globe (l'Inde, la Chine, le Brésil, le Nigéria, l'Indonésie, les Philippines, l'Éthiopie, le Pakistan, le Mexique, le Kénya, le Pérou et le Népal) se trouvent plusieurs puissances économiques mondiales. Les États les plus inégalitaires sont situés en Amérique latine ; le Brésil arrivant en tête de ce peu glorieux classement. Dans ce pays, le dixième le plus pauvre de la population se partageait en 1998 1,0 % du revenu national et le dixième le plus riche 46,7 %. Le Chili, la Colombie, le Guatémala et le Paraguay font à peine mieux (respectivement 1,4 % contre 46,7 % en 1996 ; 1,1 % contre 46,1 % en 1996 ; 1,6 % contre 46,0 % en 1998 ; 0,5 % contre 43,8 % en 1998). Plusieurs pays d'Afrique noire se distinguent également par l'inégalité qui y règne. L'Afrique du Sud, où les 10 % les plus pauvres ont droit à 1,1 % du revenu national contre 45,9 % pour les 10 % les plus riches (1993-1994), est du nombre, avec la Sierra Léone, le Zimbabwé et le Sénégal. Les États scandinaves et ceux de l'ancienne Europe centrale socialiste sont, en revanche, les moins inégalitaires du globe. Quant aux grands États occidentaux, ils ne peuvent guère se poser en modèles d'équité sociale : le dixième le plus pauvre y dispose approximativement de moins de 3 % du revenu national (1,8 % aux États-Unis en 1997), mais la richesse y est moins concentrée.

À l'exclusion des pays les plus pauvres de la nouvelle sphère de la prospérité internationale d'une économie mondiale dérégulée, répond celle, au sein de chaque nation, de larges couches de la population, surexploitées ou économiquement marginalisées, parmi lesquelles les femmes sont majoritaires.

De quelque côté que l'on se tourne, le constat est donc à peu près le même : à l'exclusion des pays les plus pauvres de la nouvelle sphère de la prospérité internationale qui se dessine sous l'égide d'une économie mondiale dérégulée, répond celle, au sein de chaque nation, de larges couches de la population, surexploitées ou économiquement marginalisées, parmi lesquelles les femmes sont majoritaires. L'apparition d'une pauvreté de masse au Nord ne doit cependant pas occulter le fait que la fracture sociale la plus grave est celle qui sépare le Nord prospère des Suds les plus démunis. C'est là que se trouvent les damnés de la terre. Ils n'accepteront peut-être pas toujours de le rester. ■

Pour en savoir plus

Banque mondiale, *Combattre la pauvreté. Rapport sur le développement dans le monde*, Washington, 2000-2001.

S. Bessis, « Les nouveaux enjeux et les nouveaux acteurs des débats internationaux dans les années 90 », *Revue Tiers-Monde*, n° 151, PUF, Paris, juil.-août 1997.

C. Brisset (sous la dir. de), *Pauvretés*, Hachette, Paris, 1996.

R. Halvorson-Quevedo, H. Schneider, *Combattre la pauvreté dans le monde*, OCDE, Paris, 2000.

PNUD, *Rapport mondial sur le développement humain*, De Boeck Université, Paris, Bruxelles (rapport annuel du Programme des Nations unies pour le développement).

@ Sites Internet

PNUD (Programme des Nations unies pour le développement) : **http://www.undp.org**

L'eau représente un défi géopolitique majeur de notre temps

Par **Jean-Paul Deléage**
Historien des sciences, Université d'Orléans,
directeur de la revue « Écologie & Politique »

L'INÉGALE RÉPARTITION DE L'EAU, LES CONCURRENCES POUR SON USAGE AINSI QUE L'ABSENCE D'INFRASTRUCTURES D'ASSAINISSEMENT DANS DE NOMBREUSES RÉGIONS DU MONDE POSENT DES DÉFIS CONSIDÉRABLES POUR L'AVENIR DE L'HUMANITÉ. LE MARCHÉ MONDIAL DES SERVICES D'EAU POTABLE ET D'ASSAINISSEMENT DES EAUX URBAINES EST PARTAGÉ ENTRE QUELQUES GRANDS GROUPES FRANÇAIS, BRITANNIQUES ET AMÉRICAINS.

L'eau douce, qui représente seulement 3 % du volume d'eau terrestre, n'est pas répartie de façon homogène à la surface du globe et, dans de nombreux pays, les précipitations sont très irrégulières. Socialement, cette ressource est très inégalement distribuée entre les humains. Ainsi, la consommation journalière varie de plus de 600 litres par personne aux États-Unis à moins de 10 litres dans certains pays africains. À l'échelle mondiale, l'agriculture représente 70 % de la consommation totale, devant l'industrie (20 %) et les besoins domestiques des populations (10 %).

Aussi nécessaire soit-elle, cette approche globale ne doit pas masquer un fait essentiel : l'eau est indispensable aux cultures vivrières et sa pénurie est lourdement préjudiciable à la production alimentaire dans de nombreux pays pauvres, surtout en zone aride et semi-aride. Si les tendances actuelles se confirment, d'ici une génération, près de 4 milliards de personnes vivront dans des pays incapables d'atteindre leur autosuffisance alimentaire. À l'inverse, des pays comme les États-Unis ont largement construit leur puissance agroalimentaire sur la mise en valeur de surfaces bénéficiant de grands aménagements hydrauliques. L'irrigation dans le bassin du Mississippi, la construction de barrages dans l'ouest du pays, le pompage de nappes fossiles pour les grandes plaines céréalières du Centre-Ouest ont permis aux États-Unis de devenir un grenier à céréales. Pour Washington, selon l'expression célèbre, « *Food is the best weapon in our arsenal* » (l'alimentation est notre meilleure arme).

L'eau marchandise

Au XXe siècle, l'eau a progressivement changé de statut social, passant de l'état de bien libre à celui de marchandise, suscitant de multiples convoitises. Ainsi des immenses réserves d'eau douce du Québec et du Manitoba, au Canada. Le marché de l'eau est désormais, et dans le monde entier, le théâtre de conflits où sont en jeu d'énormes intérêts opposant de grandes multinationales. Ainsi, les deux géants français dominants au niveau mondial, Suez-Lyonnaise (issue de la fusion, en 1997, de la Compagnie de Suez et de la Lyonnaise des Eaux) et Vivendi-Universal, sont-ils présents dans plus d'une centaine de pays de par le monde. Vivendi (ex-Générale des Eaux) – qui distribue 3 000 milliards de litres d'eau potable par an et collecte et épure 2 000 milliards de litres d'eau usées – a acquis en 1999 le premier fournisseur américain de services d'eau, US Filter, pour créer Vivendi Water.

Au XXe siècle, les surfaces irriguées à des fins agricoles ont été multipliées par six. Les prélèvements considérables opérés sur le débit des fleuves Amou-Daria et Syr-Daria pour la culture du coton en Asie centrale ex-soviétique ont été responsables de l'un des plus grands désastres écologiques du XXe siècle : la quasi-disparition de la mer d'Aral.

Quant aux besoins en eau des industries, ils ont été multipliés par trente : depuis l'extraction des matières premières jusqu'à l'obtention des produits finis, l'eau joue le rôle de réfrigérant, de solvant, de diluant des polluants les plus divers. Les révolutions industrielles qui se sont succédé aux XIXe et XXe siècles ont fait basculer les échelles d'utilisation de l'eau dans le gigantisme.

Au XXe siècle, les besoins en eau des industries ont été multipliés par trente : depuis l'extraction des matières premières jusqu'à l'obtention de produits finis, l'eau joue un rôle de réfrigérant, de solvant, de diluant des polluants les plus divers.

Objet de pollutions massives

Si la plupart des pays industrialisés ont consenti d'importants efforts pour réduire leurs pollutions industrielles, certains pays émergents ont sacrifié la qualité et la pureté de leurs eaux douces. Certains acceptent, comme le Brésil, d'accueillir les activités les plus polluantes délocalisées par des pays riches (sidérurgie, chimie de base). D'autres, comme la Chine, sans se soucier de l'environnement, ont misé sur un développement de l'industrie lourde pour sortir du cercle vicieux de la misère.

En règle générale, industrialisation rime avec urbanisation. Les grandes mégalopoles engendrent une pollution spécifique liée au lessivage du milieu urbain lors des pluies. La traversée d'une ville est toujours lourdement pénalisante pour un fleuve, car les habitants rejettent des quantités massives de déchets organiques et minéraux. Si les pays riches possèdent le plus souvent des dispositifs (coûteux) de traitement des eaux usées, il n'en va pas de même dans les pays en développement. Leurs habitants ne bénéficient que rarement de systèmes de distribution d'eau répondant aux normes sanitaires de l'Organisation mondiale de la santé (OMS).

Les politiques de développement ont par ailleurs souvent contribué à charger les eaux de produits toxiques, à la ville comme à la campagne, et leur qualité a rarement été une préoccupation majeure des investisseurs privés ou institutionnels. Le bilan de cette situation est tragique : 1,1 milliard de personnes (18 % de la population mondiale) n'ont toujours pas accès à une eau potable, et 2,4 milliards ne bénéficient pas de services d'assainissement de base. L'OMS estime que 2,2 millions de personnes meurent chaque année de maladies diarrhéiques et que l'ensemble des maladies liées au facteur hydrique est responsable, chaque année, de plus de 3,5 millions de morts, en majorité des enfants.

L'accès universel à l'eau, condition du développement durable

La marchandisation de l'eau, les stratégies des multinationales, le rôle des agences multilatérales de financement telles que la Banque mondiale, les manquements inacceptables à des règles élémentaires de justice sociale ajoutent bien des problèmes écologiques et sociaux aux questions classiques relatives à la géopolitique de l'eau. L'évolution accélérée de certaines régions vers un déficit, l'existence de bassins chevauchant plusieurs pays, la poursuite d'aménagements surdimensionnés risquent de conférer un caractère explosif aux conflits de l'eau dans le siècle à venir.

L'évolution accélérée de certaines régions vers un déficit, l'existence de bassins chevauchant plusieurs pays, la poursuite d'aménagements surdimensionnés risquent de conférer un caractère explosif aux conflits de l'eau dans le siècle à venir.

De nombreux États sont constitués autour d'axes fluviaux. Plus de 200 bassins versants (qui collectent les eaux alimentant un même cours d'eau) faisant l'objet de controverses ont été répertoriés. Le tiers des frontières entre États passe par ailleurs par des fleuves ou des lacs. Certains conflits sont très aigus, comme celui qui oppose la Turquie à la Syrie et à l'Irak à propos des barrages du projet de développement du Sud-Est anatolien nommé « GAP », sur le Tigre et l'Euphrate. Le Jourdain et ses affluents (notamment le Yarmouk) opposent, pour leur part, les intérêts d'Israël, de la Jordanie, du peuple palestinien et de la Syrie.

Par ailleurs, certains aménagements suscitent controverses, tels l'immense barrage des Trois Gorges en Chine ou The Great Made-Man River (« la grande rivière artificielle ») en Libye visant à acheminer l'eau de la nappe fossile du Sahara chevauchant ses frontières, ou encore le bassin de la Narmada en Inde.

Pour ménager l'avenir des générations futures, il importe de respecter un ensemble de préalables écologiques : reconnaissance des entités fonctionnelles aquatiques à l'échelle des bassins versants, y compris les eaux souterraines, passage d'une approche sectorielle à une approche globale afin d'éviter les catastrophes comme l'assèchement de la mer d'Aral ou les inondations qui ravagent périodiquement le Bangladesh.

Si le meilleur moyen de limiter les gaspillages n'est pas la gratuité de la ressource, deux nécessités s'imposent : leur arrêt par d'importantes reconversions industrielles et agricoles avec la mise en place de mécanismes de solidarité régionaux, nationaux et transnationaux. L'ensemble de ces mesures doit être guidé par une exigence primordiale : l'accès à l'eau doit être considéré comme droit fondamental de tout être humain. ■

Pour en savoir plus

J.-P. Deléage, J. Matricon, *Vive l'eau*, Gallimard, Paris, 2000.

G. Mutin, *De l'eau pour tous ?*, La Documentation française, Paris, 2000.

J. Sironneau, *L'Eau, nouvel enjeu stratégique mondial*, Économica, Paris, 1996.

@ Sites Internet

Office international de l'eau : **http://oieau.fr**

Famines et malnutrition ont des racines plus politiques qu'économiques ou démographiques

Par **Yannick Jadot**
Solagral

Plus que les « catastrophes humanitaires », largement médiatisées, et qui ont plus souvent pour cause des conflits que des pénuries alimentaires, c'est l'insuffisance de pouvoir d'achat qui empêche une partie de la population de se nourrir correctement.

Aujourd'hui encore, plus de huit cents millions de personnes souffrent de malnutrition dans le monde, en dépit d'une production alimentaire globalement suffisante. Lors du Sommet mondial de l'alimentation qui s'est tenu en 1996 à Rome, les États se sont engagés à réduire de moitié ce nombre d'ici à 2015, sans grand résultat jusque-là.

C'est en 1974, lors de la première conférence mondiale sur l'alimentation (CMA), que naît officiellement le concept de sécurité alimentaire. Le contexte est propice : crise agricole chez les grands pays exportateurs (États-Unis et Canada), famines au Bangladesh, en Éthiopie et au Sahel. La crainte d'une pénurie mondiale conduit à réduire la sécurité alimentaire à une question d'offre : il faut produire plus. Le spectre de Malthus, qui écrivait en 1798 que l'homme, comme toutes les espèces, tend à se multiplier au-delà de ce que permettent les ressources naturelles, n'est pas loin.

Dans la décennie qui suit, l'amélioration de la situation alimentaire aux niveaux international et national, coexistant avec des situations de malnutrition au niveau local, a conduit à recentrer l'attention sur l'insécurité alimentaire des individus. Cette fois l'accent a été mis sur l'accès à l'alimentation. Plus que les « catastrophes humanitaires », largement médiatisées, et qui ont plus souvent pour cause des conflits que des pénuries alimentaires, c'est l'insuffisance de pouvoir d'achat qui empêche une partie de la population d'accéder aux aliments en quantité et en qualité adéquates.

Le Sommet mondial de l'alimentation de 1996 a tenté de trouver un équilibre entre production et accès au marché. La libéralisation des économies et des échanges permettrait d'ajuster l'offre à la demande, au niveau local comme au niveau global. Le marché favoriserait l'accroissement de la production alimentaire et l'éradication de la pauvreté et suffirait à garantir à terme la sécurité alimentaire. Ces positions ne rencontrent bien sûr pas une adhésion unanime.

La planète peut-elle nourrir une population toujours plus nombreuse ? Sur cette question, déjà ancienne, deux écoles de pensée s'opposent. Les uns considèrent qu'il existe un seuil limite de croissance de la population, déterminé par les ressources disponibles en eau, terre, énergie. Les autres pensent au contraire que l'accroissement de la population et de sa densité est à l'origine des innovations technologiques, économiques et sociales qui permettent de subvenir à ses besoins. D'un côté, les projections démographiques indiquent une réduction continue du rythme de croissance de la population mondiale, qui devrait néanmoins atteindre à terme entre neuf et onze milliards d'individus [*voir article p. 18*]. De l'autre, les prévisions en matière de production agricole sont bien plus incertaines et surtout très contrastées selon les régions, alors que l'enjeu est de parvenir à un doublement de la production alimentaire sur une surface de terres cultivables pratiquement stable.

L'accroissement de l'offre alimentaire ne résoudra pas mécaniquement les problèmes de sécurité alimentaire pour tous les individus. La croissance économique, censée éradiquer la pauvreté, le permettra-t-elle ?

Les rendements montrent des signes de ralentissement, notamment dans les régions qui ont bénéficié de la « révolution verte ». La dégradation parfois irréversible des ressources naturelles, la rareté de l'eau, l'érosion des sols ou les changements climatiques globaux pourraient freiner la hausse de la productivité agricole. La tentation est alors forte de recourir à de nouvelles solutions technologiques « miracles » comme celle des OGM (organismes génétiquement modifiés). Mais les réserves émises à l'encontre des semences génétiquement modifiées sont fortes : inadaptation des OGM aux priorités des agricultures du Sud, absence d'améliorations significatives des rendements, dépendance des producteurs à l'égard des firmes agrochimiques, risques sanitaires et environnementaux, etc. [*voir article p. 48*]. Les solutions semblent donc reposer davantage dans la valorisation de politiques et de pratiques agricoles adaptées au milieu économique, social et écologique et dans un investissement considérable dans la recherche.

En outre, les perspectives globales de croissance masquent d'importantes disparités régionales : certains pays, d'Afrique en particulier, d'Amérique latine, d'Asie du Sud ou du Moyen-Orient, continueront de faire face à des déficits alimentaires durables.

La sécurité alimentaire grâce à la croissance économique ?

Si l'accroissement de l'offre alimentaire ne résoudra pas mécaniquement les problèmes de sécurité alimentaire pour tous les individus, la croissance économique, censée éradiquer la pauvreté, le permettra-t-elle ? Partant de ce postulat, la grande majorité des politiques économiques engagées à partir des années 1980 dans le monde ont fait de la croissance leur objectif principal. Les coûts sociaux engendrés étaient considérés comme transitoires et traités avec des mesures d'accompagnement spécifiques (filets de sécurité, aide alimentaire...). Ces politiques ont été remises en cause à la fin des années 1990, la question de la répartition des richesses et des fruits de la croissance étant désormais posée avec insistance. Tous les Bangladais ne sont pas sous-alimentés et tous les Européens ne mangent pas à leur faim. En France par exemple, en ce début de siècle, près de deux millions et demi de personnes reçoivent chaque année une aide alimentaire.

Au niveau mondial, en dépit du processus de libéralisation des échanges agricoles, les marchés restent très instables et l'approvisionnement des pays déficitaires, en particulier les plus pauvres, n'est pas garanti.

Garantir le droit à l'alimentation

Dès la fin des années 1970, l'Indien Amartya Sen, prix Nobel d'économie en 1998, avait mis l'accent sur la question de l'équité et de l'accès des individus aux moyens de production et aux ressources. Être pauvre signifie souvent ne pas avoir accès aux mécanismes de décision, ne pas être reconnu dans ses droits de citoyen, ne pas pouvoir faire prendre en compte ses intérêts. Améliorer la sécurité alimentaire de tous signifie donc aussi développer la capacité, pour des groupes marginalisés à l'intérieur d'une société, de négocier la répartition des biens, des moyens de production, des ressources naturelles et du travail. C'est la dimension politique de la sécurité alimentaire.

En dépit du processus de libéralisation des échanges agricoles, les marchés mondiaux restent très instables et l'approvisionnement des pays déficitaires, en particulier les plus pauvres, n'est pas garanti.

Elle passe par l'intervention publique quand le marché est défaillant. Elle passe aussi par la reconnaissance du droit à l'alimentation, d'ailleurs inclus dans le Pacte international relatif aux droits économiques, sociaux et culturels adopté par l'Assemblée générale des Nations unies en 1966. L'approche de la sécurité alimentaire comme droit fondamental de l'homme a en effet l'avantage d'introduire une base normative qui rend obligatoire l'intervention de l'État pour respecter, protéger et assurer ce droit.

De façon complémentaire au droit à l'alimentation, de nombreux mouvements paysans, sociaux et associatifs défendent le concept de souveraineté alimentaire. Celui-ci pose que l'alimentation est si importante que les sociétés doivent avoir le choix de leur politique agricole et de leur mode d'approvisionnement alimentaire, interne ou externe. Il ne s'agit ni d'un repli nationaliste ni du refus des échanges. Des règles de coopération internationale sont indispensables, qui définissent les principes d'exercice de cette souveraineté et de responsabilité des pays, notamment en interdisant toute forme de *dumping* économique, social ou environnemental sur les marchés agricoles internationaux. Car la sécurité alimentaire n'est plus seulement un défi pour les pays du Sud. C'est un défi global, et c'est aussi à ce niveau que doit se construire le droit à l'alimentation. ■

Pour en savoir plus

J. Dreze, A. Sen, A. Hussain, *The Political Economy of Hunger,* Clarendon Press, Oxford, 1995.

FAO, *L'état de l'insécurité alimentaire dans le monde – Rapport 2000,* Rome, 2000.

Solagral, *Les Agricultures du Sud et l'OMC : onze fiches pour débattre, comprendre, anticiper,* Solagral publications, Paris, 2001.

M.-C. Thirion, C. Rymarsky, *La Faim cachée, une réflexion critique sur l'aide alimentaire en France,* FPH/Solagral, Paris, 1997.

@ Sites Internet

FAO (Organisation des Nations unies pour l'alimentation et l'agriculture) : **http://www.fao.org**

Solagral : **http://www.solagral.org**

HCR (Haut Commissariat des Nations unies pour les réfugiés) : **http://www.unhcr.ch**

Human Rights Watch : **http://www.hrw.org**

La santé progresse globalement partout dans le monde, mais de grands écarts opposent le Nord et le Sud

Par **Nicolas Brouard**
Chercheur à l'INED

LA CROISSANCE DES ÉCHANGES INTERNATIONAUX DEVRA ÊTRE L'OCCASION D'UN MEILLEUR PARTAGE DES CONNAISSANCES MÉDICALES ET D'UNE COOPÉRATION PLUS EFFICACE AFIN QUE LE SLOGAN AUJOURD'HUI DÉSUET : « LA SANTÉ POUR TOUS EN L'AN 2000 » DEVIENNE UN JOUR RÉALITÉ.

Le 12 octobre 1999, notre planète a compté durant 0,4 seconde six milliards d'hommes. Ce jour-là, 91 % des 330 000 naissances ont eu lieu dans le Sud mais seulement 78 % des 115 000 décès. Parmi ces derniers, 25 % ont concerné des enfants âgés de moins de cinq ans contre 1,2 % seulement dans le Nord. Il s'agit là du plus grand fossé séparant les conditions de santé des pays du Nord de celles des pays du Sud.

La croissance démographique exacerbe cet écart. En effet, la probabilité pour un enfant né dans le Sud de décéder avant son cinquième anniversaire est environ huit fois plus forte que pour un enfant né dans le Nord, mais la proportion de décès d'enfants de moins de cinq ans parmi les décès totaux d'une année est vingt fois plus grande ! Les principaux problèmes de santé publique des pays du Sud concernent et concerneront encore longtemps au XXIe siècle la naissance et la petite enfance (grossesse, vaccinations, sevrage, maladies infectieuses). Pour une large part, la persistance d'une forte mortalité infantile (neuf millions d'enfants de moins de un an meurent encore chaque année dans les pays pauvres) tient aux mauvaises conditions d'hygiène, et notamment au manque d'infrastructures sanitaires de base et à la carence en eau potable (environ 30 % de la population des pays en développement en est encore privée). Or, dans les pays en développement, quatre affections sur cinq sont liées à l'eau.

La pandémie du sida creuse encore l'écart

Peu avant la Seconde Guerre mondiale, lorsque les pays riches en étaient au même stade de la transition épidémiologique (passage d'une situation où les décès résultent essentiellement de maladies infectieuses à celle où la réduction puis la suppression de ces dernières laissent la place à des « maladies de société » comme les accidents ou le tabagisme) et que la mortalité infantile avait le niveau actuellement observé dans le Sud, soit 67 décès avant l'âge de un an pour mille naissances, la croissance démographique était extrêmement faible. La situation des pays du Sud, et particulièrement celle de l'Afrique, est donc unique. Sur ce continent, la mortalité infantile a chuté d'un tiers en vingt-cinq ans et l'espérance de vie progressé de dix ans. Mais cela n'a pas induit un changement de comportement important en matière de fécondité. Seuls quelques pays d'Afrique australe (Zimbabwé, Botswana, Kénya, Afrique du Sud) ont désormais une fécondité de l'ordre de quatre enfants par femme.

Ces progrès proviennent certes des politiques de planification familiale, mais il est malheureusement aussi vraisemblable que l'épidémie du sida contribue pour diverses raisons (veuvage, rupture d'union, adoption d'enfants orphelins) à diminuer la fécondité des survivants. Comme 1 % d'adultes infectés se traduit par environ une année d'espérance de vie moyenne en moins, des situations observées par exemple dans les zones rurales de l'Ouganda, où 6 % à 8 % des adultes sont infectés, anéantissent les progrès enregistrés depuis une quinzaine d'années. Fin 2001, selon l'Onusida, 40 millions d'individus étaient porteurs du virus, dont 95 % vivaient dans les pays peu développés.

Les grandes campagnes de vaccination ont porté leurs fruits

L'hygiène publique, puis la découverte de médicaments comme les antibiotiques ont fait baisser la mortalité des pays développés depuis un ou deux siècles. Dans les pays du Sud, les effets du plan élargi de vaccination établi par l'Organisation mondiale de la santé (OMS) à la fin des années 1970 étaient, au début du XXIe siècle, manifestes. En 1987, la couverture vaccinale mondiale était de 54 % pour la rougeole, de 60 % pour la poliomyélite et la diphtérie-tétanos-coqueluche, et de 68 % pour le BCG. Cinq ans plus tard, ces proportions étaient respectivement de 80 %, 82 % et 90 %. On n'atteignait cependant pas une couverture totale, alors que la vaccination est le moyen d'intervention dont le rapport coût-efficacité est le plus grand. On estime que son extension pourrait sauver encore deux millions de vies chaque année. Le paludisme tue environ un million de personnes par an et ce chiffre augmente non pas tant du fait de la croissance démographique africaine, mais plutôt en raison de la résistance accrue des souches à la chloroquine et de la difficile éradication de leur vecteur, le moustique. Le séquençage du génome du parasite du paludisme a rapproché la perspective d'un vaccin antipaludique. Même peu efficace, son fort rapport coût-efficacité diminuerait grandement la pandémie.

Le paludisme tue environ un million de personnes par an et ce chiffre augmente non pas tant du fait de la croissance démographique africaine, mais plutôt en raison de la résistance accrue des souches à la chloroquine et de la difficile éradication de leur vecteur, le moustique.

La variole a été éradiquée durant les années 1970, mais la lèpre, toujours présente en Asie du Sud-Est, le restera vraisemblablement encore à l'aube du XXIe siècle. Des maladies infectieuses, comme la tuberculose, qui était en constante diminution dans les pays du Nord depuis le début du XXe siècle et aussi, plus récemment, dans les pays du Sud, sont de nouveau en croissance en raison de l'épidémie de sida. À la fin du XXe siècle, on estimait que le sida était responsable de 14 % des 1,8 milliard de cas d'infection par la tuberculose dans le monde, et de 25 % des décès « évitables » parmi les jeunes vivant dans le Sud.

Vieillissement et montée de la pauvreté au Nord

Les pays riches ont d'autres soucis. On estime que, pour dix naissances, un seul décès se produira avant l'âge de 55 ans. Les problèmes de santé graves et les décès n'y interviennent massivement qu'entre 65 et 85 ans pour les hommes et 70 et 90 ans pour les femmes. Les maladies incapacitantes, c'est-à-dire qui suppriment l'autonomie de la personne, interviennent à partir de 70 ans. À partir de 80 ans, certaines déficiences mentales et notamment la maladie d'Alzheimer font leur apparition. L'état de santé d'un vieillard de 60 ans du temps de Platon, de Colbert ou même du début du siècle semble être équivalent à celui d'une personne âgée d'environ 74 ans aujourd'hui.

Au Nord, l'état de santé d'un vieillard de 60 ans du temps de Platon, de Colbert ou même du début du siècle semble être équivalent à celui d'une personne âgée d'environ 74 ans aujourd'hui.

Le recul de la mort s'est, jusqu'à nos jours, accompagné d'un recul de l'incapacité, mais les premières données d'enquêtes, américaines notamment, semblent indiquer que si l'espérance de vie continue d'augmenter, l'espérance de vie « en santé » ne progresse pas au même rythme, en particulier pour les femmes. Comme la proportion de personnes très âgées continuera à croître au moins jusqu'au milieu du XXIe siècle, les coûts occasionnés par la dépendance augmenteront, à moins que des progrès des médicaments (traitements hormonaux), des techniques (prothèses de hanche, cataractes) et des aménagements collectifs (rampes d'accès dans les lieux publics, organisation des transports...) soient suffisamment rapides pour éviter l'expansion de la morbidité.

La croissance actuelle de la pauvreté et de la précarité dans les pays développés occasionnera également à terme, en raison d'un manque de traitement précoce, des coûts importants pour la santé publique. Certes, les réformes des systèmes de santé tentent de responsabiliser davantage les adultes afin qu'ils s'assument individuellement et reposent moins sur la collectivité (sécurité sociale, mutuelles, assurances diverses), mais le maintien d'importants systèmes publics n'est pas remis en cause, en dépit d'une libéralisation plus ou moins poussée selon les pays.

La santé a globalement progressé partout dans le monde, mais de grands écarts persistent entre pays riches et pauvres, et au sein de ces derniers (entre l'Afrique subsaharienne et la Chine par exemple), reflets des inégalités économiques. La croissance des échanges internationaux devra être l'occasion d'un meilleur partage des connaissances médicales et d'une coopération plus efficace afin que le slogan aujourd'hui désuet : « la santé pour tous en l'an 2000 » devienne un jour réalité. ■

Pour en savoir plus

P. Bourdelais, *L'Âge de la vieillesse. Histoire du vieillissement de la population,* Odile Jacob, Paris, 1997.

Banque mondiale, *Pour une meilleure santé en Afrique, les leçons de l'expérience*, Washington, 1994.

OMS, *Rapport sur la santé dans le monde,* Genève, 1999.

J. Vallin (sous la dir. de), *Populations africaines et sida,* La Découverte/CEPED, coll. « Recherches », Paris, 1994.

World Population Prospects. The 2000 Revision, Nations unies, vol. 1, New York, 2001.

@ Sites Internet

Organisation mondiale de la santé (OMS) : **http://www.who.int**

Banque mondiale (réforme des systèmes de santé) : **http://www.worldbank.org/healthreform/**

Information démographique des Nations unies (Division de la population) : **http://www.un.org/popin**

L'accès à l'éducation est l'un des miroirs des inégalités entre Nord et Sud

Par **Antoine de Ravignan**
Journaliste, « Alternatives Internationales »

BIEN DES EXPERTS ET DES DÉCIDEURS SONT PERSUADÉS DE LA NÉCESSITÉ DE JETER DES PONTS ENTRE SYSTÈMES FORMELS ET NON FORMELS D'ÉDUCATION, MAIS LES AUTORITÉS EN SONT ENCORE RAREMENT CONVAINCUES, OU BIEN SE BORNENT À CONSIDÉRER LES INITIATIVES POPULAIRES AVEC UNE BIENVEILLANCE INSTRUMENTALISANTE.

En mars 1990, lorsque s'ouvre à Jomtien, en Thaïlande, la Conférence mondiale sur l'éducation pour tous, le constat est inquiétant. Dans les pays en développement, 130 millions d'enfants âgés de 6 à 11 ans, soit un enfant sur cinq, ne fréquentent pas l'école. Et près de 885 millions d'adultes dans le monde – le sixième de l'humanité –, dont une large majorité de femmes, n'y sont jamais allés ou l'ont quittée très vite. Douze ans plus tard, malgré les objectifs de Jomtien, entre autres l'universalité de l'enseignement primaire en 2000 et la réduction de moitié de l'analphabétisme des adultes, le monde compte autant d'analphabètes (personnes n'étant « pas capables de lire et écrire en le comprenant un message bref et simple ») et près de 110 millions d'enfants sont toujours exclus de l'école.

Les efforts des pays du Sud ont pourtant fait plus qu'accompagner le gonflement des classes jeunes et ils sont d'autant plus remarquables qu'ils ont été fournis dans un contexte de crise et de douloureuses restrictions budgétaires. La croissance des effectifs scolaires, qui, tous niveaux confondus et à l'échelle du globe, s'établissait autour de 1,3 % par an en moyenne au cours des années 1980, est passée à 2,4 % entre 1990 et 1996. Une croissance tirée principalement par le monde en développement. Sur 270 millions de places créées entre 1980 et 1996 dans les écoles, les lycées et les universités, 257 millions l'ont été dans les pays du Sud, où les disparités régionales sont néanmoins très importantes.

Cette évolution positive n'empêche pas le fossé Nord-Sud de se creuser. Alors que la croissance économique repose plus que jamais sur des hauts niveaux de technicité et de qualification, les taux bruts de scolarisation dans le supérieur sont passés entre 1980 et 1996 de 36 % à 50 % dans les pays riches et de 5 % à 10 % dans le monde en développement.

Un analphabétisme irréductible

On constate corrélativement un recul relatif de l'analphabétisme des adultes. Sa part dans la population mondiale de plus de quinze ans est passée de 30 % en 1980 à près de 20 % en 2000. L'immense majorité des analphabètes (98 %) vit au Sud, mais l'illettrisme est présent au Nord : près de neuf millions de personnes en Europe. Les effectifs ne diminuent pourtant pas et, au rythme des progrès actuels, la situation sera peu ou prou la même en 2010. Fait plus grave encore, les deux tiers des analphabètes de la planète sont des femmes. Même si l'écart entre sexes s'est en moyenne réduit dans les pays en développement, en valeur absolue, entre 1980 et 1995, l'analphabétisme masculin a reculé de 3 millions de personnes, tandis que celui des femmes progressait encore de 26 millions.

La bataille contre l'analphabétisme se joue largement sur le terrain de l'efficacité de l'enseignement primaire, marqué par les sureffectifs, les bas salaires des enseignants et leur manque de formation, la faiblesse des moyens pédagogiques et des infrastructures. Aujourd'hui, dans les régions moins développées, pays arabes exceptés, seuls trois élèves sur quatre ont des chances d'atteindre la cinquième année d'études, c'est-à-dire d'effectuer au moins les quatre années de scolarité jugées nécessaires pour acquérir un niveau d'alphabétisation durable.

Pauvreté et éducation : le cercle vicieux

L'éducation est un facteur clé du mieux-être économique et social des populations, en particulier celui des femmes. Mais il ne suffit pas que l'école vienne jusqu'aux enfants pour qu'ils y entrent. Avec la paupérisation des ménages, les enfants ont dû contribuer davantage à l'économie familiale, qu'il s'agisse de travaux domestiques ou rémunérés. La pauvreté renforce aussi les discriminations entre filles et garçons. En l'absence de revenus suffisants, on préférera envoyer les garçons à l'école et garder les fillettes à la maison pour seconder des mères surchargées : si les modèles culturels patriarcaux jouent leur rôle, la misère et son aggravation les entretiennent. Le BIT (Bureau international du travail) estimait que, vers 1995, 250 millions d'enfants âgés de 5 à 14 ans exerçaient une activité économique rémunérée, parmi lesquels 120 millions à temps plein. Un chiffre qui correspond au nombre d'enfants qui n'ont aucun contact avec l'école. Il est clair aussi que si l'on dégageait aujourd'hui les moyens de créer 120 millions de places supplémentaires dans les écoles, l'universalisation de l'instruction primaire ne serait pas atteinte pour autant.

La pauvreté renforce les discriminations entre filles et garçons. Si les modèles culturels patriarcaux jouent leur rôle, la misère et son aggravation les entretiennent.

La responsabilité de l'accès à une éducation de qualité pour tous incombe au premier chef aux États, et de nombreux exemples montrent que les marges de manœuvre existent. Le Ghana et le Cameroun, tous deux aussi pauvres, présentent des visages différents : le premier consacrait en 1995 24 % de son budget aux dépenses publiques d'enseignement, tandis que les dépenses militaires représentaient environ 12 % des budgets de santé et d'éducation réunis. Pour le Cameroun, ces chiffres étaient respectivement de 16 % et 48 %. De même, quand moins de 10 % d'une classe d'âge accède au niveau secondaire, comme c'est le cas au Bénin ou au Burkina Faso, il est clair que l'école et ce qu'on y investit ne profite essentiellement qu'aux classes les plus aisées.

Repenser l'école

Mais mieux répartir les ressources ne suffit pas et la réforme des systèmes scolaires est tout aussi urgente. Si nombre d'enfants du Sud, mais aussi du Nord, quittent l'école très tôt, c'est aussi en raison de l'inadaptation des enseignements. Les systèmes d'évaluation, qui privilégient les savoirs académiques et négligent les connaissances pratiques et les attitudes devant la vie, jouent un rôle très important dans la déperdition scolaire. Les ONG (organisations non gouvernementales) comme, désormais, les organisations internationales en appellent à l'adaptation de l'école aux différents environnements dans lesquels elle fonctionne, à une écoute des besoins des enfants et des adultes, à la participation active de ces derniers à la définition des contenus et à la gestion des affaires scolaires, ainsi qu'à une décentralisation des systèmes éducatifs.

Les initiatives allant dans ce sens sont de plus en plus nombreuses et l'innovation est même plus présente dans les pays du Sud que dans les pays riches, où le monopole de l'institution scolaire sur l'éducation est solidement enraciné. Ce sont ainsi des organisations populaires qui, bon gré mal gré, s'efforcent de recueillir les « déchets » du système scolaire, en prodiguant une éducation non formelle (« hors système ») avec les moyens du bord. L'attention donnée aux enfants, l'apprentissage sur la base de la valorisation de leurs savoir-faire compensent largement la faiblesse des moyens, et les résultats sont souvent meilleurs que dans les écoles classiques. Aujourd'hui, bien des experts et des décideurs sont persuadés de la nécessité de jeter des ponts entre systèmes formels et non formels d'apprentissage, mais les autorités éducatives en sont encore rarement convaincues, ou bien se bornent à considérer les initiatives populaires avec une bienveillance instrumentalisante. La communauté internationale est aussi responsable. Tandis que l'aide publique au développement (APD) n'a cessé de décroître, les bailleurs ne consacrent que près de 10 % de leur aide à l'éducation primaire et à la santé de base. Appliquer les recommandations formulées lors des différentes conférences internationales – entre autres propositions – permettrait de dégager les sept milliards de dollars annuels que l'on estime nécessaires pour parvenir à une scolarisation primaire universelle. C'est moins que la consommation annuelle de produits cosmétiques aux États-Unis ou de crèmes glacées en Europe. Les solutions, qu'il s'agisse de ressources matérielles ou d'amélioration qualitative des démarches éducatives, manquent moins que la volonté politique de les mettre en œuvre. ■

Des organisations populaires, bon gré mal gré, s'efforcent de recueillir les « déchets » du système scolaire, en prodiguant une éducation « hors système » avec les moyens du bord.

Pour en savoir plus

I. Illich, *Une société sans école* (titre original : *Deschooling Society*), Seuil, Paris, 1971.

J. Ki-Zerbo, *Éduquer ou périr*, UNESCO/UNICEF, Paris, 1990.

B. Manier, *Le Travail des enfants dans le monde*, La Découverte, coll. « Repères », Paris, 1999.

Oxfam International, *Education Now. Break the Cycle of Poverty*, Oxfam International, Londres, 2000.

A. de Ravignan, *Créative Afrique, l'art de la débrouille*, Programme éducation contre exclusion, UNESCO, Paris, 1998.

UNESCO, *Rapport mondial sur l'éducation 1998*, UNESCO/Le Monde de l'éducation, Paris, 1998.

UNICEF, *La Situation des enfants dans le monde 1999*, UNICEF, New York/Genève, 1999.

@ Sites Internet

Forum consultatif international sur l'éducation pour tous (suivi de la conférence de Jomtien) :
http://www.education.unesco.org/efa
UNICEF : **http://www.unicef.org**

La planète devrait compter 25 mégapoles de 7 à 25 millions d'habitants en 2025

Par **Émile Le Bris**
Géographe, Institut de recherches pour le développement (IRD)

L'INVENTION D'UNE NOUVELLE CIVILISATION URBAINE PASSE PAR LA PRISE EN CONSIDÉRATION D'UNE QUESTION MAJEURE : CELLE DE LA DÉMOCRATIE ET DE LA CONSTRUCTION D'UN NOUVEL ESPACE PUBLIC. FAUTE DE QUOI, LES SCÉNARIOS OÙ LES « NOUVEAUX BARBARES » SUBMERGENT LES GHETTOS DE L'INFIME MINORITÉ PLACÉE AUX POSTES DE COMMANDE S'IMPOSERONT.

La planète regroupait 45 % d'urbains en 1995 ; elle en comptera 55 % en 2015. Ce basculement symbolique s'accompagne d'un impressionnant processus de concentration de la population dans les très grandes agglomérations. Une part importante du milliard de nouveaux citadins attendus dans le prochain quart de siècle vivra dans les vingt-cinq mégapoles de 7 à 25 millions d'habitants que la planète devrait compter en 2025. Les trois quarts d'entre eux vivront dans les pays du Sud. Parler d'« explosion » urbaine masque cependant la réalité d'une décrue. Le temps de doublement de la population des mégapoles les plus dynamiques, qui était inférieur à dix années au début des années 1980, se situait à la fin des années 1990 entre quinze et vingt ans. Le croît naturel interne l'emporte désormais sur l'apport migratoire, tandis que l'on constate une relance du dynamisme des villes petites et moyennes.

Les figures statistiques de l'urbanisation mettent en évidence la diversité croissante d'une planète urbaine où s'opposaient naguère Nord et Sud. Dans bon nombre de mégapoles latino-américaines, un mode d'urbanisation « mature » caractéristique des grandes villes du Nord en voie de vieillissement se substitue progressivement au mode d'urbanisation en expansion qui demeure l'apanage de l'Afrique et de l'Asie.

Mais, partout, les villes dévorent leur espace environnant sans logique apparente. Les mutations morphologiques subies par l'aire métropolitaine de Bangkok (plus de 150 000 ha pour une dizaine de millions d'habitants) au cours des deux dernières décennies du XXe siècle ont complètement brouillé les figures spatiales classiques de l'urbanisation. Mégapoles et villes moyennes se structurent autour de « non-lieux » tels qu'aéroports, banlieues dortoirs sans architecture ni urbanisme, supermarchés et échangeurs d'autoroutes. La réalité de l'espace urbain, qui croît sans règle ni mesure, échappe largement à la vue des privilégiés retranchés dans quelques îlots d'opulence de la banlieue résidentielle ou occupés à réinvestir l'hypercentre avec ses consommations sophistiquées.

Le contraste s'accuse entre extrême richesse et extrême pauvreté. De Houston à Chicago, de Los Angeles à New York, la tuberculose gagnait du terrain dans les quartiers déshérités au début des années 1990. Dans les *barriadas* de Lima ou les *bustees* de Calcutta, la pauvreté n'est en revanche pas nouvelle, et ses manifestations extrêmes conduisent à douter qu'elle constitue vraiment un « progrès » par rapport à la misère rurale. Ce qui frappe, au cours des deux dernières décennies du siècle, c'est la brutalité des phénomènes de paupérisation.

Entre bidonvilles et bunkers, la ville éclatée

Cette montée spectaculaire de la pauvreté s'accompagne d'un creusement non moins impressionnant des inégalités. Le fossé qui sépare riches et pauvres hypothèque toute chance de communication entre eux et, à défaut de solutions adéquates favorisant la mixité spatiale et sociale, cette évolution est lourde de risques d'ébranlements. En lieu et place d'une recherche de cohésion sociale, la violence (celle des pauvres et aussi celle faite aux pauvres) s'installe au cœur du débat social avec une intensité et dans des configurations variables selon les villes.

Partout également sont à l'œuvre des recompositions sociales et identitaires profondes, mais c'est sans doute en Afrique subsaharienne qu'elles ont été les plus rapides. Confrontées aux difficultés économiques et aux nouveaux modes de vie urbains, les anciennes solidarités familiales et communautaires fonctionnent de moins en moins bien. De leur côté, les femmes, que l'on trouve de plus en plus souvent en position de chef de ménage, s'en sortent plutôt moins mal que les hommes. Les étrangers et les minorités de toutes sortes sont désignés comme victimes expiatoires face aux difficultés à vivre la mégapole. Rien ne semble susceptible d'inverser la tendance à l'éclatement de la ville en une somme de territoires étanches fortement autocentrés sur l'expression de cultures propres.

Confrontées aux difficultés économiques et aux nouveaux modes de vie urbains, les anciennes solidarités familiales et communautaires fonctionnent de moins en moins bien.

Les métropoles où se concentrent les pouvoirs économiques et financiers et les villes qui ne puisent pas leur dynamique interne dans la production ont-elles un avenir ? Mike Davis décrit un Los Angeles peuplé de nantis prompts à criminaliser la pauvreté. À Waterford Crest, non loin de Los Angeles, mais aussi à Alphaville dans le grand São Paulo ou dans les condominiums de Bangkok, la société de contrôle se met en place progressivement avec architectures sécuritaires et milices privées. La forme achevée de cette société urbaine est celle du bunker protégé de la planète des sans-abri et de l'habitat précaire où campent les « nouveaux barbares ».

Quelle citoyenneté pour quelle « citadinité » ?

Les recettes de la « bonne gouvernance urbaine » s'apparentent à celle du pâté d'alouette. Balançant entre polarité sociale et polarité économique, entre le « tout quartier » et le « tout marché », les politiques de la ville peinent à trouver leurs marques. Réduits à leurs dimensions technique, juridique et financière, les problèmes de la ville sont en quelque sorte exclus du champ politique. Et que dire lorsque cette politique se résume à une juxtaposition d'interventions sectorielles financées de l'extérieur dans le cadre d'un pilotage à vue pour le moins chaotique. Le Dr Maluf, maire de São Paulo entre 1992 et 1996, fit le choix de coller au modèle du *city manager*. Sacrifiant les investissements sociaux engagés par son prédécesseur, il éventra littéralement le centre-ville, comme si l'entrée convoitée dans le cercle fermé des « villes globales » passait par l'investissement dans le béton. Antanas Mockus, maire de Bogota entre 1994 et 1997, séduisit les électeurs en empruntant une voie radicalement différente. Dans une des mégapoles les plus violentes du monde, il entreprit une campagne spectaculaire de « rééducation citoyenne », oubliant au passage de s'occuper concrètement de déchets, d'eau potable et de transports. On s'interrogera sur la finalité d'un tel discours qui, tout en identifiant des problèmes réels comme celui de l'incivilité, place les populations exclues dans une position de responsabilité qu'elles ne sont évidemment pas en mesure d'assumer.

Faut-il se résigner à une impuissance définitive de l'action publique sur la ville ? Le « mouvement brésilien de la réforme urbaine » a heureusement ouvert une fenêtre en prônant un nouveau partage de la ville, conçu et mis en pratique grâce à l'engagement effectif des citadins-citoyens. En permettant aux habitants d'intervenir directement dans les choix gestionnaires, l'expérience de « budget participatif » de Porto Alegre combine de manière originale démocratie représentative et démocratie participative. On peut toutefois s'interroger sur la compatibilité entre un tel projet urbain et la volonté affichée par ses édiles de faire de cette ville une vitrine de la mondialisation à l'échelle latino-américaine.

Le « mouvement brésilien de la réforme urbaine » a heureusement ouvert une fenêtre en prônant un nouveau partage de la ville, conçu et mis en pratique grâce à l'engagement effectif des citadins-citoyens.

Convaincus de son caractère irréversible et intrinsèquement lié à la mondialisation, la plupart des responsables se contentent d'aménager l'exclusion ou d'en atténuer les manifestations les plus scandaleuses. Or l'invention d'une nouvelle civilisation urbaine passe par la prise en considération d'une question majeure : celle de la démocratie et de la construction d'un nouvel espace public. Faute de quoi, les scénarios de « fin de l'âge urbain » où les « nouveaux barbares » submergent les ghettos de l'infime minorité placée aux postes de commande s'inscriront dans la réalité. ■

Pour en savoir plus

M. Davis, *City of Quartz, Los Angeles, capitale du futur*, La Découverte, Paris, 1997.

F. Dureau, V. Dupont, E. Lelièvre, J.-P. Lévy, T. Lulle (sous la dir. de), *Métropoles en mouvement. Une comparaison internationale*, Anthropos/IRD, Paris, 2000.

T. Paquot (sous la dir. de), *Le Monde des villes, panorama urbain de la planète*, Complexe, Bruxelles, 1996.

I. Sachs (sous la dir. de), *Quelles villes pour quel développement ?*, PUF, « Nouvelle encyclopédie Diderot », Paris, 1996.

S. Sassen, *La Ville globale, New York, Londres, Tokyo*, Descartes & Cie, Paris, 1996.

P. Veltz, *Mondialisation, villes et territoires. L'économie d'archipel*, PUF, Paris, 2000.

@ Sites Internet

Villes en développement-ISTED (Institut des sciences et des techniques de l'équipement et de l'environnement pour le développement) : **http://www.isted.com**

UNESCO, programme MOST (Management of Social Transformations) : **http://www.unesco.org/most**

Banque mondiale – Documents et rapports : **http://www-wds.worldbank.org/**

UN-Habitat : **http://www.unhabitat.org**

Seul un très petit club de pays a accès aux résultats de la recherche

Par **Pierre Papon**
Observatoire des sciences et des techniques,
École de physique et chimie de Paris

PRÈS DES TROIS QUARTS DES DÉPENSES DE RECHERCHE-DÉVELOPPEMENT EST ASSURÉE PAR LES ÉTATS-UNIS, L'UNION EUROPÉENNE, ET LE JAPON). LES INDICATEURS DE LA PRODUCTION SCIENTIFIQUE ET TECHNOLOGIQUE METTENT ÉGALEMENT EN ÉVIDENCE LE POIDS ÉCRASANT DE CES PAYS.

La recherche-développement (R-D), autrement dit l'ensemble des activités scientifiques et technologiques, depuis la recherche fondamentale jusqu'au lancement d'une innovation, constitue un enjeu majeur de la compétition internationale.

Les dépenses nationales de R-D (publiques et privées) fournissent une première évaluation des potentiels scientifiques et technologiques des États. La dépense de R-D mondiale était estimée à 630 milliards d'euros en 1998, dont près de 70 % était assurée par les pays de la Triade (États-Unis 34 %, Union européenne 21 %, Japon 13 %). L'Asie développée contribue seulement à un dixième de la dépense mondiale et l'Afrique à 0,7 %, un géant comme le Brésil ayant un poids équivalent au sien.

Les indicateurs de la production scientifique et technologique (nombre d'articles scientifiques publiés et de brevets déposés, exportations de technologie) mettent également en évidence le poids écrasant de la Triade. En 1999, elle produisait près des trois quarts des publications scientifiques mondiales et elle a déposé en 1999 90 % des brevets aux États-Unis et 90 % des brevets européens. Un continent comme l'Afrique ne contribue que pour 1 % à la production scientifique mondiale et son poids technologique est quasi insignifiant.

La géographie duale de la science et de la technologie

Tout se passe comme si l'on se trouvait dans un monde « dual ». Seulement une cinquantaine de pays participent de façon notable à la production des connaissances et des techniques et ont accès aux résultats de la recherche, alors que les autres en sont très largement exclus.

Cette géographie de la science et de la technologie, très contrastée, s'est néanmoins considérablement modifiée au cours des années 1990. On a assisté au quasi-effondrement du potentiel de recherche des États de l'ex-URSS, dont la production scientifique a baissé de près de moitié entre 1990 et 1995, et à la montée en puissance des pays de l'Asie orientale, dont la Chine, la Corée du Sud, Singapour et Taïwan. Ainsi la Chine (partie de très bas) a-t-elle multiplié par cinq sa production scientifique (mesurée par les publications internationales) entre 1985 et 1999. Sa production scientifique dépassait en 1999 celle de l'Inde et, avec celle des pays industrialisés d'Asie, représentait 60 % de celle du Japon. À l'inverse, les pays d'Afrique subsaharienne ont perdu près de 15 % de leur poids mondial entre 1995 et 1999. On trouve aussi de fortes disparités scientifiques et technologiques au sein d'un ensemble politique comme l'Union européenne où l'Allemagne, la France, le Royaume-Uni et les pays scandinaves consacrent plus de 2 % de leur PIB à la R-D (2,2 % pour la France en 1999 ; 3,9 % pour la Suède) contre moins de 1 % dans certains pays d'Europe du Sud (Espagne, Grèce, Portugal).

La montée en puissance des multinationales

Les grandes entreprises, devenues multinationales, doivent maîtriser les technologies dont elles dépendent. L'accès aux sources mêmes des nouvelles connaissances que sont les laboratoires de recherche des universités et des organismes publics est un élément important de leurs stratégies. Elles implantent des laboratoires de recherche en dehors de leur pays d'origine et coopèrent avec des laboratoires publics susceptibles de leur ouvrir l'accès aux connaissances les plus pointues. Cette stratégie a conduit à une croissance très forte des budgets de R-D des entreprises multinationales. Ceux-ci se mesurent, pour chaque grande firme, en milliards de dollars.

Les multinationales implantent des laboratoires de recherche en dehors de leur pays d'origine et coopèrent avec des laboratoires publics susceptibles de leur ouvrir l'accès aux connaissances les plus pointues.

Même si, dans la plupart des pays, l'essentiel de l'effort de recherche industrielle reste financé et exécuté par des firmes nationales, il est de plus en plus difficile de distinguer, dans les secteurs de pointe, ce qui est « national » de ce qui ne l'est pas (l'aéronautique et les industries d'armement étant une exception). Globalement, le phénomène de « multinationalisation » de la technologie, bien que loin d'être dominant, est important dans beaucoup de pays. Si, en 1999, 15 % des brevets européens inventés aux États-Unis l'ont été dans des laboratoires de firmes multinationales non américaines, en Europe, la proportion est souvent plus élevée. Au Royaume-Uni, en Italie et en Suède, 35 % à 40 % de la production technologique des laboratoires industriels est contrôlée par des filiales de firmes multinationales étrangères, ce taux étant moindre pour la France, l'Allemagne et la Suisse (18 % à 25 %), tandis que les Pays-Bas sont en position intermédiaire (27,2 %). On peut noter aussi qu'environ 50 % des brevets européens contrôlés par la Suisse et les Pays-Bas étaient inventés dans les laboratoires des filiales à l'étranger de leurs firmes multinationales.

Le développement des biotechnologies et des technologies de l'information accentuera très probablement la tendance des firmes multinationales à contrôler les technologies par des alliances avec des entreprises nationales, par un partenariat avec des laboratoires publics mais aussi en implantant leurs propres laboratoires de recherche en dehors de leur pays d'origine. Les technologies de l'information – Internet et Intranet – vont d'ailleurs faciliter cette « externalisation » de la recherche industrielle.

Des défis pour un développement équitable

Les activités scientifiques et technologiques tendent à devenir ainsi une partie qui se joue entre les membres d'un club restreint composé d'une petite cinquantaine de pays et de firmes multinationales dont les dépenses de R-D sont équivalentes à celles de la Suède ou du Canada. Cependant, l'accès aux connaissances scientifiques et techniques est une nécessité dans le monde moderne car elles sont à la fois l'un des fondements de l'expertise préalable à la décision politique (dans des domaines comme la santé, l'environnement, la protection et l'exploitation des ressources, etc.) et l'un des facteurs du développement économique. Dans ces conditions, la marginalisation de nombreux pays de la planète par rapport au processus de production des connaissances n'est pas sans risques. Le principal est qu'ils soient privés d'un accès au savoir-faire et aux techniques nécessaires à leur développement et à la satisfaction des besoins de leurs populations. La lutte contre la malaria est un bon exemple de la situation que connaissent nombre de pays en développement : la plupart d'entre eux n'ont pas les moyens scientifiques et techniques pour mettre au point des médicaments ou un vaccin. Un deuxième risque est évidemment de voir s'accroître les écarts de développement sur la planète et s'exacerber ainsi les tensions politiques entre pays développés et pays en développement. La coopération scientifique Nord-Sud est sans aucun doute une nécessité pour combler ce fossé scientifique et technique. Elle n'est probablement pas suffisante et il faudra inventer des mécanismes pour transférer les technologies vers les pays du tiers monde comme, par exemple, la concession gratuite de licences d'exploitation de brevets avec le savoir-faire associé pour aider leur développement technique. Les pays du Sud ont arraché un accord sur la possibilité d'obtenir un accès aux médicaments génériques, lors de la conférence de l'OMC (Organisation mondiale du commerce) à Doha en novembre 2001, qui a constitué un premier succès dans cette voie.

La marginalisation de nombreux pays de la planète par rapport au processus de production des connaissances n'est pas sans risques, tant pour leur propre développement que pour les tensions politiques Nord-Sud que cela peut engendrer.

Dans un contexte de désengagement financier des États, l'érosion lente des dépenses publiques de recherche, constatée dans beaucoup de pays développés, risque de les priver d'un outil d'orientation stratégique des politiques publiques et de la capacité à assurer l'accès le plus large possible aux connaissances scientifiques et technologiques. ■

Pour en savoir plus

M.-L. Bouguerra, *La Recherche contre le tiers monde,* PUF, Paris, 1993.

M. Dodet, P. Lazar, P. Papon, *La République a-t-elle besoin de savants ?,* PUF, Paris, 1998.

Observatoire des sciences et des techniques, *Les Chiffres clés de la science et de la technologie,* Économica, Paris, 2000.

Observatoire des sciences et des techniques, *Science et technologie – indicateurs 2002,* Économica, Paris, 2002.

UNESCO, *Rapport mondial sur la science, Paris, 1998.*

@ Sites Internet

Observatoire des sciences et des techniques : **http://www.obs-ost.fr**

UNESCO : **http://www. unesco.org/**

Institut de recherche pour le développement (ex-ORSTOM) : **http://www.orstom.fr**

L'industrie du vivant tente de faire main basse sur le patrimoine génétique de la planète

Par **Louise Vandelac**
Sociologue, Institut des sciences de l'environnement, Université du Québec à Montréal

Depuis les alliances et fusions entre géants de la chimie, des semences et de la pharmacie, l'« industrie du vivant » de plus en plus concentrée, où trônent les Dupont/Pioneer, Pharmacia/Monsanto, Syngenta/Norvatis, Advanta/AstraZeneca/Cosun, etc., contrôle toute la chaîne de production alimentaire, des intrants jusqu'aux réseaux de distribution en passant par la transgénèse.

En quelques années, les possibilités d'isoler et de recombiner les gènes de plantes, d'animaux et d'humains, de réduire le vivant à des objets brevetés ont permis aux multinationales de l'industrie du vivant (*life industry*) de prétendre imposer leur mainmise sur le patrimoine génétique de la planète, inaugurant ainsi l'« embryo-économie du vivant ». Chose étonnante, cette concentration inégalée de pouvoir économique sur les sources de vie, marquée par l'effritement des frontières entre les règnes et les espèces, entre les personnes et les choses, entre le vivant et la matière, s'est d'abord imposée dans l'imaginaire collectif par le cheval de Troie des technologies de reproduction.

En moins de vingt ans, il est en effet devenu possible de concevoir des enfants à des kilomètres et à des années de distance, sans se voir ni se toucher. Le commerce – électronique et postal, institutionnel et marchand – de sperme et d'ovocytes, d'enfantement ou de gestation donne lieu aux plus folles acrobaties de la filiation. On peut troquer la conception d'un enfant pour la production de vivants, dont certains sont destinés à naître et d'autres à n'être qu'objet de congélation ou de laboratoire.

Génie génétique

Bricolage du vivant

On manipule jusqu'au génome de descendants-embryonnaires, pour les juger, les jauger, les trier, alors que certains, comme le prix Nobel James Watson, ont même envisagé d'en corriger les défauts, voire d'en modifier certaines caractéristiques pour « améliorer l'espèce humaine ». D'autres ont proposé de se cloner des embryons pour se régénérer avec leurs cellules souches, renouant inconsciemment avec l'autophagie du mythe de Cronos. Certains profitent de l'effritement social et de l'abdication des États pour modifier les êtres, la nature et leur fabuleuse complexité et les réduire à leur alphabet génétique, transformé en « monnaie vivante ». Comme si tout, des plantes à l'embryon en passant par l'intelligence, était assimilable à un flux d'informations qui, grâce aux langages combinés du numéraire, de la génétique et de l'informatique, autorisait à recoder le monde

Polymorphe, le génie génétique sert également d'outil de dépistage et de sélection (tri génétique des embryons), de diagnostic et d'analyse des prédispositions à certaines maladies s'ouvrant sur la médecine prédictive. Utilisé comme instrument d'identification judiciaire (empreintes génétiques) et de gestion sociale (prédispositions génétiques pour l'embauche et pour les assurances), voilà qu'on le craint désormais pour ses usages terroristes et militaires.

Toutes les combinatoires qu'autorise la transgenèse humain-animal-végétal se traduisent par des bricolages du vivant : expérimentations de cœurs « humanisés » de cochons transgéniques pour xénogreffes, animaux-usines transgéniques et clonés, telles ces chèvres montréalaises avec gènes d'humains et d'araignées, dont le lait permet de fabriquer un fil ultra-résistant, ou encore ces saumons transgéniques à croissance accélérée qu'on souhaite introduire sur le marché.

La controverse des OGM

Toutefois, ce ne sont pas la mutation de la procréation et les multiples usages à visées diagnostiques, thérapeutiques ou bio-industrielles des OGM (organismes génétiquement modifiés) qui ont le plus cristallisé le débat contre la « vie-marchandise » et les risques de la transgenèse, mais l'imposition d'aliments transgéniques, d'abord à l'insu des populations.

La concentration inégalée de pouvoir économique sur les sources de la vie, marquée par l'effritement des frontières entre les règnes et les espèces, s'est d'abord imposée dans l'imaginaire collectif par les technologies de reproduction.

Les superficies mondiales de cultures transgéniques ont connu un essor fulgurant. Pratiquement inexistantes en 1996, elles atteignaient 44,2 millions d'hectares en 2000. En Amérique, où se concentre l'essentiel de la production (68 % aux États-Unis, 23 % en Argentine et 7 % au Canada), près de cinquante végétaux transgéniques étaient, au début de 2002, autorisés pour la consommation humaine, 500 étant en attente d'homologation, et déjà plus de 70 % des aliments industriels comportaient des OGM, notamment de soja, de maïs ou de canola.

Certes, ces OGM de première génération, herbicides ou insecticides à 99 %, ne concernent pas l'alimentation humaine, mais la faiblesse des recherches indépendantes, l'absence d'encadrement réglementaire rigoureux et l'impunité des firmes en cas de dommage majeur, s'ajoutant à l'impuissance des pouvoirs publics en cas de contamination de la chaîne alimentaire, comme en a témoigné la saga américaine du maïs « Starlink » en 2000, ont suscité des mobilisations légitimes. Il ne faut pas non plus oublier les effets allergènes, pesticides et antibiotiques des OGM pour la santé, les impacts irréversibles de la pollution génétique et de la perte de souches traditionnelles (comme dans le cas édifiant des maïs sauvages du Mexique, berceau biologique de cette plante, contaminés par des OGM). Les résistances aux prédateurs et l'augmentation des herbicides associés à certains OGM, comme pour le soja « Round-up Ready » aux États-Unis, menacent, par ailleurs, les équilibres écologiques et la biodiversité. Ces OGM pesticides brevetés s'imposent par des technologies génétiques à usages restrictifs (GURT en anglais), sorte de « stérilisation biologique » obligeant les paysans à racheter constamment de nouvelles semences et menaçant aussi l'autonomie et la sécurité alimentaires.

Depuis les alliances et fusions entre géants de la chimie, des semences et de la pharmacie, cette « industrie du vivant » de plus en plus concentrée, où trônent les Dupont/Pioneer, Pharmacia/Monsanto, Syngenta/Norvatis, Advanta/Astra-

Zeneca/Cosun, etc., contrôle toute la chaîne de production alimentaire, des intrants jusqu'aux réseaux de distribution en passant par la transgenèse.

Les revers de l'agrogénétique

Cependant, malgré sa puissance, l'agrogénétique a connu certains revers. Au début de 2002, plus d'une trentaine de pays exigaient l'étiquetage obligatoire, plusieurs villes et États se proclamaient « libres d'OGM » et de nombreuses industries et chaînes alimentaires refusaient tout OGM ou avaient déjà instauré des filières séparées.

Tout, des plantes à l'embryon en passant par l'intelligence, serait désormais assimilable à un flux d'informations qui, grâce aux langages combinés de la génétique et de l'informatique, autoriserait certains à recoder le monde.

Cela a contribué à freiner la croissance mondiale des superficies portant des cultures transgéniques. Après une hausse de 17 millions d'hectares en 1997-1998, celle-ci n'a été que de 4,3 millions d'hectares en 2000, dont 84 % dans les pays en développement.

Au plan international rien n'apparaissait non plus joué. Certes, le Protocole de biosécurité de la Convention mondiale sur la biodiversité (issue de la Conférence des Nations unies sur l'environnement et le développement de Rio, 1992), signé par 130 pays à Montréal en janvier 2000, reconnaît le principe de précaution [*voir article p. 217*] comme base de décision pour les mouvements transfrontières de tous les OGM, mais seuls cinq pays l'avaient ratifié fin 2001, alors qu'il en faut cinquante pour entrer en vigueur ! Quant à l'accord FAO (Organisation des Nations unies pour l'alimentation et l'agriculture) intitulé Engagement international sur les ressources génétiques agricoles de juillet 2001, il protège l'accessibilité de trente-cinq semences qui couvrent plus de 70 % des besoins alimentaires mondiaux, mais sa portée est limitée par les règles de l'OMC (Organisation mondiale du commerce) sur les brevets.

En fait, une véritable course contre la montre s'est engagée entre, d'une part, la progression des cultures transgéniques dans les catalogues de semences et dans les territoires, correspondant au développement de nouveaux créneaux commerciaux et, de l'autre, les initiatives visant à défendre l'autonomie alimentaire, les cultures écologiques, la santé des populations, l'équilibre des écosystèmes, ainsi que la transparence et la démocratisation. ■

Pour en savoir plus

J.-P. Berlan *et alii*, *La Guerre au vivant*, Contre-feux/Agone, Marseille/Montréal, 2001.

G.-E. Séralini, *OGM le vrai débat*, coll. « Dominos », Flammarion, Paris, 2000.

B. Kneen, *Les Aliments trafiqués ou les dessous de la biotechnologie*, Ecosociété, Québec, 2000.

K. Parent, L. Vandelac, « Main basse sur les gènes, ou les aliments mutants » (film), Office national du film du Canada, 1999 **(http://www.onf.ca)**

@ Sites Internet

CRII-GEN (Comité de recherche et d'information indépendantes sur le génie génétique) : **http://www.crii-gen.org**

Greenpeace France : **http://www.greenpeace.fr**

Greenpeace Canada : **http://www.greenpeace.ca**

The Council for Responsible Genetics : **http://www.gene-watch.org/**

The Institute of Science in Society (Series Inside Human Genetics and Genomics) : **http://www.i-sis.org/**

Cahier de propositions OGM et société - Porto Alegre 2002 : **http://www.zooide.com/apm/doc/th3cahierfr.rtf**

Cinquante millions de réfugiés et de déplacés vivent une précarité durable

Par **Fabienne Hara**
International Crisis Group

LE PHÉNOMÈNE DES RÉFUGIÉS S'INSCRIT DANS LA PROBLÉMATIQUE PLUS LARGE DU DÉPLACEMENT FORCÉ DE POPULATIONS. LES RÉFUGIÉS AU SENS JURIDIQUE DE LA CONVENTION DE GENÈVE (1951) NE SONT PLUS QUE 13 MILLIONS PARMI LES 50 MILLIONS DE VICTIMES DE DÉPLACEMENTS FORCÉS.

S'il y a une illusion dont les années quatre-vingt-dix ont dû faire le deuil, c'est bien celle que la fin de la « guerre froide » allait contribuer à l'arrêt des guerres et à la résolution de la question des réfugiés. Non seulement leur nombre a massivement augmenté, mais la nature du problème est devenue plus complexe.

Il est vrai que, depuis la chute du bloc soviétique et la vague de démocratisation qui a suivi, des conflits longs et meurtriers ont pris fin en Afrique (Éthiopie, Mozambique et Afrique du Sud) et en Amérique centrale (El Salvador, Guatémala), et que des millions de réfugiés ont pu regagner leur pays. Mais la nouvelle donne géopolitique a aussi réveillé des tensions. Dans les Balkans, dans le Caucase et en Afrique centrale, on a assisté dans la décennie quatre-vingt-dix aux plus importants mouvements de populations (respectivement de plus de quatre, de neuf et de trois millions de personnes) depuis 1945. Dans certains pays comme l'Afghanistan ou la Somalie, une situation de guerre civile durable s'est instaurée. À ces cas s'ajoutent toutes les situations antérieures et non résolues d'errance, d'apatridie et de nationalité contestée, comme celle des Palestiniens, des Kurdes, ou des Tsiganes.

Aujourd'hui, le phénomène des réfugiés s'inscrit dans la problématique plus large du déplacement forcé de populations. Les réfugiés au sens juridique de la convention de Genève (1951) ne sont que 13 millions parmi les 50 millions de victimes de déplacements forcés. Pour tous les autres, on a vu une floraison d'appellations diverses (personnes déplacées, dispersées, rapatriées, regroupées, demandeuses d'asile, etc.) correspondant à différentes formes de déplacement forcé : « nettoyage ethnique », expulsion massive, transfert de population, ou encore rapatriement non volontaire. Malgré leur diversité, ces situations posent le problème essentiel de la protection des populations en situation de guerre.

Déplacements forcés : une tactique de guerre

Le déplacement forcé est devenu une question d'actualité très sensible en raison de la multiplication des guerres civiles observée dans les années quatre-vingt-dix, mais aussi des nouvelles formes qu'elles ont prises. Outre, de la part des belligérants, le viol du droit humanitaire international, le déplacement forcé est utilisé comme une tactique de guerre visant à créer des sociétés culturellement et ethniquement homogènes ou bien à couper les mouvements rebelles de la population des réfugiés. En conséquence, la population civile devient elle-même la cible directe des attaques. La fuite de plus de un million de Kurdes d'Irak après la guerre du Golfe (1991), le déplacement de près de quatre millions de personnes en ex-Yougoslavie et de deux millions au Libéria, l'évacuation massive de deux millions de Hutu rwandais vers l'ex-Zaïre après le génocide contre les Tutsi en 1994 ou le regroupement et la réinstallation de force de populations civiles au Sud-Soudan, au Rwanda ou au Burundi ont clairement révélé ces tendances.

Le déplacement forcé est devenu une question d'actualité très sensible en raison de la multiplication des guerres civiles observée dans les années quatre-vingt-dix, mais aussi des nouvelles formes qu'elles ont prises.

Dans le Caucase ou en Afrique centrale, la situation présente en outre comme caractéristiques que plusieurs États contigus, plongés dans leurs propres guerres civiles, hébergent et manipulent souvent les réfugiés des autres. Les conflits internes deviennent la continuation de conflits interétatiques et vice versa. Conduite par une coalition d'États, la guerre dans l'ex-Zaïre, en 1996-1997, a été motivée par la volonté de réduire la menace des camps de réfugiés hutu, véritables « sanctuaires humanitaires » pour les auteurs du génocide rwandais de 1994 et lieux de prédation économique et de violence. Pendant la guerre, plus de 600 000 réfugiés sont rentrés au Rwanda, mais des dizaines de milliers ont été traqués, massacrés dans les forêts du Congo. À côté de ces flux de populations victimes d'expulsions répétées, la création de réseaux paramilitaires, les trafics d'armes et la multiplication des alliances ont continué à nourrir l'instabilité régionale. En 1998, la seconde guerre du Congo a commencé. Sept États africains sont entrés en guerre, dont au moins cinq en proie à un conflit interne se jouant en partie sur le territoire du Congo-Kinshasa.

Des populations de moins en moins protégées

La protection des réfugiés et déplacés s'est parallèlement dégradée. D'une part, l'accès aux victimes est de plus en plus difficile et doit faire l'objet de négociations avec les autorités gouvernementales ou avec les guérillas. D'autre part, les pays d'asile ne sont plus à même ou ne veulent plus assurer la sécurité des réfugiés. Comme, dans la plupart des cas, les demandeurs d'asile représentent des masses de population importantes, les pays d'accueil respectent de moins en moins les conventions internationales, en particulier le principe du non-refoulement. Les statuts de réfugiés sont délivrés au compte-gouttes, comme on l'a vu pour les réfugiés bosniaques en Europe. Les pays riches, qui considèrent désormais la plupart des demandeurs d'asile comme des « migrants économiques », cherchent à limiter les arrivées sur leurs territoires et le débat sur le « partage du fardeau » traduit leur tendance à se constituer en « forteresses ».

Dans ces circonstances, l'accent est mis sur le rapatriement, dont les programmes ont connu une intensification au début des années 1990. Bien qu'une dizaine de millions de réfugiés aient pu être rapatriés, on observe là aussi une certaine détérioration de leur niveau de protection. Le principe du libre consentement et du rapatriement dans la « sécurité et la dignité » est apparu de plus en plus souvent bafoué. Parfois les réfugiés doivent partir sous la contrainte des pays d'accueil, parfois c'est la dégradation de la sécurité dans les pays d'asile qui les pousse à rentrer en plein conflit, comme cela a été le cas pour les réfugiés afghans du Pakistan. Une fois chez eux, les rapatriés peuvent être victimes de représailles ou d'attaques visant à empêcher leur réintégration et ils rencontrent souvent des problèmes juridiques liés à leur citoyenneté ou leurs droits de propriété.

Parfois les réfugiés doivent partir sous la contrainte des pays d'accueil, parfois c'est la dégradation de la sécurité dans les pays d'asile qui les pousse à rentrer en plein conflit, comme cela a été le cas pour les réfugiés afghans du Pakistan.

Face à ces problèmes, le Haut Commissariat des Nations unies pour les réfugiés (HCR), dont le mandat initial est la protection des réfugiés, a vu ses opérations d'assistance humanitaire croître très rapidement au sein même des pays en conflit et a étendu *de facto* son rôle à la protection des déplacés et rapatriés. Depuis les années cinquante, le HCR s'occupait, en collaboration avec les pays d'asile, de personnes qui avaient traversé une frontière pour cause de persécution individuelle. Aujourd'hui, il est confronté non plus aux problèmes particuliers des réfugiés, mais à la problématique du déplacement forcé en général et, partant, de la guerre. Certains lui reprochent son implication dans des programmes d'assistance aux déplacés, comme en Bosnie, dont on peut considérer que l'un des effets pervers a été d'accompagner le nettoyage ethnique, ou encore dans des programmes de rapatriement dans des pays « non sûrs ». Mais le dilemme du HCR se retrouve fidèlement dans les ambiguïtés de la réponse internationale à la crise du Kosovo : les pays de l'OTAN (Organisation du traité de l'Atlantique nord) ont bombardé la Serbie pour protéger les Albanais du Kosovo et, dans le même temps, ils ont été forcés d'accepter chez eux le produit du nettoyage ethnique.

Certains experts et organisations ont proposé, s'agissant du problème des déplacés et victimes de guerre, de nouvelles codifications juridiques ou la création d'un organisme spécialisé. Mais cela peut faire craindre qu'une renégociation du statut de réfugié fasse plutôt reculer le droit. Par ailleurs, la production d'un nouveau droit ne réglera pas le problème des pratiques de guerre, de même qu'il ne pourra pas masquer la contradiction de plus en plus visible entre neutralité humanitaire et protection. ■

Pour en savoir plus

HCR, *Les Réfugiés dans le monde* (rapports).
International Crisis Group, *After Milosevic, a Practical Agenda for Lasting Balkans Peace*, Bruxelles, 2001.
F. Jean, J.-C. Rufin (sous la dir. de), *Économie des guerres civiles*, Hachette, Paris, 1996.
G. Loescher, *UNHRC and World Politics, a Perilous Path*, Oxford University Press, Oxford, 2001.
Médecins Sans Frontières, *Populations en danger* (rapports annuels 1996, 1997, 1998), La Découverte, Paris.

@ Sites Internet

Haut Commissariat pour les réfugiés (UNHCR) : **http://www.unhcr.ch**
Comité international de la Croix-Rouge (CICR) : **http://www.icrc.org**
Human Rights Watch : **http://www.hrw.org**
Lawyers Committee for Human Rights : **http://www.lchr.org**
International Crisis Group : **http://www.crisisweb.org**
Bureau de la coordination des affaires humanitaires (ONU) : **http://www.reliefweb.int**
Médecins sans frontières (MSF) : **http://www.paris.msf.org/**

La notion de « culture mondiale uniformisée » sous-estime les rapports entre le singulier et l'universel

Par **Armand Mattelart**
Sociologue de la communication, Université Paris-VIII-Saint-Denis

DES HYPOTHÈSES STIMULANTES ONT ÉTÉ FORMULÉES POUR EXPLIQUER LA RELATION CONFLICTUELLE ENTRE LES CULTURES NATIONALES ET LES FLUX TRANSNATIONAUX. LES TERMES DE « CRÉOLISATION », « MÉTISSAGE », « HYBRIDATION » EXPRIMENT L'ALCHIMIE D'ÉCHANGES CULTURELS DÉBOUCHANT SUR LA « MODERNE TRADITION ».

Le marché mondial est travaillé par deux logiques : celle de la globalisation et celle de la démassification généralisée, poussant les grandes firmes à rechercher des « segments transnationaux », c'est-à-dire de grands ensembles d'individus partageant, par-delà les frontières nationales, les mêmes conditions de vie, les mêmes systèmes de valeur, de goûts, de normes. Mais, à partir du début des années 1980, la dynamique de la globalisation a déclenché en même temps un mouvement inverse de revanche des sociétés singulières. Partout s'est fait jour un retour aux cultures particulières, à la tradition, au territoire, tandis que renaissaient nationalismes et fondamentalismes. La réflexion critique sur les relations culturelles a dès lors accordé une grande attention aux logiques de relocalisation, étudiant l'ensemble des tensions qui s'établissent entre le singulier et l'universel.

La fin des catégories anciennes

L'organisation sociale en réseaux est la première illustration de cette dynamique duale. De nouveaux acteurs transnationaux et de nouvelles formes d'expression de la société civile (utilisant toutes les techniques de la communication), liées notamment aux activités des ONG (organisations non gouvernementales), ont ainsi surgi sur la scène internationale. Ils ont permis que s'ouvre une réflexion sur un « troisième espace », qui viendrait s'intercaler entre les logiques « inter-marchés » et « interétatiques ».

La deuxième illustration en est l'échange inégal entre culture de masse industrielle et cultures populaires. Cela a alimenté une vaste réflexion sur la formation de l'identité nationale et sur l'influence des cultures national-populaires, en Amérique latine notamment.

Le doute qui s'est installé sur la notion de modernité offre une troisième illustration. Les prédictions tablant sur une modernité linéaire reposant sur le triptyque modernisation-industrialisation-développement ne se sont pas réalisées. L'anthropologie a formulé des hypothèses stimulantes pour expliquer la relation conflictuelle entre les cultures nationales et les flux transnationaux, les termes de « créolisation »,

« métissage », « hybridation » exprimant l'alchimie d'échanges culturels débouchant sur la « moderne tradition », selon l'expression de l'anthropologue brésilien Renato Ortiz. Son homologue indien Arjun Appadurai estime ainsi que les instruments d'homogénéisation (armements, techniques de publicité, hégémonie de certaines langues, styles d'habillement) apportés par la globalisation sont en réalité « absorbés dans les économies politiques et culturelles locales, uniquement pour être rapatriés comme des dialogues hétérogènes de souveraineté nationale, de libre-entreprise et de fondamentalisme dans lesquels l'État joue un rôle de plus en plus délicat ». Trop d'ouverture aux flux globaux peut faire craindre la révolte (le syndrome chinois), tandis que l'État se met au ban de la communauté internationale lorsqu'il endigue ces flux (Corée du Nord). A. Appadurai va jusqu'à parler de « modernité alternative » et d'« explosion de modernités culturelles » qui, de Bombay, Tokyo, Rio de Janeiro, ou de Hong Kong, Los Angeles, Londres ou Paris, émergent, témoignant de la multiplicité des voies d'accès aux nouvelles formes du cosmopolitisme.

Production de masse et libre-choix

Le modèle actuel de développement mondial favorise une nouvelle hiérarchisation de la planète entre pays et groupes sociaux. Il provoque un détachement de fragments d'économies, de cultures et de sociétés qui cessent d'avoir un intérêt économique pour le système dans son ensemble.

La ségrégation croissante au sein des sociétés développées, où le nombre d'exclus ne cesse d'augmenter, est confirmée par la progression spectaculaire du marché de la sécurité électronique (pour se protéger de l'« autre ») et par les conceptions « ghettoïsantes » de la société, qui contrastent fortement avec l'idéologie égalitariste de la communication et des « villages planétaires ». La mise en place de dispositifs de contrôle et de surveillance contre la menace terroriste a suivi les lignes des clivages sociaux.

Le modèle actuel de développement mondial provoque un détachement de fragments d'économies, de cultures et de sociétés qui cessent d'avoir un intérêt économique pour le système dans son ensemble.

Une autre illustration, plus sujette à polémiques, concerne les nouvelles réflexions sur le consommateur. Dans leur combat contre toute forme de contrôle du marché et de ses acteurs, les tenants de l'ultralibéralisme ne cessent de proclamer la représentativité des consommateurs dans une « démocratie de marché », auxquels ils octroient liberté et souveraineté de choix absolues. Est-il dès lors encore pertinent de parler de rapports de forces entre les cultures si la confrontation a exclusivement lieu entre des atomes navigant en toute liberté dans l'espace global ? Cette thèse gomme l'histoire des déterminations sociales, politiques et économiques qui ont marqué l'évolution des dispositifs de communication.

De nouveaux regards font toutefois contrepoids aux analyses privilégiant les invariants, les déterminismes sociaux, en rappelant qu'une des erreurs les plus répandues consiste à étudier les effets du pouvoir à partir de celui-ci et non à partir de ceux qui le subissent. Cette manière de voir permet non seulement d'analyser les pratiques de réception de la communication, mais de regarder autrement l'histoire de la formation des dispositifs de la production culturelle de masse.

La tension entre l'individuel et le collectif, entre le libre-choix et les déterminations sociales, a, depuis les fondements des sciences sociales modernes, tourmenté la réflexion sur la société. Elle est demeurée vive et la conviction qu'il est difficile de comprendre l'un des pôles sans l'autre amène à réfléchir sur le « lien social supranational » et oblige à analyser le contexte culturel et l'évolution historique pour mieux comprendre les rapports entre société et communication.

La prégnance du schéma du nouveau libéralisme, la crise de la pensée sur les inégalités et l'idée consacrée qu'il est devenu impossible d'élargir le cercle des bénéficiaires du « progrès » inhibent la nécessaire réflexion critique sur l'État et l'avenir du monde. Tout intellectuel n'est-il pas désormais aux prises avec le positivisme gestionnaire, ce nouvel utilitarisme qui pousse à rechercher des outils théoriques pour éviter de poser les grandes questions et contourner les grands conflits par le recours à des solutions techniques ?

L'ère de la « colonisation des esprits »

L'ère de la société de l'information est aussi celle de la « colonisation des esprits », obligeant à repenser les questions de liberté et de démocratie. La liberté politique ne se limite pas au droit d'exercer une volonté, mais oblige à s'interroger sur la manière dont s'est formée cette volonté.

Quelle que soit l'époque, les formes d'intégration dans des macrocosmes de plus en plus vastes ont été ressenties à la fois comme un risque et comme un atout. La menace de l'homogénéisation et d'une nouvelle hiérarchisation des microcosmes a toujours été bien réelle, tout comme l'élargissement des possibilités quant à la redéfinition plurielle des processus identitaires. Il a fallu pour cela que les individus et les peuples confrontés à ces nouvelles formes de sociabilité les vivent comme un défi collectif et non comme une injonction à des atomes libres. Le rapport entre démocratie et mondialisation se joue dans la critique adressée à un modèle singulier d'intégration macrocosmique qui usurpe l'appellation mondiale/globale pour mieux cacher qu'il ne s'adresse qu'à la minorité d'intégrés solvables. Là où l'utopie technoglobaliste voit arrêt de l'histoire et du genre humain, les diverses sociétés qui le composent peuvent rétorquer qu'il s'agit sans doute d'une période qui risque de n'être qu'un cillement dans l'histoire de l'humanité. La construction d'une autre forme d'intégration des sociétés humaines dans un ensemble qui les dépasse tout en les valorisant dépend aussi et en grande partie de l'issue des tensions et des conflits à l'intérieur de chacune d'elles. ■

Pour en savoir plus

A. Appadurai, « Disjuncture and Difference in the Global Cultural Economy », *Public Culture*, vol. 2, n°2, 1990.

L. Bénat-Tachot, S. Gruzinski (sous la dir. de), *Mécanismes de métissages*, Presses universitaires de Marne-la-Vallée/MSH, Marne-la-Vallée/Paris, 2001.

M. Certeau (de), *L'Invention du quotidien. 1. Arts de faire*, Gallimard, Paris, 1990.

E. Glissant, *Introduction à une poétique du divers*, Gallimard, Paris, 1996.

A. Mattelart, *Histoire de l'utopie planétaire : de la cité prophétique à la société globale*, La Découverte, Paris, 1999.

A. Mattelart, *La Mondialisation de la communication*, coll. « Que sais-je », PUF, Paris, 1998.

M. et A. Mattelart, *Le Carnaval des images : la fiction brésilienne*, INA/La Documentation française, Paris, 1987.

R. Ortiz, *A Moderna Tradição brasileira*, Editora Brasiliense, São Paulo, 1988.

A. Remiche-Martynow, G. Schneier-Madanes (sous la dir. de), *Notre Amérique métisse : cinq cents ans après, les Latino-Américains parlent aux Européens*, La Découverte, Paris, 1992.

J.-P. Warnier, *La Mondialisation de la culture*, coll. « Repères », La Découverte, Paris, 1999.

La modernité n'a éteint ni le fait religieux ni la quête de spiritualité

Par **Jean-Paul Guetny**
Directeur de la revue « Actualité des religions »

ON PARLE DÉSORMAIS MOINS DE DIEU QUE DU « DIVIN » OU DE LA « TRANSCENDANCE ». ET, SI VÉRITÉ RELIGIEUSE IL Y A, ELLE REPOSE MOINS SUR UN « DONNÉ » QUE SUR UNE « DÉMARCHE PERSONNELLE ». ELLE NE S'ACCOMMODE D'AUCUN EMBRIGADEMENT ET N'EST PAS D'ABORD DE NATURE INTELLECTUELLE, MÊME SI ELLE PEUT REVÊTIR DES ASPECTS GNOSTIQUES.

Retour du religieux ou progrès de la sécularisation ? Le dilemme est classique. Il n'a pourtant guère de pertinence hors de la sphère occidentale. Et, même à l'intérieur de celle-ci, il paraît mal posé. En fait, nous assistons en ce changement de millénaire à un profond remodelage du fait religieux.

Les Européens, les Français surtout, ont vécu sur un mythe : les religions allaient s'éteindre petit à petit. C'était le prix à payer à la modernité. L'essor de la raison et le développement des sciences donneraient naissance à un humanisme séculier. Voilà un siècle et demi, le philosophe Auguste Comte formulait cette prophétie : « Je suis persuadé que, avant l'année 1860, je prêcherai le positivisme à Notre-Dame [de Paris], comme la seule religion réelle et complète. »

Si Comte revenait parmi nous, nul doute qu'il serait désappointé. Certes, un quart de nos contemporains refusent de se ranger derrière une bannière religieuse. Mais tous ne sont pas des athées avérés. Et trois habitants de la planète sur quatre revendiquent, peu ou prou, une appartenance religieuse. Et qu'on ne dise pas que la foi est une affaire de sous-développés. Les États-Unis, pays évolué sur le plan technologique, ont des allures de paradis des religions.

Montée d'un christianisme « émotionnel »

Aujourd'hui, deux « blocs » tiennent le haut du pavé : le christianisme, avec 1,650 milliard de baptisés, toutes confessions confondues, et l'islam, avec 1,030 milliard de fidèles. Ils devancent l'hindouisme (800 millions de membres), le bouddhisme (350 millions), ce qu'on range sous le terme animisme (220 millions) et une multitude de « petites » religions. Dans une centaine d'années, si les prévisions démographiques se confirment, les choses devraient s'inverser et l'islam compter deux fois plus d'adeptes que le christianisme.

Vu d'Occident, le bouddhisme apparaît comme « la religion qui monte ». On y voit parfois une alternative crédible à un christianisme essoufflé. Or, fin 1998, s'est déroulée à Kyoto, au Japon, une rencontre mondiale des responsables de cette religion. Qu'y a-t-on entendu ? Que le bouddhisme était en déclin. Beaucoup d'Asiatiques, a souligné le dalaï-lama, s'en réclament par pure tradition, sans en connaître la vraie signification. Et, dans plusieurs pays, les gens quittent la voie de Bouddha pour rejoindre le christianisme et l'islam.

La religion, disait-on encore, allait se privatiser. C'est sans doute vrai, au moins en partie, en Europe occidentale. Mais qu'en est-il ailleurs ? Dans de nombreux cas, elle joue un rôle politique, à la fois comme système de « recours » et comme ferment d'identité. Cela fait longtemps qu'on l'a constaté pour l'islam. Depuis la chute du communisme, il se produit un phénomène analogue avec le christianisme orthodoxe. La religion est la « voix des sans-voix » et le vêtement des peuples qu'on a dépouillés de leur culture.

Au sein de chaque tradition religieuse, il se produit de profonds remaniements de tous ordres. Quelques exemples valent mieux qu'un long discours. Un catholique sur deux est issu d'Amérique, deux sur trois du tiers monde. L'anglicanisme est à majorité noire. Le catholicisme subit en Amérique latine la concurrence d'Églises protestantes « libres », d'orientation fondamentaliste. Ainsi un christianisme de type émotionnel est-il en train de prendre la place naguère dévolue à la « théologie de la libération ».

Les gros bataillons musulmans ne se trouvent pas dans les pays arabes, mais à l'est de l'Indus, en Indonésie, au Pakistan, au Bangladesh, en Inde. La religion fondée par Mahomet prend, par ailleurs, de plus en plus racine en Occident. Aux États-Unis, elle concerne six millions de citoyens, à peu près comme le judaïsme. Chicago compte un demi-million de musulmans et une cinquantaine de mosquées.

La sécularisation comme ébranlement des dogmes

Un peu partout, les sociétés se bigarrent sur le plan religieux. L'exemple de la France est édifiant. Il y a quelques décennies, un cantique en vigueur dans les églises proclamait « Catholiques et Français toujours ». Aujourd'hui, les Français sont de moins en moins nombreux à se revendiquer catholiques. Il y a, parmi eux, quelque quatre millions de musulmans, un million de protestants, 600 000 juifs, autant de bouddhistes, 200 000 orthodoxes, 130 000 témoins de Jéhovah. Quant aux catholiques, comme ils ont changé en quelques décennies ! À tel point qu'en France, remarque le sociologue Jean-Paul Willaime, « ce n'est plus la laïcité *versus* la religion, c'est la laïcité qui habite la conscience religieuse elle-même ». Le succès du livre *L'Évangile d'un libre penseur. Dieu serait-il laïque ?* est, à cet égard, symptomatique. L'auteur, Gabriel Ringlet, prêtre belge enseignant à l'université de Louvain, s'exclame : « Que serions-nous sans la laïcité ! » Il va jusqu'à affirmer que « l'athéisme est nécessaire au christianisme » et aux religions en général. On est loin de la stigmatisation, naguère coutumière chez les clercs, des « dérives d'un monde sans Dieu ».

On peut parler d'une « sécularisation des religions » au sens où l'individualisme et le pluralisme ont pu se trouver légitimés en leur sein.

L'exemple de la France est assez illustratif de la situation qui prévaut en Europe. Convient-il de parler de « sécularisation », comme on l'a fait jusqu'ici ? Oui, si l'on désigne la perte d'influence du christianisme, du catholicisme, en particulier, qui a connu depuis la guerre un double décrochage : vers 1965, en termes de pratique religieuse, dix ans plus tard, en termes de déclaration d'appartenance. Ce décrochage est surtout perceptible chez les jeunes : de 1958 à 1990, la pratique religieuse est passée de 27 % à 7 % chez les 18-24 ans et le nombre des « sans religion » a crû de 18 % à 53 %.

On peut également parler, comme Jean-Paul Willaime, d'une « sécularisation des religions », au sens où l'individualisme et le pluralisme ont pu se trouver légitimés en leur sein. Au sens aussi où elles ont introduit, ou laissé introduire, dans leurs doctrines et leurs préceptes une dose plus ou moins grande de relativité.

Dieu à la baisse, le divin à la hausse

Cependant, la sécularisation, entendue au sens de « désenchantement du monde », a sans doute montré ses limites. Il y a longtemps que le philosophe Gilbert Durand parle de « retour du mythe », favorisé par l'extrême développement de l'image et par des disciplines comme la psychanalyse, qui ont eu pour mérite de redonner leurs lettres de noblesse aux grandes constructions mythiques et symboliques. Les sociologues, eux, constatent l'émergence de ce que l'une d'entre eux, Françoise Champion, appelle la « nébuleuse mystique-ésotérique ». Dans ce religieux « bricolé » ou « à la carte », selon le titre d'un ouvrage de Jean-Louis Schlegel, se mêlent des éléments composites. Les uns sont empruntés à la tradition judéo-chrétienne, les autres aux spiritualités d'Extrême-Orient, à l'ésotérisme, au *New Age*. Et les ingrédients plus proprement religieux voisinent avec d'autres appartenant aux univers de la physique quantique, des « médecines alternatives », de la psychologie, de l'écologie.

Dans ce religieux « bricolé » se mêlent des éléments composites. Les uns sont empruntés à la tradition judéo-chrétienne, d'autres aux spiritualités d'Extrême-Orient, à l'ésotérisme, au « New Age », à la psychologie, à l'écologie.

Dans un tel contexte, on parle moins de Dieu que du « divin » ou de la « transcendance ». Et, si vérité religieuse il y a, elle repose moins sur un « donné » que sur une « démarche personnelle ». Elle ne s'accommode d'aucun embrigadement et n'est pas d'abord de nature intellectuelle, même si elle peut revêtir des aspects gnostiques. La « quête du sens » est, chez la plupart, quête de sensations, d'expériences fortes. Il ne s'agit plus de transformer le monde mais de se faire du bien à soi-même. Selon la formule de Bruno Étienne, il s'agit moins d'un retour que d'un « recours au religieux ». ■

Pour en savoir plus

H. Cox, *Retour de Dieu*, Desclée de Brouwer, Paris, 1995.

D. Hervieu-Léger, *La Religion en mouvement. Le pèlerin et le converti*, Flammarion, Paris, 1999.

« Le XXIe siècle sera-t-il religieux ? », Hors-série *Télérama/Actualité des religions*, Paris, 1998.

J.-L. Schlegel, *Les Religions à la carte*, Hachette, Paris, 1995.

J. Vernette, *Nouvelles spiritualités et nouvelles sagesses. Les voies de l'aventure spirituelle aujourd'hui*, Bayard/Éd. du Centurion, Paris, 1999.

La problématique des « biens communs » représente un levier politique mais mérite clarification

Par **Marie-Claude Smouts**
Politologue, CNRS, CERI-Sciences Po

La notion de « bien commun » souligne le destin commun de l'humanité, invitant à instaurer des régulations mondiales par le contrat consenti par tous. Moins idéaliste, la théorie des « biens publics mondiaux » incite à produire des biens nécessaires à tous dans l'intérêt de chacun, espérant revitaliser la coopération Nord-Sud.

Au fur et à mesure qu'ont grandi les interdépendances liées à la mondialisation, la notion de ce qui est « commun » a prospéré dans le discours international, symptôme du besoin de construire, ou de redécouvrir, une problématique permettant de penser l'universel. Le terme connaît un vif succès mais n'a cessé de subir des glissements de sens, au point que chacun peut l'interpréter selon ses intérêts propres. Curieux paradoxe pour une problématique censée exprimer les intérêts collectifs de l'humanité tout entière ! La confusion est d'autant plus grande que des mots très proches, *common* ou *commons*, sont diffusés par la littérature anglophone pour rendre compte de réalités de nature fort différente. On mélange ainsi les « biens communs » (*commons*), qui sont des biens non susceptibles d'appropriation privée (la haute mer, l'espace extra-atmosphérique) et pour lesquels la notion un peu vieillie de « patrimoine commun de l'humanité » a été un moment proposée, les « biens en gestion partagée » (*common pool ressources*), comme les pêcheries ou les forêts, rappelant les « biens communaux » de l'Ancien Régime en France, et la nouvelle catégorie des « biens publics mondiaux » (*global public goods*) qui remporte un succès rhétorique considérable. Et, surplombant tout cela, « le bien commun », vieux concept de la philosophie occidentale et de la théologie chrétienne qui renvoie à Platon, à saint Thomas d'Aquin, à la doctrine sociale de l'Église catholique, et subordonne à un principe moral toute mesure prise dans l'exercice du pouvoir politique.

Au début du XXIe siècle, la problématique des « biens communs » portée par le discours politique dans les instances multilatérales répond à deux préoccupations. La première est de réunir les conditions de légitimité de l'action collective pour concevoir des réponses adaptées à la mondialisation et gérer les interdépendances complexes. Le *bien commun* est celui qui favorise les équilibres économiques, sociaux, culturels nécessaires à l'épanouissement des communautés humaines. Au nom de ce bien suprême, des remèdes aux désordres du monde sont proposés, des décisions collectives sont adoptées. La seconde est de préciser dans quels secteurs particuliers l'action internationale doit faire porter son effort en vue du *bien commun* ; elle vise ce qu'on appelle les *biens publics à l'échelle pla-*

nétaire (*global public goods*). Le *bien commun* est d'ordre moral et immatériel intimement lié aux droits de l'homme. Il implique respect, tolérance, reconnaissance de la dignité de tous les êtres humains. Les *biens publics mondiaux* sont plus tangibles et s'accompagnent rapidement de droits revendiqués : droits à l'alimentation, à la santé, à l'éducation, à un environnement sain, etc.

La force contestatrice des « biens communs »

Le succès considérable rencontré par la rhétorique du bien commun et des biens publics mondiaux tient à sa capacité de contestation douce. Cette rhétorique réintroduit en effet l'éthique et le souci du collectif dans les échanges internationaux. Elle reconnaît les insuffisances du marché comme lieu d'expression de l'intérêt général à l'échelle planétaire et comme mécanisme de satisfaction des intérêts communs. Les marchés se concentrent sur les biens particuliers et n'intègrent les coûts des biens publics dans leurs transactions que lorsqu'il y a une contrainte forte de la part des États (par exemple, lorsqu'il y a un système fort de pollueur/payeur). Ils sont incapables de fournir à eux seuls les biens publics globaux qui, contrairement aux biens privés, sont non exclusifs (la consommation n'entraîne pas la disparition du bien qui est à la disposition de tous et dont tous les individus peuvent profiter en même temps) et non rivaux (la consommation du bien par un individu n'empêche pas sa consommation par un autre individu). La fourniture des biens publics mondiaux ne peut pas, non plus, être assurée par le seul jeu des États, mus avant tout par le souci de leurs intérêts particuliers. Elle implique nécessairement un fort degré de coopération internationale, une gestion collective assurée par la concertation intergouvernementale ou par des institutions internationales plus ou moins autonomes. En cela, la problématique des biens communs heurte de front deux piliers de l'ordre international contemporain : le libre jeu des marchés, la libre définition par les États de ce qu'est l'intérêt général sur leur territoire.

Le succès rencontré par la rhétorique du bien commun et des biens publics mondiaux tient à sa capacité de contestation douce. Cette rhétorique réintroduit en effet l'éthique et le souci du collectif dans les échanges internationaux.

La notion de bien commun « déterritorialise » l'intérêt collectif. Elle implique, au-delà des appartenances communautaires et des groupes nationaux, la reconnaissance d'un être social nouveau sur un espace sans frontières : la « communauté » humaine d'aujourd'hui et de demain (les « générations futures »). Elle met en évidence une communauté de destin entre tous les habitants de la planète, riches et pauvres, en raison des problèmes nouveaux qui les concernent tous : menaces sur l'environnement, pandémies, pressions migratoires, etc. Elle envisage l'établissement de régulations mondiales non par l'hégémonie et la domination mais par le contrat, l'association, la règle universellement consentie. Prise au sérieux, elle est proprement révolutionnaire.

Refonder la coopération internationale

La théorie des biens publics mondiaux telle qu'elle se construit au début du XXIe siècle vient atténuer l'idéalisme et le potentiel contestataire de la problématique des biens communs en l'insérant dans la logique néo-libérale dominante. Elle exprime, dans un langage économique rationnel et technocratique propre à retenir l'attention des élites politiques et économiques sans les effaroucher, la nécessité de produire des biens nécessaires à tous dans l'intérêt bien compris de chacun. Ce n'est pas au nom de l'éthique et de la morale qu'il faut promouvoir ces biens mais au nom de l'intérêt.

La liste de ces biens varie considérablement selon les auteurs, et selon les bailleurs de fonds. Une étude du PNUD (Programme des Nations unies pour le développement) en retient plus de soixante et dresse des typologies si sophistiquées qu'aucun décideur ne pourrait s'en réclamer (biens « purs », « impurs », « de club », etc.). Un ancien vice-président de la Banque mondiale, Joseph Stiglitz, cite comme biens publics mondiaux : la stabilisation économique, financière et monétaire, le savoir, le climat, l'air, la biodiversité, la sécurité internationale. Chaque administration nationale et internationale propose sa définition et sa nomenclature ; ainsi la Banque mondiale définit comme biens publics mondiaux des « biens et ressources, politiques et services, produisant des conséquences positives transcendant les frontières des pays, ayant un intérêt pour le développement et la réduction de la pauvreté, et ne pouvant être mis en œuvre sans une action concertée de la communauté internationale ».

La théorie des biens publics mondiaux vise à susciter un élan de mobilisation pour des politiques publiques à l'échelle planétaire dans le domaine de la santé, de l'environnement mais aussi de la finance et du commerce.

Ce discours réduisant la problématique des biens communs à la fourniture de biens publics mondiaux a pour objet premier de revitaliser la coopération Nord-Sud après une décennie de baisse continue de l'aide publique au développement en proposant un nouveau fondement intellectuel propre à susciter un élan de mobilisation pour des politiques publiques à l'échelle planétaire dans le domaine de la santé, de l'environnement mais aussi de la finance et du commerce. Restent à préciser les outils, le contenu et les effets redistributifs de cette mobilisation. Et là tout est à faire. ■

Pour en savoir plus

J.-J. Gabas, P. Hugon, « Les biens publics mondiaux et la coopération internationale », *L'Économie politique*, n° 12, 4e trim. 2001.

I. Kaul, I. Grunberg, M. A. Stern, (sous la dir. de), *Global Public Goods. International Cooperation in the 21st Century*, Oxford University Press, 1999 (publié pour le Programme des Nations unies pour le développement).

J.-M. Severino, « Refonder l'aide au développement au XXIe siècle », *Critique internationale*, n° 10, Presses de Sciences Po, Paris, janv. 2001.

@ Sites Internet

Global Public Goods - PNUD (Programme des Nations unies pour le développement) :
www.undp.org/globalpublicgoods

Géopolitique et relations internationales

Après le 11 septembre
« Choc des civilisations »
Sécurité collective
Risques environnementaux globaux
Ordre mondial
Menaces asymétriques
Union européenne
Justice pénale internationale
Ingérence entre États
Guerre technologique
Missions de paix de l'ONU
Coopération Nord-Sud
Prolifération et dissémination
« Replis identitaires »
Migrations internationales
Islamisme
ONG
« Guerres sans fin »
Crime organisé
Négociations climatiques
Multilatéralisme et unilatéralisme

Les attentats du 11 septembre 2001 obligent à repenser la puissance

Par **Bertrand Badie**
Science politique, IEP-Paris

LE 11 SEPTEMBRE 2001, AVEC LES ATTENTATS SUR NEW YORK ET WASHINGTON, LA TOUTE-PUISSANCE AMÉRICAINE A ÉTÉ ÉBRANLÉE PAR UN ACTE TERRORISTE SANS PRÉCÉDENT, TANDIS QUE L'IDÉE MÊME D'UNE PUISSANCE « EFFICACE » ET « FONCTIONNELLE », IRRIGUANT L'« ORDRE » INTERNATIONAL CONTEMPORAIN, APPARAISSAIT PLUS FRAGILE ET INDÉCISE QUE JAMAIS.

Les attentats du 11 septembre 2001 contre le World Trade Center de New York et contre le Pentagone américain ont-ils marqué une rupture ou ont-ils été de simples révélateurs de tendances lourdes apparues dans le sillage de la mondialisation ou de l'échec du multilatéralisme que le système international avait jusqu'alors réussi à maquiller ? Dans l'un et l'autre cas, c'est l'idée même de puissance qui est en jeu : peut-être avait-on prêté trop d'attention à l'accumulation impressionnante de ressources de puissance par les États, et surtout les plus forts, sans s'interroger suffisamment sur la capacité de cette puissance, ce qu'elle peut faire ou empêcher ?

À partir de novembre 1989 (chute du Mur de Berlin) ou de décembre 1991 (disparition de l'Union soviétique), les États-Unis sont restés seule superpuissance, devenant de ce fait une « hyperpuissance » n'ayant plus d'interlocuteur ni de réel challenger acceptant de la défier. Pendant dix ans, Washington a rejeté Saddam Hussein ou l'islamiste saoudien Oussama Ben Laden (perçu comme l'instigateur des attentats) au rang, non d'ennemis, mais de « déviants », voire de « voyous » (*rogue*). L'adversaire n'en était pas un, et le « voyou » se voyait incité à « gérer » son énorme déficit de puissance sur un autre registre, le jeu du coup d'épingle, la stratégie du désordre, l'accomplissement terroriste, celui-là même qui désarçonne la puissance classique.

Le géant et le brigand

Il n'était pas sûr que cette stratégie nouvelle de « puissance régulatrice » fût vraiment tenable. Sur la question piégée du Proche-Orient, elle fut choisie jusqu'à l'entêtement par le président Bill Clinton (1993-2001). Son échec, tout comme le demi-échec des accords de Dayton (1995) relatifs au conflit en Bosnie-Herzégovine, a révélé que le nouvel ordre était çà et là perçu comme trop injuste pour que la puissance américaine fût acceptée comme un régulateur crédible.

De ce rôle manqué, les États-Unis sont sortis plus gladiateurs qu'arbitres dans la manière dont ils furent perçus, notamment dans le monde arabe et musulman. La même remarque vaudrait à propos de la politique somalienne de Washington, mais aussi pour son attitude face à l'Irak : de la guerre du Golfe (1991) aux bombardements routiniers, cette dernière transforma peu à peu le justicier en adversaire. Ces transmutations ne sont pas innocentes : elles ont brisé l'élan créé autour de l'idée de « nouvel ordre mondial » pour lui substituer celle de *pax americana* ; elles ont donc dévoyé l'idée d'une puissance rénovée, tout en cristallisant dangereusement sur les États-Unis toutes les frustrations ressenties devant les désordres mondiaux.

La défaite dans la guerre du Vietnam avait convaincu toute une partie de l'intelligentsia américaine, puis l'administration Carter (1977-1981), que le *soft power* américain (toute forme de pouvoir ne recourant pas à la force) permettrait de surmonter les impasses de la puissance militaire. L'idée était judicieuse et s'est vérifiée à travers la construction d'une incontestable hégémonie culturelle, financière et technologique. Cependant, la mondialisation a mis à la disposition de tous les contestataires des instruments modernes et sophistiqués de communication et de production de violence qu'un État, prisonnier de sa propre logique institutionnelle, ne pouvait pas concurrencer, sinon à la marge.

La réponse étatique aux attentats

Dans ce jeu solitaire, où le géant ne peut se mesurer qu'au « brigand », point trop n'en faut pour pousser une diplomatie messianique à repenser sa puissance unipolaire comme étant celle du régulateur d'un nouvel ordre mondial.

Les États-Unis ont dû, pour donner un minimum ou une apparence d'efficacité à leur riposte, gérer cette crise transnationale selon les vieilles recettes d'une Guerre froide qu'ils avaient largement gagnée. Le réseau international terroriste, pour être ciblé, reçut un contour territorial privilégié, celui de l'Afghanistan (dont le régime islamiste des taliban abritait Oussama ben Laden), et des configurations géographiques secondaires et potentielles (Somalie, Irak, Yémen, voire Soudan ou Iran...). La chaîne de causalités, dans le discours de Washington, remontait clairement jusqu'à des États et des gouvernements, tandis que le combat qu'on leur opposait s'organisait autour de coalitions subtiles qui rappelaient, par leur artifice et leur fragilité, le système bismarckien.

La construction a pu surprendre. La carte du terrorisme échappe en effet largement à celle des États. Faite de réseaux, l'entreprise qui a conduit à la destruction des « tours jumelles » de New York est apparue jalonnée de traces laissées dans divers pays occidentaux, dont les États-Unis, et associée à des flux financiers complexes, mafieux ou non, passant par Wall Street et la City, ainsi que par les paradis fiscaux d'Europe ou des Caraïbes. Un tissu associatif, fait d'ONG (organisations non gouvernementales) islamistes, de réseaux parareligieux confinant parfois à la secte ou du moins à la confrérie, semblait coiffer l'ensemble. Réagir à ce désordre – ou cet ordre trop sophistiqué – en ciblant des territoires (où sévissaient des régimes certes peu innocents) revenait à résoudre un problème en le déplaçant et en laissant donc partiellement intactes les racines de la catastrophe.

La victoire ainsi acquise en Afghanistan sur les taliban présentait l'avantage de l'effet symbolique sans impliquer un réel effort d'innovation stratégique. En cela, elle a davantage révélé de blocages qu'elle n'a exprimé de puissance. Elle a en même temps ranimé toutes les apories qui grèvent l'action internationale conventionnelle : faire naître de force des États de manière exogène là où ne s'y prêtent ni l'histoire, ni la structure sociale, ni la culture. Un État afghan correspondant à la configuration connue en Occident reste aussi problématique qu'un État somalien, sierra-léonais ou congolais.

La victoire acquise en Afghanistan sur les taliban présentait l'avantage de l'effet symbolique sans impliquer un réel effort d'innovation stratégique.

La formule choisie pour constituer la coalition a prolongé celle qui fut la trame de la guerre contre les taliban. Elle a dû considérablement surévaluer la logique identitaire : pour faire pièce à un clan constitué autour de Mollah Omar (leader proclamé des taliban), le levier des solidarités ethniques a été largement sollicité, jusqu'à exprimer le processus de réconciliation en dosage entre Pachtounes, Ouzbeks, Hazaras, Tadjiks... Cette dialectique de la puissance entravée et d'une mobilisation identitaire est dangereuse : elle a participé d'un compromis boiteux entre un monde des États développés et un second monde qui survit à travers d'incessants bricolages communautaires.

Une déréglementation du marché de la puissance

Toutes ces tendances mettent aux prises des capacités de défaire qui, de part et d'autre, l'emportent sur la capacité de faire. Le terrorisme qui se banalise dangereusement traduit les effets effroyables d'une déréglementation du marché de la violence. Les impasses qui se sont dessinées ont révélé, de leur côté, une déréglementation du marché de la puissance parce que les ressources militaires ne suffisent plus à elles seules, parce que l'unipolarisation a au contraire décentralisé de fait les lieux de production de la puissance, parce que celle-ci est fonction de ressources de plus en plus variées et diversifiées (économiques, culturelles, démographiques, religieuses, etc.).

Pour leur part, après l'adoption à la hâte de la résolution 1368 du Conseil de sécurité donnant un blanc-seing aux États-Unis, les Nations unies furent assez vite marginalisées et cantonnées à gérer, partiellement seulement, l'ordre afghan post-guerrier. Ce multilatéralisme blessé exprime, mieux que toute autre considération, les incertitudes du nouvel ordre mondial et les embarras d'une puissance qui ne parvient pas à renoncer aux délices trompeurs de l'unipolarité, sans pouvoir pour autant en maîtriser les mutations. ■

La thèse du « choc des civilisations » est une vision fausse de l'avenir de l'humanité

Par **Pierre Hassner**
Politologue, CERI-Sciences Po

Il convient de souligner combien les mouvements de retour à la tradition sont tributaires de la modernité à laquelle ils s'opposent. Combien les fondamentalismes et les intégrismes eux-mêmes sont souvent des vecteurs de l'occidentalisation qu'ils exècrent.

Les attentats-suicides du 11 septembre 2001, perpétrés en détournant et en « crashant » plusieurs avions de ligne sur les « tours jumelles » du World Trade Center à New York et sur le Pentagone (ministère de la Défense) à Washington, ont eu un écho médiatique et symbolique considérable. Ces attentats simultanés et coordonnés, responsables de milliers de morts, ont été aussitôt attribués aux réseaux islamistes d'Oussama ben Laden (alors installé en Afghanistan). Maints commentateurs ont alors interprété cet événement mondial comme étant l'illustration des thèses de l'universitaire américain Samuel Huntington, relatives au « choc des civilisations » (du titre de son ouvrage paru en 1996 aux États-Unis : *Clash of Civilizations*).

Sa thèse simplificatrice et explosive est que, si le XIXe siècle a été celui du conflit des nations et le XXe celui des idéologies, le XXIe sera celui du conflit des civilisations, « la foi et la famille, le sang et les croyances » devenant les valeurs pour lesquelles les hommes acceptent de mourir.

Après la disparition de l'ordre mondial bipolaire consécutive à l'effondrement du bloc soviétique, les grands clivages suivraient la « ligne de faille » entre sept à huit groupes civilisationnels, et le jeu des solidarités culturelles ou religieuses au sein de chaque entité (regroupée autour d'un ou deux États noyaux : les États-Unis pour l'aire atlantique, la Russie pour l'aire orthodoxe, etc.) favoriserait l'extension de conflits intercivilisationnels. Dans ce contexte, S. Huntington prescrit l'isolement : repousser à la fois le multiculturalisme à l'intérieur et l'universalisme à l'extérieur et se garder d'interférer dans les affaires des autres, avec le grand danger qu'en évacuant l'universalité de certaines valeurs, justifier culturellement des choses injustifiables puisse devenir possible. Le vrai fossé oppose la civilisation et la barbarie.

Prise isolément, la thèse du conflit des civilisations souffre d'une double ambiguïté. Ces entités (monde chrétien, monde islamique, etc.) sont-elles harmonieuses et fermées ? L'Europe, par exemple, n'est-elle pas aussi musulmane ? L'élément central en est-il la religion ? et celle-ci ne fonctionne-t-elle pas parfois comme trompe-l'œil (par exemple, en Irlande du Nord, où elle est apparue comme le marqueur de l'opposition entre groupes historiquement opposés, ou en Yougoslavie, où elle a fait l'objet de manipulations de la part de leaders cyniques) ? Les civilisations décrites ont-elles une existence permanente et immuable, ou se transforment-elles en s'influençant réciproquement ?

Autre interrogation : y a-t-il guerre structurelle et inexpiable entre lesdites civilisations, ou mélange d'isolement et de contacts, tantôt d'interpénétration pacifique, tantôt de conquête et de conflits ? Les guerres intercivilisationnelles sont-elles plus fréquentes et plus violentes que les conflits entre États, entre nations, entre ethnies ; ou entre religions, sectes, versions d'une même religion à l'intérieur d'une même civilisation ? Que l'on songe aux antagonismes Hutu-Tutsi, Pachtounes-Tadjiks, chiites-sunnites, Kurdes-Turcs...

Modernisation et démocratie, deux pulsions motrices

Le phénomène le plus universel semble résider dans la dialectique de la globalisation et de la fragmentation, liée à la modernisation. Sous l'effet avant tout du progrès technique, l'individu se trouve arraché à ses points de repère familiaux, nationaux, culturels ou religieux, et livré sans protection aux rigueurs de la compétition dans un monde trop complexe et changeant pour répondre à ses besoins de stabilité ou de sens.

Ce mouvement produit inexorablement des réactions violentes : plus le monde tend à s'homogénéiser, plus les différences menacées tendent à se durcir ou à se révolter. Plus le monde est complexe, plus il engendre la nostalgie de la simplicité. Plus il s'unifie, plus il recrée des frontières. Plus l'évolution s'accélère, plus elle produit la recherche des racines. Cela explique l'importance croissante de la dimension identitaire, religieuse ou culturelle, et la tendance à faire ressusciter les traditions, qui peuvent aboutir soit aux guerres ethniques, soit, de manière plus grandiose ou plus globale, au conflit des cultures.

Cependant, il convient de souligner combien ces mouvements de retour à la tradition sont tributaires de la modernité à laquelle ils s'opposent. Combien les fondamentalismes et les intégrismes eux-mêmes sont souvent des vecteurs de l'occidentalisation qu'ils exècrent. Combien les frontières sont imposées d'autant plus brutalement qu'elles sont plus artificielles. C'est bien ce qui produit presque inévitablement un grand déficit de légitimité et de stabilité politiques.

Là réside en effet le deuxième paradoxe lié à la modernisation : la combinaison du triomphe de la démocratie et de sa crise. D'une part, les légitimités traditionnelles et les légitimités idéologiques ou révolutionnaires sont sapées les unes et les autres par la rationalisation et la globalisation. Désormais, comme l'avait vu précédemment S. Huntington, la démocratie n'a plus d'adversaire idéologique sauf précisément, peut-être, le fondamentalisme religieux, surtout islamique. D'autre part, ses institutions sont de moins en moins aptes à satisfaire à la fois les demandes populaires et les contraintes internationales, en particulier économiques et techniques. Les institutions représentatives et les classes politiques apparaissent partout sur la défensive, rongées par la corruption et l'inefficacité, exposées aux attaques des pouvoirs de substitution (juges, médias) et aux tentations contrastées, pouvant paraître paradoxales, de la technocratie et du populisme, du mondialisme et du nationalisme. De là naît, une fois de plus, la nostalgie de formes communautaires plus unanimistes, fondées sur un dogme

Les légitimités traditionnelles et les légitimités idéologiques ou révolutionnaires sont sapées les unes et les autres par la rationalisation et la globalisation.

ou un sauveur, qui risquent d'éliminer, avec l'anarchie et la division, la démocratie et la politique elles-mêmes.

Enfin, la crise du politique et de l'État ne peut pas ne pas mettre en cause la nature de la guerre, si l'on accepte, avec Clausewitz, la définition trinitaire de celle-ci à partir du rapport entre le gouvernement, le peuple et l'armée. La guerre est en déclin, mais la violence elle-même est en augmentation, sinon quantitativement, du moins par la variété et le caractère incontrôlable de ses formes, du génocide au terrorisme, de la violence suicidaire des toxicomanes à celle des sectes, ou à la réapparition de phénomènes prémodernes comme la piraterie et le brigandage.

De la « guerre en dentelles » aux conflits « barbares »

Le primat des guerres civiles (la grande majorité des conflits actuels) sur les guerres interétatiques, et celui des victimes civiles (plus de 80 %) sur les victimes militaires ont des causes non seulement économiques (le commerce des armes et la réduction de leur prix), mais aussi techniques, sociales et politiques. Ils ont des conséquences capitales pour la stratégie. À un bout, les réflexions américaines sur la « révolution des affaires militaires » fondée sur l'information tendent à l'idée d'une guerre aseptisée où il suffirait d'aveugler et de paralyser l'adversaire sans faire de morts et surtout sans en subir. À l'autre bout, la guerre moderne est remplacée par le massacre des populations ou par la violence comme mode de vie. À la guerre uniquement technique des sociétés bourgeoises semble s'opposer le retour à la barbarie, engendré par la décomposition à la fois des cadres traditionnels et des tentatives d'instaurer l'État moderne dans des portions croissantes de la périphérie [*voir article p. 199*].

À la guerre uniquement technique des sociétés bourgeoises semble s'opposer le retour à la barbarie, engendré par la décomposition à la fois des cadres traditionnels et des tentatives d'instaurer l'État moderne.

Naturellement, cette opposition des deux mondes ne saurait être permanente. Le commerce des armes, la prolifération nucléaire et balistique, les réfugiés et les interventions rendent inévitable l'interpénétration, avec les risques et les chances de « barbarisation des bourgeois et d'embourgeoisement des barbares » qu'elle implique.

Les deux mondes de la guerre sur le terrain et de la diplomatie et des négociations, qui paraissaient si éloignés, se sont déjà rapprochés. Rien ne semblerait plus important que de restaurer une médiation à la fois démocratique et militaire entre les extrêmes d'une politique qui oublierait le rôle de la force et de l'équilibre et d'une violence qui ne connaîtrait plus les bornes et les règles assignées par la politique. ■

Pour en savoir plus

P. Hassner, *La Violence et la Paix : de la bombe atomique au nettoyage ethnique,* Éd. Esprit, Paris, 1995.
S. P. Huntington, *Le Choc des civilisations,* Odile Jacob, Paris, 1997.
« Le choc des civilisations et l'avenir du monde », *Commentaire,* n° 66 (n° spéc.), Paris, été 1994.
« Le choc des cultures à l'heure de la mondialisation », *Esprit,* Paris, avr. 1996.
M.-C. Smouts, *Les Nouvelles Relations internationales,* Presses de la FNSP, Paris, 1998.

La sécurité collective repose plus que jamais sur les États-Unis et échappe à l'ONU

Par **Bernard Adam**
Directeur du GRIP, Bruxelles

Un des objectifs des États-Unis est la transformation de l'OTAN en une organisation de sécurité quasi autonome, décidant seule d'opérations militaires, y compris en dehors de la zone euro-atlantique.

Au cours des dix ans qui ont suivi la chute du Mur de Berlin (1989), le paysage des institutions internationales de sécurité et de défense a considérablement évolué. L'entrée dans le XXIe siècle a été marquée par l'incontestable prééminence des États-Unis. Jusqu'à la fin des années 1980, deux blocs militaires se faisaient face. Le pacte de Varsovie, emmené par l'Union soviétique, rassemblait depuis 1955 quelques pays satellites de l'Est européen. L'Alliance atlantique et l'OTAN (Organisation du traité de l'Atlantique nord) étaient dirigées depuis 1949 par les États-Unis qui, grâce à leur parapluie nucléaire, protégeaient l'Europe occidentale.

Après 1989, la situation a rapidement évolué. Début 1991, la guerre du Golfe consécutive à l'invasion du Koweït symbolisa la nouvelle réalité. Américains et Russes collaborèrent au sein des Nations unies pour chercher une issue diplomatique, puis en menant une action militaire contre l'Irak, dirigée cependant par les États-Unis avec le soutien de leurs alliés européens et arabes. Le président George Bush déclara d'ailleurs à ce moment qu'un « nouvel ordre international » était né.

La fin de la guerre en Bosnie et la toute-puissance américaine

La suite fut moins euphorique. Le vent de liberté qui soufflait sur les pays de l'Europe de l'Est depuis 1989 eut pour conséquence l'apparition de gouvernements non communistes désirant nouer des relations avec l'Europe occidentale. Le pacte de Varsovie fut dissous le 31 mai 1991. Décembre 1991 marqua la fin du communisme en Europe avec l'éclatement de l'URSS. Ensuite, la Russie s'est débattue dans de graves problèmes économiques et politiques l'empêchant de jouer un rôle majeur dans les relations internationales.

Une autre évolution importante a été l'éclatement de la Yougoslavie en 1991. Elle eut entre autres conséquences la guerre de Bosnie-Herzégovine (entre 1992 et 1995), puis du Kosovo (en 1999). La Communauté européenne a d'abord tenté de réaliser des médiations, en vain. Ensuite, les Nations unies se sont impliquées, notamment en déployant la Forpronu (Force de protection des Nations unies) afin de s'interposer entre les belligérants. Ce fut un échec difficile à surmonter. L'événement majeur qui révéla définitivement le rôle incontournable et déterminant des États-Unis fut la manière dont fut décidée la fin de la guerre en Bosnie-Herzégovine.

S'écartant de la préférence européenne pour les négociations, les États-Unis ont favorisé une issue militaire en soutenant une offensive des Croates et des Musulmans bosniaques durant l'été 1995 et en parvenant à convaincre le Conseil de sécurité d'autoriser l'OTAN à réaliser en septembre 1995 des frappes aériennes sur les positions serbes. De plus, ce sont les États-Unis qui ont mené les négociations qui ont abouti aux accords de Dayton en décembre 1995, mettant un terme à la guerre en Bosnie. Russes et Européens jouèrent les seconds rôles dans ces discussions.

L'instrumentalisation de l'OTAN et la guerre du Kosovo

Après la dissolution du pacte de Varsovie, celle de l'OTAN aurait été logique, parallèlement à un renforcement des Nations unies et de la Conférence sur la sécurité et la coopération en Europe (CSCE), devenue OSCE (Organisation pour la sécurité et la coopération en Europe) en 1995. Les Américains auraient alors perdu un outil d'influence essentiel. Dès 1991, les pays de l'OTAN ont redéfini le rôle de l'institution, élargi à une dimension plus politique. C'est ainsi que tous les pays européens non membres de l'OTAN et les anciens membres du pacte de Varsovie ont été invités à faire partie d'un Partenariat pour la paix à partir de 1994. Un « Acte fondateur » entre les pays de l'OTAN et la Russie a été signé à Paris en 1997, le but officiel étant d'associer Moscou aux délibérations de l'Alliance. Mais en réalité, ce traité n'a attribué qu'un rôle consultatif à la Russie, servant essentiellement à mieux lui faire accepter l'extension de l'OTAN à la Pologne, la Hongrie et la République tchèque en mars 1999.

Après la dissolution du pacte de Varsovie, celle de l'OTAN aurait été logique, parallèlement à un renforcement des Nations unies et de l'OSCE (Organisation pour la sécurité et la coopération en Europe). Les Américains auraient alors perdu un outil d'influence essentiel.

Après l'échec des négociations de Rambouillet début 1999 entre Serbes et Albanais du Kosovo, les pays de l'OTAN ont décidé, sous l'impulsion américaine, de bombarder la Yougoslavie à partir du 24 mars. Lancée sans mandat du Conseil de sécurité, cette action militaire a vu son efficacité quelque peu mise en doute.

La guerre du Kosovo a coïncidé avec la célébration du 50e anniversaire de l'OTAN à Washington, au cours duquel fut adopté le texte d'un « nouveau concept stratégique » pour l'Alliance. Derrière le consensus officiel dicté par la nécessité de ne pas apparaître divisé en période de guerre, des divergences sont apparues sur le contenu de ce texte qui a semblé entériner des conceptions américaines discutables. Un des objectifs des États-Unis est la transformation de l'OTAN en une organisation de sécurité quasi autonome, décidant seule d'opérations militaires, y compris en dehors de la zone euro-atlantique. Cette dérive « unilatéraliste » par l'utilisation d'un organisme essentiellement militaire aurait pour conséquence la mise hors jeu des seules et véritables institutions multilatérales de sécurité collective que sont les Nations unies ou l'OSCE.

Un frein à l'expression de la toute-puissante Amérique serait la mise en place au sein de l'OTAN d'un véritable pilier de défense européen et, au sein de l'Union européenne, d'outils de « politique étrangère et de sécurité commune – PESC » comme suite à l'entrée en vigueur du traité d'Amsterdam le 1er mai 1999. La guerre du Kosovo a semblé avoir convaincu un nombre croissant de dirigeants européens de la nécessité d'être plus autonomes vis-à-vis de Washington, qui a tendance à recourir trop rapidement aux moyens militaires et qui poursuit ses propres objectifs stratégiques. Dès 1994, le président Bill Clinton avait publié une directive précisant que les engagements des États-Unis n'auraient lieu que « s'ils faisaient progresser les intérêts nationaux américains ». Cette « trop forte Amérique », par la multiplication de ses excès militaires, risquait peut-être d'accélérer son isolement face à l'Europe et face au reste du monde qui préfèrent un rééquilibrage en faveur d'actions concertées et de processus diplomatiques dans le cadre des Nations unies.

À quand la mise en place au sein de l'OTAN d'un véritable pilier de défense européen et, au sein de l'Union européenne, d'outils de politique étrangère et de sécurité commune ?

Maintien ou changement de la politique américaine après le 11 septembre ?

Les attentats du 11 septembre 2001 à New York et Washington semblaient pouvoir peut-être entraîner une certaine inflexion de la politique étrangère américaine. Pour la première fois de leur histoire, les Américains se sont aperçus qu'ils n'étaient pas invulnérables et que cet acte terroriste qui a coûté la vie à des milliers de victimes était peut-être la conséquence de leur propre politique, perçue comme arrogante par certains. La riposte américaine a cependant été ambiguë. D'une part, le président George W. Bush a rapidement cherché à constituer une coalition internationale afin de regrouper un maximum d'États pour lutter contre le terrorisme. De plus, l'action militaire contre le mouvement al-Qaeda d'Oussama ben Laden et les taliban est restée relativement ciblée en Afghanistan. Mais, d'autre part, il faut relever que les États-Unis n'ont pas voulu réaliser leur opération militaire dans le cadre des Nations unies et plusieurs signes ont montré qu'ils continuaient à privilégier l'unilatéralisme. En revanche, plusieurs de leurs partenaires, comme les pays de l'Union européenne et les pays arabes ou musulmans, ont insisté sur l'importance de combattre le terrorisme de manière multilatérale (au sein de l'ONU) en s'attaquant davantage aux causes profondes des actes terroristes (lutte contre le sous-développement, règlement pacifique des conflits). ■

Pour en savoir plus

B. Adam, « Après la guerre du Kosovo, quelles leçons pour la sécurité européenne ? », *La Nouvelle Architecture de sécurité en Europe*, GRIP/Complexe, Bruxelles, juin 1999.

P. Boniface (sous la dir. de), « Quel avenir pour l'OTAN ? », *Revue internationale et stratégique*, n° 32, IRIS/Arléa, Paris, hiv. 1998-1999.

D. Colard, « Le concept de sécurité dans l'après-guerre froide », *Arès*, Grenoble, mars 1999.

J.-P. Cot, « Le rapport Carrington sur la mise en œuvre des décisions du Conseil de sécurité », *Politique étrangère*, n° 1/99, IFRI, Paris, 1999.

J.-F. Guilhaudis, *L'Europe en transition*, Montchrestien, Paris, 1998.

R. Johnson, « La sécurité de l'après-guerre froide : les occasions manquées », *Forum du désarmement*, n° 1/1999, UNIDIR, Genève, 1999.

@ Sites Internet

Organisation du traité de l'Atlantique nord (OTAN) : **http://www.nato.int/**

Organisation des Nations unies (ONU) : **http://www.un.org**

Institut des Nations unies pour la recherche sur le désarmement (UNIDIR) : **http://www.unog.ch/unidir/fhome.htm**

Groupe de recherche et d'information sur la paix et la sécurité (GRIP, Bruxelles) : **http://www.grip.org**

La globalisation des risques environnementaux rend nécessaire un renforcement des régulations internationales

Par **Sybille van den Hove**
Consultante, MEDIAN, SCP

La plupart des conventions internationales d'environnement traitant de risques globaux (climat, biodiversité, désertification) sont des conventions-cadres assorties de protocoles, modèle plus approprié en raison de sa flexibilité, de sa négociabilité et de son adaptabilité.

Durant les deux dernières décennies du XXe siècle, l'évolution des connaissances scientifiques a mis en évidence de nombreux risques environnementaux à caractère global. La destruction de la couche d'ozone, le changement climatique, la diminution de la biodiversité, la désertification, la déforestation, la pollution des océans sont autant de risques environnementaux dont les causes et les effets peuvent se manifester en tous les points du globe. Ainsi, quel qu'en soit le lieu, l'émission accrue de certains gaz comme le dioxyde de carbone ou le méthane contribue à l'augmentation de l'effet de serre, ce qui pourrait provoquer des changements climatiques dont les conséquences néfastes affecteront tous les habitants de la planète [*voir article p. 122*].

Ce type nouveau de risques et de problèmes demande un traitement intégré tant du point de vue géographique (les pollutions et les organismes vivants ne connaissant pas les frontières) que du point de vue des milieux (les grands cycles biogéochimiques terrestres étant inéluctablement couplés). De plus, on a affaire à des problèmes de responsabilité diffuse et inégalement partagée qui, loin de permettre la simple application de principes du type « pollueur-payeur », suggèrent l'adoption de politiques fondées sur le « principe de précaution » et sur celui de la « responsabilité commune mais différenciée », le tout dans le cadre d'une démarche procédurale de développement durable [*voir article p. 15*]. Ainsi s'impose progressivement la recherche d'approches et de solutions communes sous la forme d'une coordination internationale, qu'il s'agisse de prévention ou de lutte contre les dégradations.

Deux types d'approche juridique

L'outil principal d'une telle coordination est l'élaboration de conventions et de traités internationaux. L'adoption de traités portant sur l'environnement par des États souverains n'est pas une nouveauté. Au début du XXe siècle, des conventions internationales existaient déjà, mais elles visaient uniquement la protection d'une espèce ou d'un groupe d'espèces animales ou végétales. Elles constituaient ainsi des efforts ponctuels et disjoints pour lesquels les formules juridiques étaient relativement simples, contrairement au cas des risques globaux que nous connaissons aujourd'hui. En ce qui concerne ces derniers, deux types d'approches ont été tentées. La première, exhaustive, consiste à définir de façon complète et précise des droits qui régiront les relations avec tel système écologique menacé (protection, utilisation des ressources, etc.), tout en s'assurant de la participation du plus grand nombre possible d'États et en recherchant un vote consensuel. L'exemple le plus notoire d'une telle approche est la convention des Nations unies sur le droit de la mer et des océans, signée en 1982 à Montego Bay. La seconde option, dite progressive, consiste à établir une « convention-cadre » qui fixe des principes généraux et qui permet de construire ensuite une série de protocoles d'application contenant des règles et des objectifs précis afin de réaliser les buts énoncés dans la convention. Un exemple type de cette approche est la convention de Vienne pour la protection de la couche d'ozone (1985), suivie par le protocole de Montréal relatif à des substances qui appauvrissent la couche d'ozone, et ses amendements successifs de 1990, 1992, 1995, 1997 et 1999). Mais il faut surtout citer la très ambitieuse convention-cadre des Nations unies sur les changements climatiques (adoptée en 1992 à Rio, lors de la Conférence des Nations unies sur l'environnement et le développement – CNUED) et son protocole de Kyoto, adopté en 1997, par lequel les pays industrialisés s'engagent à réduire ou limiter leurs émissions de six gaz à effet de serre (dont le gaz carbonique, le méthane et le protoxyde d'azote) en 2008-2012 par rapport aux niveaux atteints en 1990. S'y ajoutent les accords de Bonn et de Marrakech (2001), qui définissent les institutions et procédures de mise en œuvre de ce protocole, ouvrant la voie à sa ratification par de nombreux États – à l'exception des États-Unis.

L'adoption de traités internationaux portant sur l'environnement n'est pas une nouveauté, mais ils visaient auparavant uniquement la protection d'une espèce ou d'un groupe d'espèces animales ou végétales.

La nécessité de cadres évolutifs

La première des deux approches, l'approche exhaustive, permet en principe de s'assurer que les négociations portent bien sur tous les aspects du problème et évite que les vraies questions ne soient évacuées par la rédaction de quelques grands principes abstraits. Cependant, elle présente des défauts considérables. Elle se traduit en premier lieu par des processus de négociation très longs. Ainsi, les discussions sur le droit de la mer ont duré plus de quatorze ans et il fallut attendre encore douze années pour que le traité soit ratifié… autant d'années durant lesquelles la situation environnementale continue de se dégrader.

Les problèmes environnementaux globaux sont par ailleurs extrêmement complexes, souvent empreints d'incertitudes. Leurs conséquences ainsi que les effets des solutions envisagées peuvent n'être perceptibles qu'à long terme. Ces caractéristiques ne permettent pas d'envisager une approche exhaustive. Un processus dynamique est alors préférable pour intégrer progressivement l'évolution des connaissances et l'expérience acquise. C'est pourquoi la plupart des conventions internationales d'environnement traitant de risques globaux (climat, biodiversité, désertification) sont des conventions-cadres assorties de protocoles, modèle plus approprié en raison de sa flexibilité, de sa négociabilité et de son adaptabilité.

Les obstacles incontournables du droit international

Quel que soit le type de traité, la coordination internationale est un exercice difficile. La souveraineté des États reste un principe incontournable du droit international. Il n'existe pas d'autorité supérieure chargée d'en faire respecter les règles et d'en assurer l'application, les sujets des normes, les États, étant en même temps leurs auteurs. En définitive, le droit international a un caractère nettement volontariste : il ne peut qu'inviter les États à respecter des traités auxquels ils ont librement adhéré, et les possibilités d'imposer des sanctions aux contrevenants sont extrêmement limitées. Du reste, les Nations unies n'ont jamais recouru à des sanctions économiques ou militaires pour faire respecter un quelconque traité.

Pourtant, l'adoption de règles communes pour gérer les risques environnementaux globaux est un enjeu politique majeur pour ce début de XXIe siècle. Ces risques imposent la mise en place de processus de coopération sans précédent, notamment entre pays du Nord et pays de Sud. Le démarrage difficile de ces processus durant les deux dernières décennies du XXe siècle tient beaucoup à l'ampleur des enjeux et des objectifs poursuivis. Le succès de la convention visant à protéger la couche d'ozone est souvent donné comme l'exemple même de la réussite. Mais le bannissement de quelques substances chimiques – pour lesquelles des substituts satisfaisants existent – constitue un objectif relativement facile à respecter. Il en va autrement de la mise en place de règles internationales efficaces pour la protection de la diversité biologique, ou de la réduction des émissions de gaz à effet de serre, qui impose des changements majeurs dans nos façons de produire et de consommer.

De tels enjeux nécessiteront de nouvelles manières de concevoir les relations internationales ainsi que des innovations juridiques pour construire un équilibre entre respect de la souveraineté et besoin de coordination entre États. Celle-là sera d'autant plus efficace que les pays et leurs citoyens – de mieux en mieux informés – verront leur intérêt à collaborer. Le changement pourrait venir d'une meilleure prise de conscience par chaque gouvernement de l'interdépendance écologique dans laquelle son pays se trouve inévitablement entraîné et des avantages à long terme qu'il pourrait tirer d'une collaboration internationale dans ce domaine. ■

Pour en savoir plus

N. Choucri (sous la dir. de), *IIASA Global Environmental Accord Series*, The MIT Press, Cambridge (Massachusetts), 1998.

« Gérer la nature : des solutions de fortune », *Courrier de la planète*, n° 40, Montpellier, mai-juin 1997.

A. Kiss, D. Shelton, *International Environmental Law*, Transnational Publishers, Ardsley (N.Y.), 2e éd., 2000.

L. Susskind, *Environmental Diplomacy : Negotiating More Effective Global Agreements*, Oxford University Press, New York, 1994.

@ Sites Internet

Conventions des Nations unies sur l'environnement : **http://www.unep.org/unep/convention/sec.htm**

Institut international pour le développement durable (organisation non gouvernementale) : **http://www.iisd.ca/**

Les États-Unis et l'Union européenne proposent deux conceptions très différentes de l'« ordre mondial »

Par **Alain Joxe**
Directeur de recherche, EHESS/CIRPES

LE MODÈLE EUROPÉEN POURRAIT S'ÉTENDRE AU COURS DU XXIe SIÈCLE AU-DELÀ DE SON BERCEAU ET DIFFUSER UNE PENSÉE GÉNÉRALE DE L'ORDRE MONDIAL COMME ORDRE INTERNATIONAL PLUTÔT QUE COMME SYSTÈME TRANSNATIONAL MAFIEUX.

Le modèle américain est-il porteur d'un nouvel ordre mondial, promettant, pour le XXIe siècle, le règne de la démocratie et de la prospérité ? Ou bien, au contraire, le désordre néolibéral qu'il orchestre s'oppose-t-il à un tel optimisme ? L'Europe pourra-t-elle contrebalancer ce modèle par le projet d'une union d'États s'étendant comme zone de paix et d'économie sociale ? C'est la question politique et stratégique majeure pour le XXIe siècle.

Le modèle américain s'est étendu au monde entier en un espace de temps allant de 1941 (Pearl Harbour) à 1991 (la guerre du Golfe), soit cinquante ans – exactement le temps qu'il a fallu à Rome pour passer de l'échelle d'une cité à celle d'un empire.

Mais l'« empire américain » est le premier qui soit véritablement universel depuis la disparition de l'Union soviétique. Dans la décennie 1990, entre la guerre du Golfe et la guerre du Kosovo (1999), il prône l'abaissement du rôle socio-économique des États. Il cherche à perpétuer son pouvoir en combattant tout « rival de rang égal » *(peer competitor)* qui pourrait poindre dans le champ de bataille virtuel de la « guerre de la connaissance » où s'établit, selon ses théoriciens récents, la domination globale du monde. L'électronique d'observation, d'information, de ciblage et de destruction en temps réel maîtrisée par la plus forte armée du monde est au centre du « système de systèmes » de pouvoirs dont il se veut la tête. L'empire américain serait donc bien, à sa façon, un empire militaire. D'où le maintien de l'OTAN (Organisation du traité de l'Atlantique nord), alliance stratégique de la Guerre froide. Mais on sait bien que c'est aussi un empire économique.

La domination par la pensée unique

Les deux prépondérances, militaire et financière, dépendent aujourd'hui toutes deux de la révolution électronique. L'empire américain serait donc un empire de l'information. Mais l'information n'est pas la connaissance. Il s'agit plutôt de diffuser par des réseaux décentrés une « connaissance » stéréotypée, d'imposer des représentations du monde et des normes de comportement. L'empire américain remplacerait ainsi l'obéissance aux ordres sous la menace par la banalité des représentations et l'obéissance volontaire aux normes qu'il véhicule. Il s'agirait d'un empire normatif, plus que coercitif.

Sa norme principale est un acte de foi, proclamé par Anthony Lake, conseiller du président Clinton en 1993 : c'est le paradigme de l'élargissement conjoint de la sphère de la démocratie et du libre marché (*enlargement*). Ce processus idéal exclut la conquête militaire territoriale et la prise en charge des vaincus. Mais tout en détruisant les modes économiques traditionnels, comme dans les sociétés rurales de maintes régions du Sud, il accélère la formation d'immenses mégapoles dans lesquelles l'inégalité des revenus et la polarisation entre très riches et très pauvres deviennent la règle. Par création d'exclusion, on voit apparaître un « extérieur » à l'intérieur de l'empire. Face à une prolifération de nettoyages sociaux par violences locales autogérées ou par guerres ethniques barbares, l'empire américain mène ainsi depuis peu des interventions armées dissymétriques [*voir article p. 80*] qui n'aboutissent ni à des paix, ni à des démocraties ni à des libres marchés, mais plutôt à un ordre mafieux (Russie, ex-Yougoslavie, Grand Moyen-Orient, Colombie, Mexique).

Il s'agit de diffuser par des réseaux décentrés une « connaissance » stéréotypée, d'imposer des représentations du monde et des normes de comportement.

Toutefois, si les États-Unis ne veulent pas considérer toute déviance comme un défi, et s'épuiser à la réprimer et encore moins à prendre en charge la prospérité des peuples ruinés, l'empire doit accepter un niveau élevé de désordre local. C'est donc finalement un empire du désordre qui produit plus de terreur que de paix. C'est ce qu'ont démontré les attentats du 11 septembre 2001 aux États-Unis et l'offensive incontrôlée du gouvernement Sharon, cherchant à en profiter pour écraser les Palestiniens. Mais alors, il y a contradiction dans les termes : un empire n'est légitime que s'il apporte un ordre pacifique. Les jours de l'empire du modèle américain dans sa forme actuelle sont donc comptés.

Empire du désordre ou paix des républiques ?

Face à la logique d'empire universel se dresse celle de la république sociale. Cette logique-là a été battue dans l'Union soviétique et dans le tiers monde et elle s'est actuellement regroupée sous une forme défensive dans le système européen des États-nations. Le refus principal des normes de l'empire américain peut-il surgir de l'Europe, ou bien est-il plus vraisemblable d'imaginer que l'Europe se fondra dans la normalité américaine et que le « contre-ordre » surgira, menaçant, des vieilles civilisations impériales despotiques (civilisation chinoise, indienne, ou Islam iranien ou wahhabite) ? Des civilisations que les « Euro-Américains » auront à affronter, comme préfère l'envisager le stratégiste américain Samuel Huntington [*voir article p. 68*] ?

Le modèle européen a des chances de jouer ce rôle refondateur du progrès. En effet, les élites très inégalitaires des anciens empires traditionnels chinois, russe, espagnol et ottoman sont en fait aisément agrégeables comme périphéries « barbares » dans le système américain du désordre néolibéral, pourvu qu'elles se plient aux normes du système commercial et bancaire international et y canalisent les capitaux de leurs prédations.

Le modèle européen est d'une autre sorte car il est supposé construire de la paix sociale, du bon voisinage et même de la fraternité par la régulation des inégalités. La social-démocratie et la démocratie chrétienne, qui constituent les forces politiques principales en Europe, même si elles acceptent un taux élevé de globalisation et de libéralisation de l'économie, ont pour programme, sinon la constitution de l'Europe en une confédération d'États, au moins la reconstitution sur un espace plus vaste, sans destruction des identités culturelles et historiques, d'un territoire aménagé sur le plan social et d'une politique économique de redistribution raisonnée des richesses [*voir article p. 83*]. C'est ce qui reste du socialisme, de ses combats, de ses utopies et de ses espoirs au XXe siècle.

L'Europe, vision autre des rapports entre États

Au carrefour entre Espagne et Allemagne, Angleterre et Italie, Portugal et Pays-Bas, une utopie particulière, la République française, avait surgi avec sa révolution qui proclama qu'une histoire nouvelle commençait pour ses habitants car son sol fabriquait des citoyens par lieu de naissance (donc par hospitalité), et non plus seulement par filiation biologique ou conquête royale. La France prétend depuis avoir inventé le modèle universel de l'État territorial, dont la définition s'est imposée à la Société des nations (SDN) puis à l'ONU et lors des accords d'Helsinki sur la sécurité et la coopération en Europe (1975). L'Union européenne peut proposer au monde un système territorial capable de gérer la permanence de la paix, sans manifester sans cesse sa puissance par les maniements d'armes. Elle s'est définie d'abord comme zone de prospérité capitaliste d'un bon niveau de développement. C'est là sa principale autolimitation. Avec un territoire, une sorte de citoyenneté commune, une monnaie unique, elle a proclamé qu'elle pouvait encore s'accroître pacifiquement, sans que ses limites soient fixées en termes de langue, de religion ou de race, dans le respect de la démocratie et des droits de l'homme, par renonciation à la guerre interne et externe.

L'Union européenne peut proposer au monde un système territorial capable de gérer la permanence de la paix, sans manifester sans cesse sa puissance par les maniements d'armes. Avec un territoire, une sorte de citoyenneté commune, une monnaie unique, elle a proclamé qu'elle pouvait encore s'accroître pacifiquement.

L'échec de son modèle en ex-Yougoslavie n'est peut-être que temporaire mais l'instauration du modèle impérial américain dans les Balkans et au Moyen-Orient garantirait, au contraire, la perpétuation du désordre. Le modèle européen pourrait s'étendre au cours du XXIe siècle au-delà de son berceau et diffuser une pensée générale de l'ordre mondial comme ordre international plutôt que comme système transnational mafieux. ■

Pour en savoir plus

S. Bédar (sous la dir. de), « Le débat stratégique américain 2000-2001. Vers une "grande transformation" stratégique américaine ? », *Cahiers d'études stratégiques*, n° 31, CIRPES, Paris, 2001.

S. Bédar, M. Ronai *et alii* (sous la dir. de), « Le débat stratégique américain 1998-1999. Défis asymétriques et projection de puissance », *Cahiers d'études stratégiques*, n° 25, CIRPES, Paris, 1999.

A. Joxe, E. Kheir (coord.), « Le débat stratégique euro-américain 1998. Projections de forces et paix en panne. Colombie, Balkans, Moyen-Orient », *Cahiers d'études stratégiques*, n° 26, CIRPES, Paris, 1999.

A. Joxe, M. Ronai (coord.), « Le débat stratégique américain 1997. Contrôler l'Eurasie », *Cahiers d'études stratégiques*, n° 21, CIRPES, Paris, 1998.

@ Sites Internet

CIRPES (Centre interdisciplinaire de recherches sur la paix et d'études stratégiques) : **http://www.ehess.fr/cirpes/**

Recentrage stratégique des États-Unis vers la lutte contre les « menaces asymétriques »

Par **Saïda Bédar**
CIRPES (Centre interdisciplinaire de recherches sur la paix et d'études stratégiques)

Le débat stratégique américain s'est recentré à la fin de la décennie 1990 sur la nécessité de contrecarrer les menaces asymétriques nées de la globalisation (terrorisme, prolifération d'armes de destruction massive, crime organisé...). Cela s'est fondé sur le constat de l'existence des possibilités techniques, doctrinales et éthico-politiques, de contourner – voire d'annuler – les effets de puissance des États-Unis.

Les attentats du 11 septembre 2001 n'ont ni engendré un repli isolationniste ni consacré un déclin de la puissance hégémonique américaine [*voir article p. 65*]. L'effet « Pearl Harbor » de ces attaques terroristes majeures a au contraire conforté la réorientation stratégique des États-Unis vers la lutte contre tous les types de « menaces asymétriques », de la prolifération nucléaire à la guerre de l'information incapacitante en passant par la subversion criminalo-terroriste. Le 11 septembre a consolidé les thèses favorables à un ajustement géostratégique à la « grande transformation » qu'est la globalisation. Cet ajustement prend la forme d'un remodelage de la « sécurité nationale » selon de nouveaux rapports interne/externe, civil/militaire, privé/public avec un contrôle américain accru des flux et des réseaux transnationaux – légaux et illégaux – y compris par l'abaissement des barrières du droit et de la souveraineté territoriale.

Le début des années 1990 avait été marqué par l'optimisme libéral techniciste. Les moyens rassemblés aux États-Unis sous le nom de « Révolution dans les affaires militaires » (RMA) pour accroître la souplesse et la maniabilité de projection et de communication des forces, la précision des frappes en développant des innovations techniques susceptibles d'épargner les soldats devaient mener à la pacification globale et à la guerre discriminante, idéalement au « zéro mort ».

Menaces asymétriques

Le débat stratégique américain s'est recentré à la fin de la décennie sur la nécessité de contrecarrer les menaces asymétriques nées de la globalisation. Cela s'est fondé sur le constat de l'existence des possibilités techniques, doctrinales et éthico-politiques, de contourner – voire d'annuler – les effets de puissance des États-Unis. La grande leçon de la guerre du Golfe (1991) aura été qu'il est dans la logique des choses (le résultat de l'interaction stratégique) que la surpuissance technologique entraîne chez les adversaires potentiels des stratégies de contournement du « faible au fort ». Les menaces asymétriques suivantes contre les États-Unis ont été recensées dans les discours officiels : le terrorisme, la guerre de l'information (spatialo-cybernétique), le crime organisé transnationalisé, la prolifération NBC (nucléaire, biologique, chimique) et balistique, le C3D2 (*Cover, Concealment, Camouflage, Denial and Deception* – tous moyens de dissimulation d'activités et de capacités, tels les leurres, la construction souterraine, mais aussi le satellite d'alerte, le recours à la fibre optique ou au cryptage) et la dissémination technologique.

Il est dans la logique des choses que la surpuissance technologique entraîne chez les adversaires potentiels des stratégies de contournement du « faible au fort ».

L'asymétrie n'est pas un concept américain, c'est un référent qui permet l'évaluation des rapports de forces sociaux, y compris militaires. Globalement, l'asymétrie peut être comprise comme le recours à des stratégies de contournement et de déni d'accès, par des moyens rustiques – tels la guérilla, le camouflage ou la guerre psychologique –, par la « destruction » et la « perturbation » massives (sabotage des infrastructures vitales), ou par tout autre moyen « hors droit » allant à l'encontre des critères et normes de l'État-nation (règles de droit, droit humanitaire, droit de la guerre, droits de l'homme, droit international, etc.).

La « guerre au terrorisme »

La lutte contre l'asymétrie peut se traduire par le recours à des moyens asymétriques du « fort contre le faible ». Or, le recours à des moyens « gris », « hors droit », que les puissances coloniales, ou protocoloniales, ont par le passé utilisés « secrètement » dans leur lutte contre des « adversaires asymétriques » – exemples de l'élimination de chefs de réseaux par la France dans la guerre d'Algérie, ou par les États-Unis dans la guerre du Vietnam (opération *Phoenix* de la CIA – Central Intelligence Agency) –, a tendance à se banaliser. Que l'on songe, par exemple, à la politique officielle d'assassinats ciblés de dirigeants palestiniens par les forces israéliennes dans la deuxième *Intifada*, ou à la stratégie de destruction de la capitale Grozny par les forces russes en Tchétchénie (les troupes russes étant désavantagées en milieu urbain, la décision a été prise de raser Grozny en janvier 2000). La « guerre au terrorisme » valide stratégiquement et légitime politiquement le recours à la guerre asymétrique du « fort au faible ».

L'attaque du 11 septembre n'était pas totalement une surprise. Les deux mandats du président Bill Clinton (1993-2001) ont été marqués par le terrorisme : attentats contre, déjà, le World Trade Center de New York en 1993, à Oklahoma City en 1995, à Dahran (Arabie saoudite) en 1996, contre les ambassades américaines en Tanzanie et au Kénya en 1998, et contre le destroyer américain *USS Cole* au Yémen en 2000. Cette même année, selon le renseignement américain, un tiers de toutes les attaques terroristes au monde était dirigé contre des intérêts américains. Le « *catastrophic terrorism* » était devenu l'un des pires scénarios de l'analyse stratégique. L'émergence des menaces asymétriques a eu pour corollaire la nécessité de renforcer la *homeland security* (sécurité territoriale).

La « sécurité territoriale », corollaire de l'asymétrie

L'attaque du 11 septembre a engendré aux États-Unis une institutionnalisation accélérée de pratiques qui avaient été progressivement entérinées par la lutte contre les « nouvelles menaces » transnationales (terrorisme, crime organisé, narcotrafic, prolifération). Ces pratiques avaient été codifiées comme des nouveaux critères sécuritaires au cours des années 1980. La demande en matière de renseignement s'était alors considérablement accrue. Entre 1980 et 1986, tandis que les budgets de la défense connaissaient une augmentation sans précédent de 40 %, ceux du renseignement s'accroissaient de 125 %. Le renseignement, soumis aux impératifs de la prévention et de l'alerte avancée, de la protection des forces américaines à l'étranger et de la « connaissance situationnelle » (*situationnal awareness*) sur le champ de bataille, s'est vu attribuer des nouvelles missions « grises » entre répression de la criminalité et renseignement défense. L'intégration entre le FBI (Federal Bureau of Investigation), la CIA et le Pentagone allait désormais être assurée par un processus interagences mis en place pour la lutte antiterroriste, la lutte antimafias et le contre-espionnage. Cette intégration a été institutionnalisée fin 2000 par le plan *Counter-Intelligence 21* (CI-21).

Alors que la nouvelle équation sécurité/libertés civiques tend à remettre en question les fondements mêmes de la démocratie américaine, le renseignement investit de plus en plus le champ stratégique au détriment de la culture diplomatique et du

Les instruments de la lutte anti-asymétrie sont autant juridiques et politiques. La limitation des libertés civiques et du contrôle démocratique des pratiques « grises » pouvait devenir une option privilégiée. En ont témoigné, parmi d'autres, des mesures prises (par voie législative du Congrès ou ordres exécutifs présidentiels) comme la création de tribunaux militaires spéciaux pour juger les personnes soupçonnées de terrorisme, la détention illimitée et la déportation des immigrés clandestins soupçonnés de collusion avec une entreprise terroriste, la recevabilité des preuves recueillies par la CIA devant les tribunaux, l'extension du droit du FBI à obliger un serveur d'Internet à communiquer les informations contenues dans les courriers électroniques, ou encore la possibilité de qualifier rétroactivement toute condamnation pour troubles à l'ordre public d'actes terroristes.

Alors que la nouvelle équation sécurité/libertés civiques tend à remettre en question les fondements mêmes de la démocratie américaine, le renseignement investit de plus en plus le champ stratégique au détriment de la culture diplomatique et du débat politique. Ainsi, le sénateur américain Patrick Moynihan, membre de la Commission sur le renseignement, s'inquiétait-il déjà en 1996 : « Le renseignement a pris une telle importance qu'il est en train d'éclipser le département d'État. » ■

Pour en savoir plus

S. Bédar (sous la dir. de), « Vers une "grande transformation" stratégique américaine ?, Le débat stratégique américain 2000-2001 », *Cahier d'études stratégiques*, n° 31, CIRPES, Paris, 2001.

@ Sites Internet

CIRPES (Centre interdisciplinaire de recherches sur la paix et d'études stratégiques) :
http://www.ehess.fr/cirpes/

L'Union européenne apparaît comme une tentative inédite de construction multinationale organisée par des États

Par **Paul Magnette**
Politologue, ULB (Université libre de Bruxelles)

L'ATTRAIT QU'EXERCE L'UNION EUROPÉENNE SUR LES RÉGIONS QUI LA BORDENT MONTRE QUE LA MÉTHODE INVENTÉE PAR LES EUROPÉENS POUR SUBSTITUER LA COOPÉRATION À LA GUERRE, AFFERMIR LES PRINCIPES DÉMOCRATIQUES ET ÉTABLIR UN CADRE ÉCONOMIQUE COMMUN EST CONSIDÉRÉE, HORS DE SES FRONTIÈRES, COMME UN SUCCÈS HISTORIQUE.

Il y a cinquante-deux ans, six États européens décidaient de créer entre eux des « solidarités matérielles et spirituelles » (déclaration de Robert Schuman le 9 mai 1950). Il s'agissait de mettre fin à trente ans de « guerre civile européenne ». Il s'agissait aussi de dompter l'Allemagne, l'expérience ayant démontré que l'on ne pouvait la démanteler, et de constituer, sous l'égide américaine, un bloc européen occidental capable de résister aux pressions de l'ensemble soviétique.

Quarante ans plus tard, le projet européen a connu une véritable refondation. L'effondrement du Mur de Berlin et de l'empire soviétique a contraint la Communauté économique des Douze à repenser l'Europe. La « menace communiste » s'est évanouie et a laissé la place aux dangers d'un chaos international. L'Allemagne aspirait à se réunifier, ravivant chez certains le spectre d'une puissance incontrôlable ou d'une hégémonie sur le continent. Les chefs d'État et de gouvernement firent le choix historique d'un approfondissement de la construction européenne susceptible de doter l'ensemble du continent d'une architecture nouvelle.

Le traité de Maastricht, signé le 7 février 1992, se voulait un nouveau départ. Négocié par les gouvernements des États membres, selon les préceptes de la diplomatie classique, il témoigne à la fois des ambitions et des réticences des dirigeants politiques européens. Le choix d'abandonner le qualificatif « économique » de la Communauté et de l'incorporer dans une Union dotée de compétences politiques est en soi signe d'une volonté de refondation. Les États européens ont d'abord décidé de prolonger l'acquis des décennies précédentes : l'Union économique et monétaire permit la construction par étapes d'une monnaie commune, l'euro, complétant le Marché unique. Ils se sont engagés aussi, mais avec prudence, à établir une Politique extérieure et de sécurité commune (PESC), couplée ensuite à une politique de défense, et à coordonner leurs actions en matière de justice et d'affaires intérieures (JAI). L'Union européenne (UE) repose ainsi sur trois piliers : la Communauté et ses compétences économiques et monétaires, d'un côté, les deux piliers politiques, qui restent soumis à un mode de fonctionnement diplomatique, de l'autre.

Au-delà de l'intégration monétaire, une coordination économique balbutiante

Le tournant annoncé en 1992 n'aura été que partiel. Douze des quinze États membres sont parvenus, au terme d'un processus de convergence économique contraignant, à entrer dans l'Union monétaire créée le 1er janvier 1999 [*voir article p. 149*]. Depuis le 1er janvier 2002, les citoyens de ces États utilisent l'euro au quotidien, tandis qu'ont disparu leurs monnaies nationales. Une Banque centrale européenne (BCE), jouissant d'une autonomie très large, gère cette monnaie commune en collaboration avec les banques centrales des pays membres de la zone euro.

La coordination des politiques économiques reste, quant à elle, balbutiante. De « sommet » en Conseil, certains déplorent l'absence d'un « gouvernement économique » qui pourrait contribuer à une plus grande convergence de leurs politiques budgétaires, sociales ou fiscales. L'Union européenne ne s'est dotée, avec le traité d'Amsterdam signé en 1997, que de compétences très parcellaires en ces matières. Les traditions nationales restent très éloignées dès lors qu'il s'agit de mécanismes de solidarité et des affaires sociales.

Les limites de la construction européenne sont plus visibles encore dans sa dimension extérieure. Les guerres dans l'ancienne Yougoslavie ont révélé, tout au long de la décennie, le poids des histoires nationales, empêchant l'émergence de positions communes claires et fortes entre Européens. À l'aube du XXIe siècle, l'OTAN (Organisation du traité de l'Atlantique nord) restait la seule organisation militaire capable d'agir de manière rapide et déterminée, reportant *sine die* l'aspiration à une identité européenne de défense indépendante des stratégies américaines.

Les guerres dans l'ancienne Yougoslavie ont révélé, tout au long de la décennie 1990, le poids des histoires nationales, empêchant l'émergence de positions communes claires et fortes entre Européens.

Eppur, si muove ! En dépit de ces limites, le « modèle européen » exerce une séduction certaine sur les régions périphériques de l'Europe, voire au-delà. En 1995, l'Union s'est élargie à trois nouveaux États (Autriche, Finlande et Suède) tandis que les Norvégiens rejetaient l'adhésion par référendum. À la fin de l'année 1996, quinze autres États, issus pour la plupart de l'ancien bloc soviétique, avaient déposé une candidature d'adhésion. Les négociations ont débuté au printemps 1998 et 10 nouveaux États devraient entrer dans l'UE en 2005 (Pologne, Hongrie, République tchèque, Slovaquie, Estonie, Lettonie, Lituanie, Slovénie, Chypre et Malte). Ailleurs dans le monde, le modèle d'intégration européenne est suivi avec attention et stimule les projets de construction de blocs régionaux économiques et commerciaux (ALENA, Mercosur, ANSEA...). L'Europe contribue ainsi à tracer la voie d'une recomposition de l'espace mondial autour d'ensembles régionaux.

Une construction des institutions à poursuivre

La perspective d'une Europe large, groupant une trentaine d'États, la plupart de dimensions modestes, constitue un nouveau défi pour l'Union. Ses politiques de soutien à l'agriculture et aux régions défavorisées devront être révisées, puisque les États membres ne sont pas prêts à lancer un nouveau plan Marshall vers l'autre moitié du continent. Les institutions devront également être revues. Ni le traité d'Amsterdam ni celui de Nice (2000) n'ont préparé l'Union à intégrer dix ou quinze nouveaux États, et la convention mise en place par le sommet de Laeken (décembre 2001) pour préparer la prochaine Conférence intergouvernementale (CIG) devait à la fois dégager un nouveau consensus européen et réformer le système institutionnel.

La Commission est loin d'être devenue le « gouvernement » de l'Europe, que Romano Prodi, son président, appelait de ses vœux en 1999. Surchargée de compétences, dotée de faibles moyens, traversée de tensions nationales, elle a cessé d'être le moteur de l'Europe qu'elle fut dans la décennie précédente. Le Parlement européen, bien qu'il possède désormais de plus larges compétences législatives et budgétaires, reste faiblement structuré et continue d'apparaître comme une institution éloignée des citoyens européens, qui furent moins de 50 % à prendre part à son élection en juin 1999. Quant au Conseil des ministres, il parvient de plus en plus difficilement à coordonner ses multiples champs d'action et est frappé d'inertie dans les domaines où l'unanimité reste la règle. Au début du XXIe siècle, les opinions publiques européennes semblaient aspirer à développer cette construction, dans les domaines de l'emploi et de la sécurité en particulier, tout en se méfiant d'institutions qui leur apparaissent se soustraire à leurs volonté et pâtir d'un « déficit démocratique ».

Le Parlement européen, bien qu'il possède désormais de plus larges compétences législatives et budgétaires, reste faiblement structuré et continue d'apparaître comme une institution éloignée des citoyens.

L'Union européenne se trouvait, au crépuscule du XXe siècle, dans une situation paradoxale. L'attrait qu'elle exerçait sur les régions qui la bordent montre que la méthode inventée par les Européens pour substituer la coopération à la guerre, affermir les principes démocratiques et établir un cadre économique commun est considérée, hors de ses frontières, comme un succès historique. Mais l'incapacité de ses États membres à dégager une ligne claire dans les guerres yougoslaves, les difficultés qu'ils éprouvent à s'entendre sur les moyens de lutter contre un chômage qui atteint des sommets inégalés témoignent d'une oscillation entre l'attachement aux États-nations et le désir d'Europe. ■

Pour en savoir plus

L. Cohen-Tanugi, *Le Choix de l'Europe*, Fayard, Paris, 1995.
F. de La Serre, C. Lequesne (sous la dir. de), *Quelle Union pour quelle Europe ?*, Complexe, Bruxelles, 1998.
P. Magnette, *L'Europe, l'État et la démocratie*, Complexe, Bruxelles, 2000.
J.-L. Quermonne, *Le Système politique de l'Union européenne*, Montchrestien, Paris, 3e éd., 1998.
M. Telo, P. Magnette (sous la dir. de), *De Maastricht à Amsterdam*, Complexe, Bruxelles, 1998.

@ Sites Internet
Union européenne : **http://www.europa.eu.int**

L'émergence d'une justice pénale internationale permet de réprimer les crimes les plus révoltants

Par **Franck Latty**
Centre de droit international (CEDIN), Université Paris-X-Nanterre

L'ADOPTION, EN 1998, DU STATUT DE LA COUR PÉNALE INTERNATIONALE A MARQUÉ UNE RÉELLE AVANCÉE DE LA JUSTICE INTERNATIONALE. POURTANT, LE TEXTE A ÉTÉ LE FRUIT DE NOMBREUX COMPROMIS ET CONCESSIONS RÉCIPROQUES ENTRE ÉTATS « SOUVERAINISTES » ET ÉTATS « COMMUNAUTARISTES ».

L'émergence d'une justice pénale internationale est l'un des grands progrès de la fin du XXe siècle. Jusqu'alors, la souveraineté des États faisait obstacle au châtiment des auteurs des grands crimes définis par le droit international (crimes de guerre, contre la paix ou contre l'humanité, génocides), qui bénéficiaient, à quelques trop rares exceptions près, d'une impunité sans faille. Seules les juridictions de leur pays avaient, en pratique, la faculté de les punir. Or, les crimes internationaux étant dans la plupart des cas le produit d'une décision étatique, la poursuite des responsables restait exceptionnelle, d'autant que, même si les criminels ne conservaient plus les rênes du pouvoir, les efforts de « réconciliation nationale » prévalaient sur la nécessité de justice. La création de juridictions pénales internationales est venue bouleverser cet état de fait.

La progression lente mais sûre de la justice pénale internationale

La meilleure garantie contre l'impunité, contre les passions partisanes et une justice partiale consiste à supplanter les juridictions nationales en internationalisant les poursuites et le jugement des présumés grands criminels. Certes, l'idée n'est pas nouvelle. Le traité de Versailles de 1918 avait prévu le jugement de l'empereur allemand Guillaume II devant un tribunal interallié. Mais il a fallu attendre 1945 pour que soient créées les deux premières juridictions pénales internationales : les tribunaux militaires de Nuremberg et de Tokyo, chargés de poursuivre et de châtier les grands criminels de la Seconde Guerre mondiale. L'idée de justice internationale a fait alors un bond en avant car, pour la première fois, on définissait clairement les crimes de guerre, contre la paix et contre l'humanité. De même, de façon tout aussi inédite, les dirigeants d'un pays ne pouvaient plus s'abriter derrière l'immunité accordée traditionnellement par leur État.

Le mouvement s'est pourtant arrêté net. Même si, au sein de l'ONU, de nombreux travaux ont été menés pour créer une cour criminelle permanente, la Guerre froide a paralysé tout pas en avant et a garanti *de facto* l'impunité des auteurs de crimes internationaux (en Afrique du Sud, au Cambodge, au Tibet, etc.). L'écroulement du bloc soviétique a permis de faire évoluer la situation et les années 1990 ont progressivement tiré la justice pénale internationale de sa léthargie.

Pour réagir *a posteriori* aux tragédies yougoslaves (un demi-million de victimes, en Bosnie principalement) et rwandaises (huit cent mille personnes tuées) que la communauté internationale n'avait pas réussi à prévenir, le Conseil de sécurité de l'ONU a enfanté deux tribunaux « jumeaux », chargés de juger les violations les plus graves du droit humanitaire et de participer de la sorte au processus de retour à la paix : le Tribunal pénal international pour l'ex-Yougoslavie (TPIY, créé en 1993, siégeant à La Haye et dont la compétence s'étend aux crimes commis lors de la guerre au Kosovo en 1999) et le Tribunal pénal international pour le Rwanda (TPR ou tribunal d'Arusha, qui a vu le jour en 1994). Tant bien que mal, mais avec la coopération de moins en moins réticente des gouvernements, ces deux organes subsidiaires du Conseil de sécurité rendent la justice de façon indépendante et condamnent ceux qu'ils reconnaissent coupables de crimes internationaux, toute immunité leur étant refusée. L'inculpation en 1999 de Slobodan Milosevic, premier chef d'État en exercice à faire l'objet de poursuites judiciaires internationales, ainsi que sa livraison au TPIY en 2001 par les autorités serbes, prélude à son procès, ont attesté qu'une nouvelle page avait été tournée en matière de répression des crimes internationaux.

Une Cour pénale internationale entravée

L'expérience des deux tribunaux spéciaux a prouvé la viabilité d'une justice pénale internationale. Pour autant, leur compétence est limitée dans le temps et dans l'espace, et rien ne garantit que le Conseil de sécurité (organe politique au sein duquel cinq membres permanents ont un droit de veto) parviendra à créer de telles juridictions à chaque fois que nécessaire. Le poids de l'opinion publique internationale a alors poussé les gouvernements à négocier entre eux la création d'une juridiction criminelle, non plus *ad hoc* mais permanente afin d'avoir un effet dissuasif, compétente pour sanctionner au nom de l'humanité tout entière les crimes les plus révoltants. Convoquée par l'Assemblée générale des Nations unies, la conférence de Rome a accouché le 17 juillet 1998 du traité instituant la Cour pénale internationale (CPI).

Avec les tribunaux militaires de Nuremberg et de Tokyo, chargés de poursuivre et de châtier les grands criminels de la Seconde Guerre mondiale, l'idée de justice internationale a fait un premier bond en avant.

L'adoption du statut de la CPI a marqué une réelle avancée de la justice internationale. Pourtant, le texte est le fruit de nombreux compromis et concessions réciproques entre États « souverainistes » et États « communautaristes ». Marqué par ce marchandage, et malgré le rôle actif des ONG (organisations non gouvernementales) lors des négociations, le traité comporte de nombreuses dispositions qui entravent la pleine efficacité de la Cour (principalement en matière de délimitation de sa compétence, ou en ce qui concerne la possibilité pour le Conseil de sécurité de suspendre provisoirement certaines actions de la Cour).

Mais surtout (sauf saisine par le Conseil de sécurité), la CPI n'est opposable qu'aux États ayant signé et ratifié le traité. Or la plupart des États peu scrupuleux en matière de respect des droits l'homme se sont abstenus ou ont voté contre le statut, suivant l'exemple donné par les États-Unis. Il faudra de plus attendre que soixante pays aient ratifié le traité (ce qui nécessite souvent une révision de leur Constitution) pour que la CPI puisse voir le jour. Fin 2001, ils étaient quarante-sept à l'avoir fait.

Le sursaut des tribunaux nationaux

Parallèlement à la création de juridictions internationales, la toute fin du XXe siècle a été marquée par un sursaut des tribunaux étatiques dans la répression des crimes internationaux. Jusqu'alors, les poursuites contre des dirigeants étrangers, même lorsqu'ils n'étaient plus au pouvoir, butaient contre le principe d'immunité.

L'affaire Pinochet a marqué une rupture. Les crimes que le général chilien avait commis au cours de sa dictature (1973-1990) n'avaient jamais été jugés. À l'occasion d'un séjour qu'il faisait en Angleterre pour raisons médicales, il fut procédé à son arrestation, à la demande du juge espagnol Baltasar Garzón. Après moult péripéties judiciaires, la Chambre des lords finit par lui refuser l'« immunité souveraine » dans sa décision du 24 mars 1999. Depuis, le principe de compétence universelle, permettant à des tribunaux étatiques de juger des crimes n'ayant aucun lien de rattachement avec leur juridiction, est de plus en plus souvent invoqué. La Belgique a, pour sa part, adopté une loi en permettant la pleine application, quitte à ce que sa diplomatie soit affectée par des plaintes déposées à l'encontre de dirigeants étrangers en fonctions (le Premier ministre israélien Ariel Sharon, par exemple). Une volonté politique de lutter contre l'impunité est donc bel et bien née et si l'immunité des dirigeants en exercice reste encore la règle, il est devenu moins probable que d'anciens dictateurs viennent se faire opérer en Europe...

Ce réveil des juridictions internes depuis l'affaire Pinochet, couplé à la création de la CPI qui, malgré ses défauts, représente une étape décisive sur le chemin de la justice pénale internationale, permet d'entrer dans le XXIe siècle avec des armes – qui restent à aiguiser – pour assurer de façon effective la répression des crimes les plus révoltants. ■

Pour en savoir plus

H. Ascencio, E. Decaux, A. Pellet (sous la dir. de), *Droit international pénal*, Pedone, Paris, 2000.

M. Cosnard, « Quelques observations sur les décisions de la Chambre des lords du 25 novembre 1998 et du 24 mars 1999 dans l'affaire Pinochet », *Revue générale de droit international public*, n° 2, Pedone, Paris, 1999.

« La Cour pénale internationale en débat » (dossier spécial), *Revue générale de droit international public*, Pedone, Paris, 1999

F. Latty, « La création de la Cour pénale internationale : de Nuremberg à La Haye », *Revue internationale et stratégique*, n° 33, IRIS/PUF, print. 1999.

K. Lescure, *Le Tribunal pénal international pour l'ex-Yougoslavie*, CEDIN/Montchrestien, Paris, 1994.

« Le Tribunal pénal international pour l'ex-Yougoslavie » (dossier spécial), *L'Observateur des Nations unies*, n° 1, aut.-hiv. 1996.

A. Pellet, « Pour la Cour pénale internationale, quand même ! », *L'Observateur des Nations unies*, n° 5, 1998.

@ Sites Internet

Actualité et Droit International (revue d'analyse juridique de l'actualité internationale) : **http://www.ridi.org/adi/**

Cour pénale internationale : **http://www.un.org/law/icc/**

Diplomatie judiciaire (revue spécialisée dans la justice pénale internationale) : **http://www.diplomatiejudiciaire.com/**

Tribunal pénal international pour le Rwanda : **http://www.ictr.org/**

Tribunal pénal international pour l'ex-Yougoslavie : **http://www.un.org/icty/**

L'ingérence entre États est l'expression du déclin du droit international

Par **Monique Chemillier-Gendreau**
Droit public et science politique, Université Paris-VII-Denis-Diderot

L'INGÉRENCE EST DE PLUS EN PLUS SOUVENT JUSTIFIÉE PAR DES CONSIDÉRATIONS HUMANITAIRES, SOULIGNÉES À GRAND RENFORT MÉDIATIQUE. POUR AUTANT, ELLE N'A PAS DE FONDEMENT JURIDIQUE ET RENFORCE LE DISCRÉDIT QUI MENACE LE DROIT INTERNATIONAL.

L'ingérence entre États se pratique sous de multiples formes. Elle est courante dans le domaine économique où elle tend à s'accélérer, avec l'intensification des échanges et la mise sous tutelle financière de certains pays (exigence d'ouverture des marchés, intrusion des investissements étrangers, politiques d'ajustement structurel). Elle peut aussi être politique ou militaire. Discrète lorsqu'elle ne rencontre pas de résistance trop forte de la part de l'État qui la subit, elle change de nature lorsqu'elle répond à de graves déstabilisations. Un ou plusieurs États sollicitent alors la possibilité – ou s'arrogent le droit – de mener des actions civiles ou militaires sur un territoire alors même que ses autorités s'y opposent ou ne sont pas en mesure de se prononcer. Les exemples se sont multipliés au cours des années 1990 : Somalie, Rwanda, Bosnie-Herzégovine, Kurdistan irakien, Haïti.

L'ingérence est de plus en plus souvent justifiée par des considérations humanitaires, soulignées à grand renfort médiatique. Pour autant, elle n'a pas de fondement juridique et renforce le discrédit qui menace le droit international. La guerre du Kosovo en 1999 a porté cette situation à son comble au point que le dramaturge Harold Pinter a pu affirmer que c'était là le dernier clou enfoncé dans le cercueil des Nations unies. La campagne antiterroriste après les attentats du 11 septembre 2001 aux États-Unis a suscité des interventions américaines ne respectant pas le droit international. Ainsi, à la sécurité collective prévue par les Nations unies [*voir article p. 71*] se substituent des ingérences sélectives. Et certaines formes de terrorisme d'État ont continué à être pratiquées sans obstacle.

La souveraineté des États, principe séculaire

La crise est profonde dans la mesure où le droit international s'est construit autour du principe de non-ingérence, corollaire de la norme fondamentale de la souveraineté de l'État. Élaboré dès la Renaissance, le système était simple. Chaque prince était « empereur en son royaume ». Il n'y avait donc pas de pouvoir qui lui soit supérieur mais ses compétences étaient limitées à un espace déterminé au-delà duquel s'exerçaient d'autres pouvoirs de même nature. Le droit international, longtemps sommaire, était fondé sur l'égalité de principe des États entre eux, les souverainetés étant équivalentes. Les rapports de forces entre États forts et États faibles favorisaient certes les ingérences déguisées, mais le principe restait sauf.

Dans ce système interétatique faiblement encadré, le pire pouvait arriver, et arriva avec les deux guerres mondiales. Les Nations unies apparurent en 1945 comme un espoir de progrès. Dans la Charte de l'ONU, le principe de non-ingérence est central. Chaque État est maître chez lui. Et les valeurs qui doivent permettre de résoudre les conflits sont clairement affirmées : dignité de la personne humaine, égalité de droits entre humains et entre nations, justice, liberté, maintien de la paix, respect des obligations.

Deux points restaient flous cependant. En premier lieu, si la non-ingérence à l'égard d'un État est transgressée par un autre d'une manière qui menace la paix, comment et par qui sont qualifiés les actes qui déclenchent le système des sanctions ? Par ailleurs, le droit des peuples à disposer d'eux-mêmes est une exception au principe de l'intégrité territoriale et au respect de l'indépendance d'un État. Comment alors distinguer les revendications légitimes (conduisant à la création d'un nouvel État) et celles qui ne le sont pas (l'intégrité de l'État devant prévaloir) ? Le Conseil de sécurité de l'ONU, par son pouvoir de qualification, était en charge de la première question. Mais le système était perverti par le droit de veto reconnu à cinq États. Ceux-là auxquels on avait prêté une sagesse particulière en raison de leur victoire sur le fascisme en 1945 sont devenus des États surarmés, soucieux de leurs seuls intérêts et incapables de régler les différends ou les guerres. La seconde question ne connaît toujours pas de réponse. Lorsqu'un peuple (ou une fraction de peuple) revendique le droit de sécession, chaque État est libre de reconnaître le nouveau candidat. Mais la reconnaissance internationale, symbolisée par l'entrée aux Nations unies, est conditionnée par un double vote de l'Assemblée générale et du Conseil de sécurité. On retrouve donc ici l'omnipotence des cinq membres permanents. Elle s'est manifestée après 1989, lors de la dislocation de l'ex-Union soviétique et l'ex-Yougoslavie.

À partir de 1987, on valorisa le devoir d'ingérence des organisations non gouvernementales. On tenta ensuite d'esquisser une théorie du droit d'ingérence qui permettrait à certains États d'intervenir sur des bases humanitaires.

Manipulations du droit

Ces mécanismes critiquables du droit international, des lacunes persistantes et une application contestable de ses règles sont à l'origine des situations dramatiques auxquelles l'on prétend remédier par l'ingérence. Ces situations auraient pourtant des chances d'être évitées si certaines conditions étaient remplies : une plus grande rigueur dans la qualification des situations de menace contre la paix, le respect de toutes les dispositions de la Charte des Nations unies, en particulier son chapitre VII relatif aux sanctions, un contrôle des armements tel qu'il est prévu dans la Charte, un droit international économique conduisant au nouvel ordre économique international toujours différé, une prudence beaucoup plus grande lorsque le droit des peuples est mis en jeu.

Les États ont varié dans leurs attitudes successives. À partir de 1987, sous l'impulsion de la France, on valorisa le devoir d'ingérence des organisations non gouvernementales (ONG). On tenta ensuite d'esquisser une théorie du droit d'ingérence qui permettrait à certains États d'intervenir sur des bases humanitaires. Certaines résolutions de l'Assemblée générale de l'ONU furent invoquées dans ce sens. Mais ce point de vue ne résista pas à l'analyse. Si la notion d'accès aux victimes fut avancée, il n'y eut pas pour autant de nouvelle norme ouvrant la voie à l'intervention contre la souveraineté d'un État. Celle-ci reste un principe théorique. Toutefois, elle est mise à l'épreuve par les inégalités entre les États.

Reconstruire le droit international

Avec l'intervention en Bosnie-Herzégovine en 1995, dans laquelle l'OTAN (Organisation du traité de l'Atlantique nord) fut impliquée une première fois, puis avec la guerre menée contre la Yougoslavie en 1999 (crise du Kosovo) ou l'opération américaine engagée en Afghanistan en 2001, la couverture juridique a été peu à peu abandonnée. Les grandes puissances ont évité les procédures juridiques instaurées par les Nations unies (en raison du risque de veto de la Russie ou de la Chine, ou du risque d'une dilution du contrôle des opérations en plaçant ce dernier sous la responsabilité de l'Assemblée générale de l'ONU). Elles se sont contentées d'un soutien de leurs opinions publiques inspiré par la compassion, d'autant plus facilement suscité que les causes profondes des drames auxquels on prétendait remédier restaient occultées. Une morale relative et sélective, indifférente à d'autres situations de détresse massive comme en Angola, en Sierra Léone, au Kurdistan turc ou ailleurs, est invoquée pour convaincre que la fin justifie les moyens. Et les grandes puissances posent des principes et des règles dont elles s'exonèrent à la première occasion.

Une morale relative et sélective, indifférente à d'autres situations de détresse massive comme en Angola, en Sierra Léone, au Kurdistan turc ou ailleurs, est invoquée pour convaincre que la fin justifie les moyens.

Si les questions soulevées par l'ingérence mettent en lumière l'inadaptation du principe de souveraineté des États pour protéger les sociétés les plus faibles, le retour à une situation mondiale équilibrée ne se fera pas par des constructions juridiques douteuses ou dans le vide du droit. Au contraire, un approfondissement du droit international sur des bases démocratiques en est l'indispensable condition. ■

Pour en savoir plus

M. Bettati, « Un droit d'ingérence ? », *Revue générale de droit international public*, Paris, 1991.

M. Bettati, B. Kouchner, *Le Devoir d'ingérence*, Denoël, Paris, 1987.

P. Bretton, « Ingérence humanitaire et souveraineté », *Pouvoirs*, n° 67, Paris, 1993.

M. Chemillier-Gendreau, « Portée et limites de l'ingérence humanitaire en Afrique », *Afrique contemporaine*, n° 180, La Documentation française, Paris, 1996.

O. Corten, P. Klein, *Droit d'ingérence et obligation de réaction*, Bruylant, Bruxelles, 1992.

M.-C. Delpal, *Politique intérieure et diplomatie morale. Le droit d'ingérence humanitaire en question*, FEDN, Paris, 1993.

@ Sites Internet

Cour internationale de justice : **http://www.icj-cij.org/**

Coalition pour la justice internationale : **http://www.cij.org/**

L'utopie de la « guerre technologique » dispense à tort de chercher des règlements politiques aux conflits

Par **Philippe Breton**
Sciences de l'information et de la communication, CNRS

DEPUIS QUE LES GUERRES SEMBLENT AVOIR CHANGÉ DE NATURE, DU FAIT DU RECOURS MASSIF AUX « NOUVELLES TECHNOLOGIES », CERTAINS DIRIGEANTS, NOTAMMENT AMÉRICAINS, S'ABANDONNENT À CROIRE QUE LA VICTOIRE MILITAIRE SUFFIRAIT, DISPENSANT DE CHERCHER UNE SOLUTION POLITIQUE. OUTRE LES DANGERS PESANT SUR LA NATURE DÉMOCRATIQUE DES PAYS QUI Y CROIENT, IL N'EST PAS SÛR QUE LES CONFLITS AINSI GÉRÉS NE RENAISSENT PAS.

Jusqu'à une période récente, stratèges et dirigeants tenaient que tout affrontement guerrier, que l'on soit agresseur ou agressé, se gagne en deux temps : une phase militaire et une phase politique. L'exemple de certaines guerres coloniales a montré qu'on pouvait gagner militairement sur le terrain, mais perdre globalement un conflit du fait de l'échec de son traitement politique.

Depuis que les guerres semblent avoir changé de nature, du fait de l'utilisation massive des « nouvelles technologies », certains dirigeants, notamment américains, se laissent enfermer dans la croyance que la phase militaire suffirait à vaincre l'ennemi. L'utopie de la « guerre technologique » dispenserait ainsi de la phase politique de résolution des conflits armés. Dans une telle optique, dirigeants politiques et stratèges militaires se fondent dans un seul et même rôle et l'exaltation patriotique tient lieu de réflexion politique. Outre les dangers que cela comporte pour la nature démocratique des pays qui s'y livrent, il n'est pas certain que les conflits ainsi gérés, au lieu de s'éteindre, ne renaissent pas régulièrement de leurs cendres.

La première phase d'un conflit peut parfois se gagner avec des moyens uniquement technologiques. C'est la preuve administrée par les Américains en Afghanistan en 2001. Déjà, en Serbie et au Kosovo (1999), les États-Unis avaient montré que la guerre technologique, et notamment la force aérienne, pouvait soumettre un ennemi dont la force militaire n'était pas négligeable. Plus loin en arrière, lors de la guerre du Golfe (1991), l'arsenal technologique américain avait déjà démontré sa supériorité, préparant sans coup férir une intervention terrestre réussie. Il n'est pas certain cependant que, dans les cendres de ces bombardements, toutes les braises aient été éteintes.

L'indéniable efficacité de la technologie

L'idée d'une guerre technologique infaillible est ancienne. Sous ses formes contemporaines, elle apparaît dès les débuts de la Guerre froide, au moment même où l'informatique est inventée (le premier ordinateur entre en fonction en 1948). L'armée américaine, depuis cette période, est la principale bénéficiaire des formidables progrès réalisés dans le domaine des réseaux, de l'informatique, de l'automatisme, de la régulation cybernétique.

Sous ses formes contemporaines, la « guerre technologique » commence à se mettre en place dès les débuts de la Guerre froide, au moment même où l'on invente l'informatique, dont l'armée américaine sera la première bénéficiaire.

L'objectif n'est pas simplement un surcroît d'efficacité par un recours accru aux techniques : il est de retirer tout combattant humain du champ de bataille afin de limiter les pertes dans son propre camp, voire de les supprimer complètement. On se prend dès lors à rêver de chars, de bateaux ou d'avions sans conducteur, pilotés par des ordinateurs. Nous n'en sommes pas là, néanmoins les progrès faits dans le guidage des missiles, par exemple, ou dans l'emploi des drones (avions sans pilote) réalisent en partie ce projet.

La guerre technologique qui se met en place dans les années 1990 est d'abord une guerre aérienne, conduite à haute altitude et qui mobilise toutes les ressources de l'électronique, du virtuel, des lasers, de l'informatique, des missiles autoguidés, des satellites et des centres de commande informatisés. Si celle-ci est relativement précise sur le plan technique et tactique, elle est en revanche approximative et grossière sur le plan stratégique et politique.

La guerre n'a-t-elle pas toujours été technologique ? Il est vrai que déjà, face aux guerriers désordonnés et volontaristes des autres peuples, les légions romaines, comme en leur temps les troupes assyriennes, avaient démontré la supériorité de l'organisation et de techniques de combat déjà économes en hommes tout en étant redoutablement efficaces. Du moins jusqu'à la chute de l'Empire, survenue plus par implosion politique que par échec militaire.

L'épreuve de la réalité

La puissance technologique permet certes de gagner les guerres à court terme mais elle présente deux inconvénients majeurs apparemment incontournables.

Le premier est d'ordre psychologique et politique. Cette puissance procure à ceux qui la détiennent un considérable sentiment d'orgueil. Elle donne l'illusion d'être la réponse à tous les problèmes. Il n'est plus guère besoin de s'interroger sur les motivations, l'histoire, les alliances de ceux que l'on écrase ainsi à distance. La technologie, dans le domaine militaire comme dans d'autres, isole du monde celui qui l'utilise. Elle lui fait croire à sa supériorité dans d'autres domaines, dans tous les domaines. La puissance engendre une cécité qui n'est jamais bonne pour l'avenir. La guerre, surtout lorsqu'elle est gagnée militairement, ne dispense pas d'un règlement politique, qui en constitue la seconde phase indispensable. Or la technologie permet de mener des guerres sans penser à l'après-guerre.

Le second inconvénient est d'ordre technique. Est-il bien vrai que toutes les guerres se gagnent grâce à la technologie ? Bien sûr, les exemples de la Serbie et de l'Afghanistan militent en ce sens. Mais si les attentats du 11 septembre 2001 aux États-Unis, qui ont déjoué toutes les barrières de protection électroniques, ont pu avoir lieu, c'est en dépit, ou à cause, de l'immense confiance, en l'occurrence mal placée, conférée à la technologie pour garantir la sécurité du pays.

Les mailles du réseau de défense et d'espionnage électronique étaient, en effet, bien trop larges. La détection et les photos satellite, l'écoute des communications dans les réseaux permettent d'être informé et d'avoir des images mais pas de connaître la réalité du terrain. La guerre et l'espionnage technologiques ont montré là leurs limites, face à l'épaisseur de l'histoire et à la réalité du terrain.

Si les attentats du 11 septembre 2001, qui ont déjoué toutes les barrières de protection électroniques, ont pu avoir lieu, c'est en dépit, ou à cause, de l'immense confiance – mal placée – conférée à la technologie pour garantir la sécurité du pays.

La technologie comme solution première aux situations nouvelles

Pourquoi la guerre et l'espionnage technologiques ont-ils suscité tant d'illusions, dont certaines risquent de perdurer longtemps ? L'une des raisons de cet entêtement pourrait résider dans la croyance aux vertus de la technologie. Cette croyance, à forte tonalité utopique, est fortement enracinée dans la culture américaine et surtout parmi ses élites dirigeantes depuis au moins un demi-siècle. Cette utopie, qui tient en partie de l'irrationnel, permet d'éviter tout regard historique. Son contenu se résume en quelques phrases : tout changement, toute modification d'une situation, toute résolution d'un problème passe désormais par une solution technologique, notamment en termes d'information et de communication.

Ce discours n'est pas nouveau. Il a pris racine, dans les années 1940, au sein de la cybernétique du mathématicien américain Norbert Wiener. Il a souvent été décrit comme un nouveau messianisme et de nombreux intellectuels en ont rapidement compris et décrit les mécanismes.

Malgré le contre-exemple du 11 septembre, cette croyance utopique dans le fait que la guerre technologique dispense d'un règlement politique aura sans doute encore de beaux jours devant elle. Elle semble en tout cas dispenser les États-Unis de s'interroger sur les causes des événements dont ils ont été victimes, et surtout les dissuader de s'engager dans un règlement global de la situation. Il n'est pas certain que la guerre qu'ils sont en train de gagner militairement ne soit pas de ce fait déjà perdue politiquement. ■

Pour en savoir plus

P. Breton, *Le Culte de l'Internet*, La Découverte, Paris, 2000.

P. Breton, *La Parole manipulée*, La Découverte, Paris, 1997 (prix de philosophie morale 1998 de l'Académie des sciences morales et politiques).

J. Guisnel, *Guerre dans le cyberespace*, La Découverte, coll. « La Découverte/Poche », Paris, 1997 (nouv. éd., épuisé).

L. Sfez, *Critique de la communication*, Seuil, Paris, 1988.

Les opérations de paix de l'ONU ont un caractère très ambigu

Par **Béatrice Pouligny**
Politologue, CERI-Sciences Po

LES MISSIONS DE « CONSTRUCTION DE LA PAIX » MENÉES PAR L'ONU DANS LES PAYS AYANT CONNU DES CONFLITS TIENNENT DAVANTAGE COMPTE DES ENJEUX ENTRE ÉTATS QUE DES SITUATIONS CONCRÈTES DES SOCIÉTÉS. CELA EXPLIQUE QUE LES MANDATS DE CES MISSIONS, RÉSULTATS DE COMPROMIS DIPLOMATIQUES, SOIENT AUSSI AMBIGUS, VOIRE INAPPLICABLES SUR LE TERRAIN.

Depuis le début des années 1990, l'ONU (Organisation des Nations unies) a été appelée à intervenir dans un nombre croissant de conflits internes. La transition entre guerre et paix ne s'y joue pas seulement sur des champs de bataille ou le long de lignes de front mais avant tout au cœur de l'articulation État-société, physiquement et symboliquement, dans la triple crise du lien politique (relation à l'État), social (lien à la communauté et à l'environnement le plus immédiat, comme le quartier) et domestique (lien familial et intergénérationnel) que traduisent la plupart des guerres contemporaines. De fait, les opérations de paix de l'ONU conduites dans ces contextes diffèrent sensiblement des missions des forces d'interposition déployées dans le passé. Pourtant, elles peinent à prendre en compte les défis majeurs que la « construction de la paix » pose sur le terrain aux membres des missions.

Tout d'abord, les paramètres devant être pris en compte par ces personnels sont très complexes et demandent une compréhension des contextes qui leur fait le plus souvent défaut. Les modalités selon lesquelles ils investissent l'espace, par exemple, ne sont pas neutres. Ainsi, les choix posés dans l'articulation villes/campagnes ou dans la définition de zones de protection des civils risquent, à défaut d'analyse suffisante, de renforcer les logiques de conflit, comme l'ont montré les exemples du Kosovo (à partir de 1999) et de la Sierra Léone (à partir de 1998). Dans d'autres contextes – Timor oriental (à partir de 1999), Afghanistan (à partir de 2001) –, ils peuvent renforcer la marginalisation de régions entières et donc de populations, ce qui n'est pas sans conséquence sur la construction de l'État.

Intervention dans la relation société-État

De même, les situations conflictuelles contemporaines requièrent une analyse plus fine des acteurs en présence et une compréhension des raisons des comportements de ces derniers et de leurs évolutions. Sur le terrain, les intervenants se retrouvent le plus souvent dans des situations où les catégories habituelles – du type amis/ennemis, civils/militaires – n'ont pas toujours grand sens. Les acteurs locaux peuvent également changer de casquette rapidement, aujourd'hui « seigneur de guerre », demain notable local, commerçant ou autorité religieuse, supposés représenter la « société civile », comme on l'a vu en Somalie (1992-1995). Quant aux populations que la logique humanitaire voudrait réduire au statut de « victimes » passives ou neutres, elles s'affirment, au moins partiellement, comme des acteurs authentiques et continuent à faire des choix politiques, à s'organiser et à se mobiliser, y compris contre les intervenants lorsque ceux-ci mettent en péril l'ordre social ou bafouent leurs droits fondamentaux.

Les situations conflictuelles contemporaines requièrent de la part des personnels des missions une analyse plus fine des acteurs en présence et une compréhension des raisons des comportements de ces derniers.

D'autre part, la nature même des fonctions dont sont chargées les missions de paix a considérablement changé. Dans tous les cas, bien que sous des formes qui peuvent varier, elles sont appelées à intervenir directement dans le contrat social, dans la relation entre la société, les individus qui la composent, et l'État. Bien plus, elles prétendent apporter de nouvelles règles pour structurer l'ordre social, économique et politique local. Cela peut aller jusqu'à la mise sous tutelle, comme au Kosovo et à Timor oriental. Les impasses actuelles de la paix, dès que l'on dépasse la vitrine que l'on veut bien nous présenter, montrent toutes les ambiguïtés de ce projet (qu'il s'agisse des programmes de démobilisation et de réintégration des ex-combattants, de l'économie politique du passage à la paix ou encore des aspirations à la démocratie et à la justice). La nature de l'action à mener dans le pays d'intervention renvoie, de fait, à une très grande diversité de conceptions.

Des notions aux sens multiples

Les notions de « paix » ou d'« environnement sûr et stable » auxquelles se réfèrent les résolutions du Conseil de sécurité de l'ONU sont extrêmement polysémiques et renvoient d'abord aux intérêts des États dominants. La décision elle-même est le résultat de compromis diplomatiques ; si on a pu s'accorder sur la nécessité d'engager une action, c'est rarement le cas sur son contenu. Enfin et surtout, ce qui se joue dans la plupart des débats est beaucoup moins le type de réponse qu'il convient d'apporter à une situation concrète que des enjeux de pouvoir entre États. Cela explique que les mandats des missions de paix soient aussi ambigus voire inapplicables sur le terrain.

Dans les pays eux-mêmes, l'ingénierie politique promue par l'ONU, l'« État de droit » auquel il est si souvent fait référence, n'est pas ce « socle » immuable que l'on présente volontiers, mais bien le produit d'histoires, l'expression de visions du monde et de rapports sociaux. En d'autres termes, les règles du jeu social et politique, pour qu'elles fonctionnent, ne sauraient venir entièrement de l'extérieur ; elles doivent inclure des modalités locales qui se sont elles-mêmes presque toujours construites déjà, à travers le temps, avec des emprunts divers et successifs à l'extérieur. Cela demande une intelligence des processus locaux et du temps dont ne disposent généralement pas les *peacekeepers*.

Enfin, bien qu'encore majoritairement composées de militaires, les missions sont de plus en plus appelées à développer une capacité effective à faire régner l'ordre dans les pays d'intervention. Cela pose des questions fondamentales: jusqu'à quel point peut-on exercer une fonction de police dans une société qui n'est pas la sienne ? Où fixer la frontière entre les fonctions de maintien de l'ordre et les fonctions militaires ? L'impuissance de forces surarmées face à des groupes qui poursuivent la guerre par d'autres moyens, dont ceux de la criminalité organisée et du terrorisme (comme on a pu le voir dans des contextes aussi différents que le Kosovo et l'Afghanistan), les effets contre-productifs que peut avoir la présence d'armes lourdes auprès de populations insécurisées dans leur vie quotidienne illustrent ces contradictions.

Des débats nécessaires

Au-delà de la question du partage des tâches entre militaires et policiers, le comportement des personnels, leur capacité à tenir compte d'environnements extrêmement volatils, les fonctions et les moyens qui leur sont donnés sont en cause. Dans trop de cas, la décision d'intervenir militairement renvoie à un refus d'assumer une véritable politique. À cela s'ajoutent la préoccupation des gouvernements occidentaux à l'égard de la sécurité de leur personnel (à côté de laquelle celle des populations locales pèse peu), et les « *exit strategies* » qui président à la plupart des décisions d'intervention. La crainte d'un enlisement explique que les décideurs politiques occidentaux se soucient, avant même l'envoi de personnels sur le terrain, de leur date de retrait. Il en résulte, comme à Phnom Penh en 1992-1993, que les capitales des pays concernés connaissent, en quelques mois, l'« invasion » et le retrait aussi rapide d'organismes et d'aides en tout genre, sans que la vie de la majorité de leurs habitants n'en ait été changée.

La crainte d'un enlisement explique que les décideurs politiques occidentaux se soucient, avant même l'envoi de personnels sur le terrain, de leur date de retrait.

Les débats sur ces questions, habituellement rendus difficiles par les oppositions idéologiques dans la compréhension du couple souveraineté-ingérence [*voir article p. 89*], sont rendus compliqués, au sein de l'ONU, par un clivage croissant entre les pays occidentaux et les autres, comme s'il existait encore deux mondes distincts : l'un pacifié, l'autre belliqueux. On ne pourra pourtant pas éternellement éviter ces débats, du moins si l'on veut commencer à prendre au sérieux la guerre et la paix et donc les sociétés pour lesquelles ces processus renvoient à des luttes concrètes, quotidiennes. ■

Pour en savoir plus

C.-P. David, *La Guerre et la Paix. Approches contemporaines de la sécurité et de la stratégie*, Presses de Sciences Po, Paris, 2000.

B. Pouligny, « Peacekeepers and Local Social Actors : The Need for Dynamic, Cross-cultural Analysis », *Global Governance*, vol. 5, n° 4, oct.-déc. 1999.

B. Pouligny, « Promoting Democratic Institutions in Post-Conflict Societies : Giving Diversity a Chance », *International Peacekeeping*, vol. 7, n° 3, aut. 2000.

L. Reychler, T. Paffenholz, *Construire la paix sur le terrain : mode d'emploi*, GRIP/Complexes, Bruxelles, 2000.

« Warriors », fiction documentaire de la *BBC* sur des soldats britanniques en Bosnie-Herzégovine (diffusé sur *Arte* en 2000).

@ Sites Internet
Site des Nations unies (information à jour sur les opérations de paix) :
http://www.un.org/french/peace/index.html

Les réformes des politiques de coopération Nord-Sud restent ambiguës dans leurs finalités

Par **Jean-Jacques Gabas**
Économiste du développement, Université Paris-XI-Orsay, Gemdev

Les politiques de coopération ont connu un profond bouleversement depuis 1990 : l'aide n'est plus octroyée en priorité aux pays qui en ont le plus besoin mais à ceux qui la « méritent ». On aide en priorité les pays qui adoptent de « bonnes politiques » ou qui mettent en œuvre des processus démocratiques.

Au cours des années 1990, la coopération pour le développement a connu d'importants bouleversements, tant du point de vue de son financement que de ses orientations géographiques, de sa légitimité et de ses finalités.

L'aide publique au développement (APD) octroyée par l'ensemble des donateurs bilatéraux et multilatéraux aux pays en développement a tendance à régulièrement diminuer pour se situer aux environs de 50 milliards de dollars courants fin 1999, chiffre à peu près comparable à celui de 1990. À l'inverse, les apports privés, les investissements directs et les prêts obligataires ont fortement augmenté jusqu'en 1997 pour atteindre environ 250 milliards de dollars courants, soit cinq fois plus qu'en 1990. À compter de 1997, les investissements directs se sont poursuivis, mais le solde des flux bancaires internationaux est devenu négatif, les remboursements des dettes des pays du Sud étant supérieurs aux prêts en leur faveur.

Cette croissance des flux financiers aux conditions du marché n'a pas profité à l'ensemble des pays du Sud. Les pays d'Asie et d'Amérique latine en ont été les grands bénéficiaires, alors que les pays d'Afrique subsaharienne et les États du Pacifique sud n'en ont absolument pas profité. Ces derniers restent très dépendants de l'aide, qui représente souvent plus de 90 % de leurs financements extérieurs. Cette dépendance peut se mesurer aussi par l'importance de l'APD dans le produit intérieur brut (PIB). Elle se situe à plus de 20 % pour la majorité des pays d'Afrique subsaharienne et du Pacifique sud, contre moins de 2 % en général pour les autres continents bénéficiaires de programmes d'aide.

La « fatigue de l'aide »

On a assisté, après la chute du Mur de Berlin en 1989, à une réorientation importante des flux d'aide. Les nouveaux États indépendants et les pays d'Europe centrale et orientale (PECO) sont devenus des bénéficiaires conséquents (11 % de l'APD mondiale). La part de l'Afrique subsaharienne a stagné (et donc décliné en valeur absolue), les pays d'Afrique du Nord et du Moyen-Orient enregistrant quant à eux un net déclin du fait de désengagements marqués en Israël et en Égypte.

Plusieurs faits expliquent cette contraction. En premier lieu, les citoyens des États donateurs acceptent de moins en moins que leurs impôts financent des pays où l'argent est mal utilisé, voire détourné, tandis que d'importants problèmes sociaux sont à résoudre à leurs portes. Même si les cas de gaspillage et de fraude ont été abusivement généralisés à l'ensemble des pays bénéficiaires, on est entré dans l'ère de la « fatigue de l'aide ».

D'autre part, selon les rapports du Programme des Nations unies pour le développement (PNUD), on ne constate pas dans les pays fortement aidés une amélioration sensible des indicateurs de développement humain, ni une croissance significative du PIB. Au contraire, la plupart des pays du Sud ont connu d'importants déficits en matière budgétaire et de balance des paiements. Le fait que l'aide extérieure n'explique en rien le « miracle asiatique » a enfin été l'occasion de sérieuses remises en cause. Tous ces éléments ont naturellement convergé pour délégitimer l'aide et s'interroger sur son efficacité pour le développement.

Selon les rapports du Programme des Nations unies pour le développement, il n'y a pas nécessairement de lien entre les flux d'aide et l'amélioration de l'alphabétisation, la baisse de la mortalité infantile, ou le recul de la malnutrition.

Le temps de la conditionnalité

Face à ces échecs, les bailleurs de fonds multilatéraux et bilatéraux frapperont du sceau de la conditionnalité la plupart de leurs programmes d'assistance à partir des années 1990. Le bénéfice de l'aide extérieure sera dans un premier temps soumis à l'application de politiques dites d'ajustement structurel, qui visent à rétablir les équilibres financiers et à désengager l'État de la vie économique. Par la suite, des critères politiques se grefferont sur ces conditionnalités économiques. La convention de Cotonou, signée en juin 2000 entre les pays d'Afrique, des Caraïbes et du Pacifique (ACP) et les pays de l'Union européenne (UE), est un cas d'école. L'octroi de l'aide de cette dernière est désormais lié au respect des droits de l'homme, à la démocratie et au multipartisme, ainsi qu'à la « bonne gestion » des affaires publiques, notamment la lutte contre la corruption.

Les politiques de coopération ont ainsi connu un profond bouleversement depuis 1990 : l'aide n'est plus octroyée en priorité aux pays qui en ont le plus besoin mais à ceux qui la « méritent ». On aide en priorité les pays qui adoptent de « bonnes politiques » ou qui mettent en œuvre des processus démocratiques. Dans la cohérence de son objet, cette réorientation s'accompagne de concepts tels que « partenariat », « dialogue politique » avec les États bénéficiaires, ouverture de la coopération aux « acteurs de la société civile » que sont les ONG ou les associations villageoises.

Toutefois, ce souci explicite d'améliorer l'efficacité des politiques de coopération s'accompagne de multiples contraintes et soulève des interrogations fondamentales qui conditionnent au plus près les processus de développement des pays du Sud.

Incohérence des politiques

La coopération, dans sa pratique générale, souffre intrinsèquement de plusieurs maux. Les concepts utilisés par les donateurs, par les autorités des États bénéficiaires et par les organisations non gouvernementales (ONG) n'ont pas le même contenu, ils ne renvoient donc pas aux mêmes mesures à mettre en œuvre. Il en est ainsi des concepts de pauvreté, de partenariat, de bonne gouvernance, de service public, de dialogue politique, de coopération décentralisée, etc. On ne parle pas des mêmes réalités. Le deuxième questionnement est d'ordre éthique: au nom de quelle morale peut-on dire à un État ce qui *a priori* est « bon » pour lui, quel modèle de développement il se doit d'adopter ? Chaque État devant choisir sa propre trajectoire de développement, les bailleurs de fonds n'ont que trop rarement accompagné ces choix ou, à l'inverse, ont adopté une attitude laxiste à l'égard d'États peu respectueux des droits de l'homme. Enfin, la troisième contrainte porte sur le foisonnement des objectifs que doit atteindre l'aide, sans qu'existent de réelles priorités en dehors du discours. Il faut à la fois que l'aide réponde aux besoins en infrastructures des pays et résolve la question de la dette extérieure, tandis qu'elle ne doit être accordée qu'à des pays « méritants ».

Les concepts utilisés par les donateurs, par les autorités des États bénéficiaires et par les organisations non gouvernementales (ONG) n'ont pas le même contenu, ils ne renvoient donc pas aux mêmes mesures à mettre en œuvre.

Cette prolifération d'objectifs s'accompagne bien sûr d'autant de conceptions différentes sur les politiques à mettre en œuvre, rendant la cohérence et la coordination des politiques de plus en plus difficiles, et compromettant de ce fait l'efficacité des mesures ou des programmes de coopération. À cela s'ajoute un nombre croissant d'acteurs ayant chacun leur logique d'intervention sur le terrain: ONG, États, organisations régionales, collectivités locales, sans oublier le rôle excessif accordé aux experts internationaux dans la formulation des politiques nationales.

D'autres contraintes exogènes telles que les crises financières régionales ou les décisions prises dans le cadre multilatéral concernant le régime commercial et monétaire international ont des effets sur le développement des pays du Sud et sur l'efficacité des programmes de coopération. Plus généralement, la priorité affichée par le PNUD de financer des *biens publics mondiaux* [*voir article p. 60*] permettrait-elle de redonner un sens, une légitimité à l'aide internationale dans le contexte de mondialisation ? L'aide au développement ne risque-t-elle pas de rester une « arme » dans le jeu des alliances politiques internationales au détriment d'un accompagnement que celle-ci pourrait assurer en faveur du développement et dont la voie est à déterminer par les États eux-mêmes ? Toutes les années d'expériences et de réflexions pour redonner à l'aide un rôle nécessaire, mais non suffisant, seraient alors perdues. ■

Pour en savoir plus

J. Coussy, J.-J. Gabas, « Crises financières et modèles de coopération », *L'Économie politique*, n° 2, Alternatives économiques, Paris, avr. 1999.

« Économie politique des relations extérieures des pays en développement », *Cahiers de l'ISMEA*, n° 35, Paris, août 2000.

J.-J. Gabas, P. Hugon, « Les biens publics mondiaux et la coopération internationale », *L'Économie politique*, n° 12, Alternatives économiques, Paris, 4e trim. 2001.

GEMDEV, *Quel espace de coopération entre l'Union européenne et les pays ACP ?*, Karthala, Paris, 1999.

« La nouvelle question Nord-Sud », *Esprit*, n° spéc., Paris, juin 2000.

N. Van de Walle, *Repenser l'aide à l'Afrique*, Karthala, Paris, 1999.

@ Sites Internet

Comité d'aide au développement (CAD, OCDE) : **http://www.oecd.org/dac**

Oneworld in Europe : **http://www.oneworld.org/euforic/**

Banque mondiale : **http://www.worldbank.org/research/aid/**

Après la fin de la Guerre froide, la prolifération et la dissémination des armements se sont poursuivies

Par **André Dumoulin**
Politologue, Université de Liège

L'ÉVALUATION DES RISQUES LIÉS AUX PROLIFÉRATIONS D'ORDRE NUCLÉAIRE, BIOLOGIQUE, CHIMIQUE ET BALISTIQUE ET LES RÉPONSES À LEUR DONNER FONT L'OBJET DE DIVERGENCES AU SEIN DE LA COMMUNAUTÉ INTERNATIONALE. L'INFORMATION EST UN ENJEU CRUCIAL, ET IL FAUT TENIR COMPTE DE LA POSITION DOMINANTE DES SERVICES DE RENSEIGNEMENT AMÉRICAINS.

La fin du monde bipolaire n'a pas mis un terme à la prolifération des armements sur toute la planète, contrairement à ce que beaucoup espéraient. Après la guerre du Golfe, en 1991, et dans les analyses développées après les attentats du 11 septembre 2001, la perception des risques liés à la dissémination d'armes de destruction massive – nucléaires, biologiques, chimiques et balistiques – s'est aggravée.

L'usage de l'arme chimique et d'engins balistiques à charge classique durant le conflit Iran-Irak (1979-1988), le non-respect par l'Irak du Traité de non-prolifération nucléaire (TNP), entré en vigueur en mars 1970 et auquel il est pourtant partie, aboutissant à l'édification clandestine et progressive d'une capacité nucléaire, ont largement nourri cette inquiétude. Si la guerre du Golfe a eu pour effet indirect de faire passer de 140 à 188 le nombre d'États signataires du TNP entre 1990 et 2001, le groupe des cinq puissances nucléaires officielles a ouvertement été rejoint en 1998 par l'Inde et le Pakistan.

L'inquiétude se justifie également par la dissémination des armes classiques, dont on parle beaucoup moins, mais qui a alimenté en les amplifiant d'innombrables conflits sanglants. Ainsi, le tiers du commerce mondial d'armement concerne les armes de petit calibre, dont le nombre est estimé à 500 millions (auquel il faut ajouter 250 millions d'armes détenues à titre privé). Même si la Conférence des Nations unies sur le commerce illicite des armes légères (juillet 2001) a permis de forger un consensus pour que les États s'engagent à prévenir, à maîtriser et à éliminer ce type de commerce, la lutte contre la dissémination de ces armes reste un travail de longue haleine. La dissémination de ce type d'armes favorise pourtant l'insécurité publique tout en permettant de transformer un simple différend entre communautés locales en un véritable conflit armé.

Enfin, le terrorisme chimique, après l'attentat dans le métro de Tokyo commis en mars 1995 par la secte Aum Shinrikyo (« Vérité suprême »), l'édification d'un potentiel militaire biologique russe après les conférences d'examen faisant suite à la convention contre les armes biologiques de 1972, ainsi que les envois aux États-Unis, en 2001, de courriers contenant des bacilles de charbon ont relancé les préoccupations sur la prolifération de cette dernière catégorie d'armement.

Des motivations très diverses

Les armes chimiques et biologiques sont souvent considérées comme la bombe atomique du pauvre : armes de destruction massive, peu coûteuses et techniquement accessibles, elles seraient une réponse à la dissuasion nucléaire occidentale. En réalité, ces armements ne peuvent être des outils de la dissuasion, dans la mesure où leur dialectique repose moins sur le non-emploi (gesticuler pour ne pas s'en servir) que sur son emploi (en disposer pour s'en servir) et que leurs effets sont loin d'être aussi destructeurs qu'une ogive nucléaire.

Les armes chimiques sont souvent considérées comme la bombe atomique du pauvre : armes de destruction massive, peu coûteuses et techniquement accessibles, elles seraient une réponse à la dissuasion nucléaire occidentale.

Pourquoi, dans le contexte de l'après-Guerre froide, détenir ou chercher à acquérir des armes de destruction massive, en particulier nucléaires ? Si la dissuasion reste une motivation, la possession de ces armes est aussi un signe de prestige technologique et de souveraineté. L'arsenal nucléaire, chimique à défaut, est un moyen d'affirmation de la puissance nationale et d'une certaine autonomie de décision, tout comme il permet quelquefois à un pays de relever son statut sur la scène internationale. L'existence d'arsenaux nucléaires répond par ailleurs largement à l'« effet miroir » : le maintien d'un potentiel nucléaire national se justifie par sa simple existence dans d'autres pays. On constate en outre que la volonté d'un État de disposer d'armes de destruction massive obéit de plus en plus souvent à des considérations géostratégiques à l'échelle régionale, comme on l'a vu pour l'Inde et le Pakistan en 1998-1999.

Un autre argument, enfin, a émergé : celui des risques d'emploi d'armes ou de substances rudimentaires radioactives ou de micro-explosions nucléaires dites sales, de polluants chimiques et d'agents biologiques par des groupes de terroristes ayant des motivations idéologiques et politiques, avec le soutien éventuel d'États « renégats », comme les qualifie la terminologie américaine. Ici, le jeu du chantage, de la rétorsion ou de l'effet médiatique fonctionne à plein et l'arme de destruction massive perd son caractère dissuasif, retrouvant une fonction opérationnelle « tactique ».

Menaces réelles et jeux politiques

L'évaluation des risques liés aux proliférations d'ordre nucléaire, biologique, chimique et balistique et la nature des réponses à leur donner font l'objet de divergences. L'information est un enjeu crucial, et il faut tenir compte de la position dominante des services de renseignement américains. Dans quelle mesure la façon dont les États-Unis définissent les risques ou mettent à l'index des États dits renégats n'est-elle pas dictée par l'intérêt national et par des considérations d'ordre politique, géopolitique, militaire et commercial ? Faut-il évaluer les menaces d'un État selon ses intentions affichées ou en fonction de ses capacités réelles ?

Unités de production d'engrais et d'herbicides, centrales électronucléaires et laboratoires pharmaceutiques, lanceurs de satellites météorologiques et dispositifs de guidage : les transferts de technologie Nord-Sud sont au cœur du débat sur les moyens de lutter contre la prolifération des armements. La communauté internationale et les pays occidentaux en particulier ont élaboré des garde-fous, tels que les règlements en matière de *dual use* (usage militaire et civil d'une même technologie) et les conventions multilatérales de désarmement. Mais la mesure la plus efficace passe par la prévention et surtout par le renseignement stratégique. Il faut, en amont, pouvoir empêcher les fuites à la source en formant le personnel dans ce sens. En aval, il faut avoir les moyens de localiser et de dénoncer les sites suspects. Même dans le cas d'États signataires de conventions, les violations sont toujours possibles, comme nous l'ont montré les cas de l'Irak, de la Russie ou de la Chine. Restent les menaces terroristes hors du champ des États, passant par les circuits parallèles de fabrication radiologique, chimique et biologique extrêmement complexes à détecter.

Les puissances nucléaires doivent montrer l'exemple

Dès l'instant où bon nombre de gouvernements considèrent la prolifération des armes de destruction massive comme une véritable menace pour la sécurité internationale, leurs mesures, allant de l'incitation à la coercition, en passant par la réglementation, ont quelque chance d'être plus efficaces. Mais on ne peut lutter contre la prolifération horizontale (multiplication du nombre d'États dotés d'armes de destruction massive) sans s'attaquer à la question de la prolifération verticale (accroissement du potentiel militaire des États). L'exemplarité du comportement des puissances majeures est un enjeu capital. Le refus américain de ratifier le traité sur l'interdiction complète des essais, l'échec de la 5e conférence de révision de la convention sur les armes biologiques (2001) et l'annonce par Washington en décembre 2001 du retrait du traité anti-missile ABM indiquaient à suffisance que les proliférations d'armements ne pourraient qu'être stimulées.

On sait que la possession proliférante d'armes de destruction massive repose davantage aujourd'hui sur des considérations hégémoniques régionales que sur une volonté d'en découdre avec les pays du Nord. Par ailleurs, les menaces actuelles les plus crédibles sont à rechercher du côté des groupes terroristes non traditionnels, sectes, mouvements millénaristes, etc., ou parmi les groupes paramilitaires antigouvernementaux. Dans les deux cas, l'étude objective des motivations des acteurs est probablement le meilleur moyen de trouver les réponses les plus adéquates à un risque qui, rappelons-le, reste contenu et souvent virtuel, face au réel des centaines de milliers de victimes de la prolifération des armes conventionnelles et des attentats classiques. ■

Les menaces actuelles les plus crédibles sont à rechercher du côté des groupes terroristes non traditionnels ou parmi les groupes paramilitaires anti-gouvernementaux.

Pour en savoir plus

Arms Control Association, *Arms Control Reporter 2001*, Washington, 2001 (annuaire).

« Les défis de la prolifération des armes de destruction massive » (dossier), *Les Documents d'information de l'Assemblée nationale*, n° 2788, Paris, 2000.

« Nucléaire : le retour d'un grand débat » (dossier), *Cahiers de Chaillot*, n° 48, Institut d'études de sécurité, UEO, Paris, juil. 2001.

Stockholm International Peace Research Institute, *SIPRI Yearbook 2001*, Stockholm, 2001 (annuel).

@ Sites Internet

The Arms Control Association (États-Unis) : **http://www.armscontrol.org**

The Acronym Institute : **http://www.gn.apc.org/acronym**

Réseau d'action international sur les armes légères (Royaume-Uni) : **http://www.iansa.org**

Organisation pour l'interdiction des armes chimiques : **http://www.opcw.nl**

Groupe de recherche et d'information sur la paix et la sécurité (GRIP, Bruxelles) : **http://www.grip.org**

Réduire certains conflits à des « replis identitaires » interdit d'en comprendre les ressorts politiques et sociaux

Par **John Crowley**
Politologue, CERI-Sciences Po

LOIN D'ÊTRE UN « REPLI », L'IDENTITÉ EST, POUR LE MEILLEUR ET POUR LE PIRE, UNE AVANCÉE. POUR LE PIRE, SI L'ON PREND AU PIED DE LA LETTRE SA PRÉTENTION À ÊTRE « NATURELLE » ; POUR LE MEILLEUR SI LES PARTICULARISMES PEUVENT ÊTRE LE POINT D'APPUI D'UN UNIVERSALISME COHÉRENT.

Pourquoi cette volonté, maintes fois constatée, de réduire les conflits politiques à des logiques supposées « sous-jacentes », religieuses ou ethniques ? Au Kosovo ou au Pendjab, en Malaisie ou en Afrique du Sud, au Rwanda ou dans le Caucase, on rencontre une figure semblable : des clivages politiques que l'on s'efforce d'expliquer par leur répertoire identitaire, surtout quand ils se matérialisent violemment. Sans doute n'est-ce pas un hasard que l'on fasse preuve de plus de subtilité dès qu'il s'agit de clivages ouest-européens. En Écosse, en Catalogne, en Corse – voire en Irlande du Nord, dès que l'on échappe à l'urgence médiatique –, on tient compte des enjeux économiques, des logiques de concurrence électorale, des tensions au sein des élites régionales. Le regard « ethnicisant » distingue en effet clairement – comme, de manière particulièrement transparente, chez Samuel Huntington – « Eux » et « Nous » [*voir article p. 68*]. Et c'est chez « Eux » que l'on trouve l'« ethnique », le « tribal », l'« identitaire ». On peut ainsi, d'une manière qui n'est paradoxale qu'en apparence, à la fois se faire peur et se rassurer avec le caractère inévitable et primordial d'un repli identitaire au mieux primitif, au pire meurtrier, mais en tout état de cause extérieur.

Ne pas chercher l'identité dans la tête des gens

Qu'on ne considère pas, en effet, que les catégories « ethniques », « culturelles » ou « identitaires » n'aient aucun sens, ou soient le pur produit de théories paresseuses, ou encore qu'on puisse les réduire aux manipulations habiles d'acteurs identifiables. Celles-ci existent, certes. Mais, outre que les chantres de l'identité peuvent croire sincèrement à leur propre discours, l'efficacité de celui-ci, fût-il cynique, suppose qu'il entre en résonance avec des croyances réelles. Car les descriptions que l'on donne des conflits identitaires ne sont pas inexactes. Les miliciens serbes qui ont massacré des femmes, des vieillards et des enfants au Kosovo en 1999, les responsables du génocide rwandais de 1994, les militants nationalistes hindous qui ont démantelé la mosquée d'Ayhodya en 1992 croyaient souvent sincèrement au discours qui servait à légitimer leur action : que les Albanais, les

Tutsi, ou les Musulmans, étaient des êtres dangereux contre lesquels aucune mesure ne serait excessive. L'« illusion identitaire » n'est pas de prendre au sérieux ces croyances et de chercher à les analyser, mais de considérer qu'elles sont en elles-mêmes des clés d'interprétation valides – que ces catégories désignent des objets « déjà là » qui auraient un statut explicatif. L'« Albanais, le « Tutsi », l'« Hindou » font partie du problème autant que de la solution. Ce qui est historiquement construit est également, ici et maintenant, parfaitement réel. Pour comprendre, il faut s'efforcer de conjuguer les deux regards.

Les miliciens serbes qui ont massacré des femmes, des vieillards et des enfants au Kosovo en 1999, les responsables du génocide rwandais de 1994, les militants nationalistes hindous qui ont démantelé la mosquée d'Ayhodya en 1992 croyaient souvent sincèrement au discours qui servait à légitimer leur action.

Une telle approche suppose, au mépris apparent du bon sens, de ne pas chercher l'identité dans la tête des gens. Sans doute s'y trouve-t-elle en partie, si l'on convient de la considérer comme tout ce qui va de soi aux yeux des acteurs, alors même que cela pourrait ne pas aller de soi aux yeux d'autrui. Mais cette définition, qui renvoie à la fois à des spécificités et à la manière de les considérer, est incomplète. La conscience de la différence présuppose l'interaction sociale ; l'identité est donc un rapport social au moins autant qu'un schéma mental.

Les recherches les plus intéressantes sur les questions identitaires portent précisément sur les *processus* par lesquels les frontières entre groupes sont tracées et maintenues, et donc les identités collectives constituées. Les « Serbes », dans le contexte des dynamiques politiques de l'ex-Yougoslavie, sont ainsi un produit de démarches actives de démarcation où la violence a joué un rôle majeur. Non seulement ce que signifie le fait d'être serbe – l'« identité » serbe – a été transformé au cours des conflits des années 1990, mais de surcroît les limites du groupe lui-même ont changé. Jusqu'au milieu des années 1980, on pouvait être « ethniquement » ambigu en Yougoslavie, et ne se définir, y compris administrativement, que comme « yougoslave ». Aujourd'hui, cette option a disparu.

Un rapport étroit entre l'identitaire et le politique

Cet accent porté sur les processus souligne le rapport étroit existant entre l'identitaire et le politique. L'usage de la force – celle de la loi ou celle des armes – est en effet le moyen privilégié de marquer des frontières sociales ; en son absence, les identités risquent toujours de devenir floues. L'apartheid sud-africain a marqué la limite absurde de cette logique. Fonder un édifice juridique et administratif sur des « races » dont seules la loi et l'administration, adossées à la force, garantissent l'existence et la stabilité : voilà l'incohérence que recouvre toute tentative de rechercher l'identitaire « derrière » le social ou le politique. En deçà de cette limite, cependant, c'est l'improbable neutralité politique qui nourrit les conflits identitaires. Je n'ai pas besoin d'être intégriste ou extrémiste pour, en tant qu'Hindou en Inde, par exemple, craindre que la force – notamment celle de l'État – soit utilisée contre moi. Mais, avec cette crainte même, le processus identitaire est enclenché. Et la dynamique de la peur pousse aisément, pour peu que le soupçon trouve des éléments concrets pour s'enraciner, à la fuite en avant que Hobbes mettait au cœur de son état de nature : la croyance que ce n'est qu'en monopolisant moi-même le pouvoir que je peux garantir que personne n'en abuse à mes dépens. D'autant que l'« abus » ne se limite nullement ici à la coercition positive. Il existe des biens politiques indivisibles. Un pays peut avoir plusieurs hymnes nationaux, ou n'en avoir aucun : il n'est pas possible en revanche de satisfaire chaque groupe en son sein qui réclamerait que son hymne soit l'hymne national exclusif. Selon les circonstances, on peut trouver des compromis qui « marchent » sans vraiment satisfaire personne – ainsi dans le sport sud-africain. Mais quand de tels enjeux deviennent fortement contestés, leur inscription politique les envenime. La population de Chypre, linguistiquement et religieusement scindée, a cohabité de manière relativement paisible pendant des siècles, sous tutelle étrangère. Quand il a fallu, en 1960, rapatrier la souveraineté, trois ans ont suffi pour que le schéma constitutionnel explose.

La souveraineté pose le problème politique de l'identité, et ce n'est pas par hasard, inversement, si la solution aux problèmes politico-identitaires les plus douloureux semble devoir passer par l'instauration d'ordres politiques non souverains.

C'est donc en dernière analyse l'indivisibilité de la souveraineté qui pose le problème politique de l'identité, et ce n'est pas par hasard, inversement, si la solution aux problèmes politico-identitaires les plus douloureux semble devoir passer par l'instauration d'ordres politiques non souverains, comme c'est notamment le cas en Irlande du Nord. De telles solutions institutionnelles ne sont en rien une panacée : l'exemple du Liban « consociationnel » (partage communautaire du pouvoir) d'avant 1975 montre que l'élision de la souveraineté ne rend pas miraculeusement divisibles tous les biens politiques. Cela souligne, en revanche, le rapport interne et intime existant entre le problème de l'identité politique et la modernité démocratique. Sans doute pourrait-on étudier les questions identitaires dans, par exemple, l'antiquité gréco-romaine ou précolombienne ; sans doute les nations ont-elles, selon le titre d'un ouvrage d'Anthony Smith, des « origines ethniques ». Mais à l'âge de la démocratie, du pouvoir supposé auto-engendré et auto-légitimé, ces questions prennent une forme radicalement nouvelle. Loin d'être un « repli », l'identité est, pour le meilleur et pour le pire, une avancée. Pour le pire, si l'on prend au pied de la lettre sa prétention à être « naturelle » ; pour le meilleur si les particularismes peuvent être le point d'appui d'un universalisme cohérent. ■

Pour en savoir plus

É. Balibar, I. Wallerstein, *Race, nation, classe. Les identités ambiguës,* La Découverte, Paris, 1988 (éd. Poche, 1997).

J.-F. Bayart, *L'Illusion identitaire*, Fayard, Paris, 1996.

M. Cahen, *Ethnicité politique : pour une lecture réaliste de l'identité*, L'Harmattan, Paris, 1994.

S. Cordellier (sous la dir. de), *Nations et nationalismes*, La Découverte, coll. « Les Dossiers de L'état du monde », Paris, 1995.

W. Kymlicka, S. Mesure (sous la dir. de), « Comprendre les identités culturelles », *Revue de philosophie et de sciences sociales*, n° 1, PUF, Paris, 2000.

D.-C. Martin (sous la dir. de), *Cartes d'identité. Comment dit-on « nous » en politique ?*, Presses de Sciences Po, Paris, 1994.

M. Martiniello, *L'Ethnicité dans les sciences sociales contemporaines*, PUF, coll. « Que sais-je ? », Paris, 1995.

P. Poutignat, J. Streiff-Fenart, *Théories de l'ethnicité*, PUF, Paris, 1995.

M. Wieviorka, *L'Espace du racisme*, Seuil, Paris, 1991.

Les migrations internationales concernent essentiellement les pays du Sud, mais la pression s'accentue vers ceux du Nord

Par **Philippe Dewitte**
Historien, rédacteur en chef de la revue « Hommes & Migrations »

LE DOGME DU VERROUILLAGE DES FRONTIÈRES NE POURRA PLUS TENIR LONGTEMPS TEL QUEL, FACE À LA GLOBALISATION DES MOYENS DE COMMUNICATION, À LA STANDARDISATION DES MODES DE VIE ET DE CONSOMMATION, FACE AUX IMMENSES FRUSTRATIONS NÉES DES DÉSÉQUILIBRES ÉCONOMIQUES ET DÉMOGRAPHIQUES PLANÉTAIRES.

Selon les estimations du Fonds des Nations unies pour la population (FNUAP), le nombre des migrants dans le monde (migrations internes et réfugiés non compris) oscillait entre 130 et 150 millions à la fin du XXe siècle, soit 2,3 % de la population mondiale, l'Union européenne en accueillant environ 18 millions et les États-Unis un peu moins de 25 millions.

L'essentiel des migrations internationales concerne donc le sud de la planète. Les populations du tiers monde émigrent le plus souvent vers des pays limitrophes, à peine moins pauvres que celui d'où ils viennent. Néanmoins, s'est incontestablement opéré un net accroissement des flux migratoires, notamment du Sud vers le Nord. Malgré tous les obstacles mis sur leur route, le nombre des migrants entrés en Amérique du Nord, en Australie et en Europe de l'Ouest a doublé entre 1983 et 1993, passant de 1,3 million à 2,7 millions, selon l'Organisation de coopération et de développement économiques (OCDE). La globalisation de l'économie a également accentué la diversification des régions d'origine, des pays d'accueil et des espaces de déplacement. Les profils socioprofessionnels des migrants ont également changé : des travailleurs qualifiés, voire très diplômés, ont à leur tour pris le chemin de l'exil – c'est le fameux « exode des cerveaux » –, même si les paysans sans terre et les ouvriers sans travail sont restés majoritaires.

L'échec des politiques alternatives

Les pays qui ont fermé leurs frontières aux travailleurs sans qualifications, comme c'est le cas de la plupart des États d'Europe de l'Ouest depuis le milieu des années 1970, ont cependant continué d'accueillir des migrants en vertu des droits garantis par leur Constitution ou par les traités internationaux. Cent mille personnes sont ainsi entrées annuellement en France durant les années 1990 au titre du regroupement familial et au nom du droit d'asile.

Si les législations et les contrôles aux frontières se sont considérablement durcis dans les pays développés, ils n'ont pu toutefois arrêter ceux qui n'avaient rien à perdre. Au demeurant, les migrants en situation irrégulière, évalués par le géographe Gildas Simon à quinze millions de personnes dans le monde, constituent une force de travail particulièrement concurrentielle. Cette véritable « armée de réserve », grâce à sa flexibilité, a contribué à la sauvegarde de secteurs économiques entiers dans les pays d'immigration.

Si les législations et les contrôles aux frontières se sont considérablement durcis dans les pays développés, ils n'ont pu toutefois arrêter ceux qui n'avaient rien à perdre.

Les politiques alternatives à la fermeture des frontières ont de tout temps et en tous lieux montré leurs limites. L'aide au retour n'est jamais suffisante pour parvenir à convaincre des populations qui ont fui la misère de retourner dans leurs pays de leur plein gré. Le codéveloppement, c'est-à-dire le soutien des pouvoirs publics des pays d'accueil aux projets des communautés immigrées engagées dans un processus d'aide économique et technique à leur pays d'origine, afin de dissuader de nouveaux candidats au départ, a un impact nécessairement limité. Enfin, l'aide publique au développement (APD), par ailleurs en constante diminution, ne « tarit » pas l'émigration. De nombreuses études – en particulier sur les Chinois de Taïwan, les Coréens ou les Mexicains aux États-Unis – ont montré qu'un certain décollage économique permet sans doute aux plus pauvres de ne plus partir, mais provoque par ailleurs, dans un premier temps, le départ d'autres couches de la population, principalement les classes moyennes frustrées d'une qualité de vie et de conditions de travail qu'elles ne trouvent pas encore chez elles.

Faut-il ouvrir les frontières ?

Ces impasses ont contribué à introduire le débat sur l'ouverture des frontières. Certains des partisans d'un assouplissement, voire d'une abrogation des mesures visant à contenir les flux migratoires font valoir le profond changement de conjoncture démographique, et partant économique, qui prévaut, ou qui va prévaloir dans les premières décennies du XXIe siècle, en Amérique du Nord, en Australie et en Europe. L'arrivée sur le marché de l'emploi de classes d'âge creuses, ajoutée aux importants départs à la retraite de la génération du *baby boom*, risque de remettre à l'ordre du jour l'appel à la main-d'œuvre étrangère.

Une autre position, plus « morale », consiste à refuser le lien automatique et cynique qui est habituellement établi entre l'accueil des migrants et les besoins des pays d'arrivée. Dans cette optique, la libre circulation doit être considérée comme un droit de l'homme, et les pays démocratiques se doivent de refuser la fermeture de leurs frontières, mais aussi les quotas, tels que les pratiquent par exemple les États-Unis et le Canada et tels que l'envisagent plusieurs pays d'Europe. Ces quotas sont fondés sur l'intérêt bien compris de pays nantis.

La libre circulation permettrait sans doute une nouvelle mobilité des populations, puisque les migrants pourraient retourner chez eux sans crainte de ne plus jamais pouvoir repartir. En revanche, il semble plus aléatoire à de nombreux analystes de postuler que l'ouverture totale des frontières ne provoquera pas d'appel d'air durable. De même, rien ne dit que la liberté de circulation ne se transformerait pas en un libéralisme économique appliqué à la force de travail, entraînant une concurrence féroce entre travailleurs nationaux et immigrés, une précarisation accrue des uns et des autres et une déstabilisation des politiques sociales dans les pays développés.

L'illusoire objectif de la maîtrise des flux

Les législations répressives demeurent. Mais pas plus que les barbelés, elles ne parviendront à contenir les mouvements de populations provoqués par la misère, les catastrophes naturelles ou la tyrannie. La véritable mondialisation des flux migratoires est encore à venir et le contrôle des frontières n'est qu'un leurre, sans cesse démenti par l'ingéniosité et la témérité de ceux qui parviennent à franchir chaque jour le Rio Grande ou le détroit de Gibraltar.

Certains gouvernements prennent acte de cet état de fait en régularisant par à-coups, totalement ou partiellement, les immigrés illégaux. Mais qu'ils procèdent à des régularisations collectives ou non, la plupart restent dépendants de leurs opinions publiques sur ces questions. Aussi continuent-ils d'évoquer rituellement une irréaliste maîtrise des flux, tout en régularisant discrètement et individuellement les immigrés humainement inexpulsables.

En définitive, le dogme du verrouillage des frontières ne pourra plus tenir longtemps tel quel, face à la globalisation des moyens de communication, à la standardisation des modes de vie et de consommation, face aux immenses frustrations nées des déséquilibres économiques et démographiques planétaires. Ces facteurs, combinés aux intérêts des pays développés, pourraient donc changer la donne dans les premières décennies du XXIe siècle. Il faudra alors choisir entre l'ouverture en grand des frontières, qui semble irréaliste et dangereuse à beaucoup, une politique des quotas qui heurte les traditions politiques d'un certain nombre de pays, et le laisser-faire, qui prévalait durant les Trente Glorieuses et qui abandonne les filières migratoires à des trafiquants d'hommes peu scrupuleux. Face à de telles perspectives, les frontières – entrouvertes ici, bardées d'appareils de surveillance électronique là, entrebâillées sélectivement ailleurs – ont sans doute encore de beaux jours devant elles. ■

Les frontières entrouvertes ici, bardées d'appareils de surveillance électronique là, entrebâillées sélectivement ailleurs, ont sans doute encore de beaux jours devant elles.

Pour en savoir plus

P. Dewitte, « Les nouvelles frontières de l'immigration », *in* S. Cordellier (sous la dir. de), *La Mondialisation au-delà des mythes,* La Découverte, Paris, nouv. éd., 2000.

P. Dewitte (sous la dir. de), *Immigration et intégration, l'état des savoirs,* La Découverte, Paris, 1999.

D. Lochak, « État, nation, frontières : vraies et fausses évidences », *Plein Droit – La revue du Gisti,* n° 36-37, Paris, déc. 1997.

« Europe, ouverture à l'est », *Hommes & Migrations,* n° 1230, Paris, mars-avr. 2001.

OCDE, *Tendances des migrations internationales,* rapports annuels du SOPEMI (Système d'observation permanente des migrations), OCDE, Paris.

G. Simon, *Géodynamique des migrations internationales dans le monde,* PUF, Paris, 1995.

C. Wihtol de Wenden, *Faut-il ouvrir les frontières ?* Presses de Sciences Po, Paris, 1999.

@ Sites Internet

European Research Centre on Migration and Ethnic Relations (ERCOMER) : **http://www.ercomer.org** (listes de diffusion : **ercomer-news** et **wwwvl-mer-news**)

Revue *Hommes & Migrations* : **http://www.adri.fr/HM/hm.html**

Institut national d'études démographiques (INED) : **http://www.ined.fr**

Migrinter (migrations, espaces et sociétés, CNRS-Université de Poitiers) :
http://www.mshs.univ-poitiers.fr/migrinter

Groupe d'information et de soutien des immigrés : **http://www.gisti.org**

La « montée en puissance d'une internationale islamiste » est un mythe qui a fait long feu

Par **Olivier Roy**
Politologue, CNRS

PRODUITS DE LA GLOBALISATION, LES GROUPES ISLAMISTES NE SONT QUE DE NOUVEAUX NOMADES QUI, AU NOM D'UNE *OUMMA* IMAGINAIRE, MÈNENT DES *JIHAD* PÉRIPHÉRIQUES, SANS AVENIR ET SOUVENT INSTRUMENTALISÉS.

Le triomphe de la révolution islamique d'Iran, en février 1979, a marqué le début d'une vague d'expansion de l'islamisme radical dans tout le Moyen-Orient, menaçant les régimes en place et les intérêts occidentaux. Le président égyptien Anouar el-Sadate est assassiné en octobre 1981. L'Iran, attaqué par l'Irak en septembre 1980, appelle les masses musulmanes à se soulever. En 1984, les troupes américaines et françaises cantonnées au Liban sont contraintes au retrait du fait d'attentats meurtriers, prolongés par des prises d'otages occidentaux et des actions terroristes en France (été 1985). Le Hezbollah libanais, allié de l'Iran, devient le fer de lance de la résistance à Israël. La fin des années 1980 voit la montée en puissance du parti islamiste turc Refah et du Hamas palestinien qui se revendique de l'islam et non du nationalisme arabe. De même en Algérie, le tout nouveau Front islamique de salut (FIS) fait un triomphe aux élections législatives de décembre 1991, aussitôt annulées par l'État. Au Soudan, un coup d'État militaire impose en juillet 1989 un régime islamique, dirigé par Hassan el-Tourabi. En Afghanistan, le départ des troupes soviétiques en février 1989 laisse le champ libre aux mouvements des *moudjahidin* les plus radicaux, soutenus par le Pakistan. Des attentats islamistes frappent les pays occidentaux (World Trade Center à New York en 1993, France en 1995, World Trade Center à nouveau et Pentagone à Washington en 2001). À côté de cet islamisme radical se développe une islamisation conservatrice de la société : réintroduction d'éléments de la *charia* (législation islamique) en Algérie (code de la famille de 1984) et au Pakistan (*Shariat Bill en* 1982), tandis que voiles et mosquées s'épanouissent un peu partout. Après l'effondrement de l'URSS, la menace islamique devient un thème à la mode.

Un reflux généralisé

Pourtant, vingt ans plus tard, le bilan apparaît décevant pour les militants islamistes. Aucune autre révolution islamique n'a éclaté ailleurs qu'en Iran, qui se trouve isolé, y compris dans le monde musulman. Les régimes arabes conservateurs sont toujours en place. En Algérie et en Turquie, après la tolérance des années 1980, l'armée a mené une contre-offensive brutale contre l'islamisme. Jamais les États-Unis n'ont été aussi militairement puissants au Moyen-Orient qu'à la suite de la guerre du Golfe de 1991, où le facteur islamique n'a joué aucun rôle. Les grands *jihad*, comme en Afghanistan, se sont enlisés dans des conflits internes. La vague islamiste qui tentait d'offrir une alternative supranationale aux divisions du Moyen-Orient laisse la région plus que jamais sous tutelle américaine. Le processus de paix lancé en 1993 (accords d'Oslo) impose la reconnaissance d'Israël à l'ensemble des pays arabes. Partout les islamistes radicaux sont apparus sur le déclin, parfois réduits à se réfugier en Afghanistan, comme l'activiste Oussama Ben Laden.

Les rares succès politiques, comme en Iran, en Afghanistan, ou au Soudan, n'ont pas démontré la viabilité d'un modèle islamique de société, de justice sociale et d'économie.

Comment comprendre que les mouvements islamistes aient fait long feu en moins de deux décennies ? Deux raisons à cela. Tout d'abord, les rares succès politiques (Iran, Afghanistan, Soudan) n'ont pas démontré la viabilité d'un modèle islamique de société, de justice sociale et d'économie. Une fois l'élan révolutionnaire passé, le seul critère islamique est celui de l'application stricte de la *charia*, du voile et de l'ordre moral. La seconde raison est que les mouvements islamistes, qui prétendaient dépasser les clivages du monde musulman pour récréer une communauté islamique (la *Oumma*) au-delà des nations, des ethnies et des tribus, ont au contraire contribué à renforcer les clivages existants.

L'Iran n'a pas exporté sa révolution

La révolution islamique d'Iran (février 1979) illustre bien ce dernier paradoxe : elle se veut universaliste et le Guide de la révolution (Ruhollah Khomeyni puis Ali Khamenei) peut, selon la Constitution, ne pas être un Iranien. Et pourtant, dès le déclenchement de la guerre avec l'Irak, la révolution a perdu le pari de son exportation. Contre un ennemi laïque et nationaliste, Saddam Hussein, elle ne parvient pas à faire jouer la solidarité musulmane. Les opinions publiques arabes soutiennent ce dernier tandis que les grands mouvements islamistes du monde arabe sunnite, comme les Frères musulmans, restent neutres. L'Iran ne parvient à mobiliser que dans les minorités chiites (Liban, Irak, Afghanistan, Bahreïn). Confronté à cet isolement, la révolution iranienne opère des choix de politique étrangère qui n'ont rien à voir avec la solidarité islamique : soutien aux Arméniens contre l'Azerbaïdjan, abandon des chiites d'Irak, d'Afghanistan et de Bahreïn face à la répression (de 1991 à 1998), alliance avec la Syrie laïque, liens étroits avec la Russie à propos de la mer Caspienne, etc. Le clivage entre chiites et sunnites, très atténué dans le monde musulman au cours des années 1950 et 1960, connaît un brusque regain de tension, poussant le Pakistan au bord de la guerre civile à partir de 1995.

Partout les grands mouvements islamistes se transforment en mouvements islamo-nationalistes, aux dépens des solidarités transnationales. En Turquie, le Refah a ouvertement joué le nationalisme en mettant en avant l'héritage ottoman ; le Hamas palestinien a contesté Yasser Arafat non pas sur l'islam mais sur sa « trahison » des intérêts du peuple palestinien ; le Hezbollah libanais a présenté son combat au sud du pays comme une lutte pour libérer le territoire national et il a élargi son audience aux chrétiens en reconnaissant la spécificité multiconfessionnelle du Liban ; le Conseil suprême de la révolution islamique (chiite) en Irak s'est présenté comme une alternative nationale à Saddam Hussein ; le FIS algérien s'est réclamé du « vrai » FLN (Front de libération nationale, fondé en 1954), le Parti de la réforme au Yémen a joué un rôle clé dans la réunification du pays contre les vœux de son parrain saoudien. Enfin, les grands mouvements liés à la Confrérie des Frères musulmans ont, au moment de la guerre du Golfe, pris position en fonction des intérêts de leur pays (les Jordaniens ont condamné tant Saddam Hussein que l'appel aux troupes occidentales, alors que les Koweïtiens ont approuvé ce dernier).

Un radicalisme de type nouveau

L'« assagissement » des grands mouvements islamistes et leur intégration dans une forme de nationalisme ont laissé le champ libre à un radicalisme d'un type nouveau, sunnite, conservateur, et supranational, dans son recrutement comme dans son idéologie. Il ne s'agit pas de scissions des grands mouvements, mais d'une radicalisation de milieux conservateurs (comme les taliban afghans) et de leur liaison avec des groupes radicaux et terroristes, à la fois marginalisés et radicalisés par la répression (comme les Gamaat égyptiens), dans un contexte de circulation de militants « déterritorialisés ». Le prototype de ce mouvement est le réseau qui a été formé autour du Saoudien Oussama ben Laden (dans l'organisation al-Qaeda) avec pour slogan non pas « État islamique », ni même « *charia* », mais « *jihad* » (« guerre sainte »). Leur cible principale est l'Amérique, comme l'ont illustré les attaques contre le World Trade Center et le Pentagone américains le 11 septembre 2001.

Al-Qaeda a recruté parmi les jeunes musulmans vivant en Europe, les déracinés du Moyen-Orient (Palestiniens de 1948), des militants qui ne se reconnaissent pas dans les luttes nationales.

Al-Qaeda (« La Base ») a été conçue comme une organisation « globale » qui ne s'intéresse guère aux luttes du Moyen-Orient, mais s'est concentrée sur les *jihad* « périphériques » (Bosnie, Tchétchénie, Afghanistan, Cachemire, Philippines) et surtout sur la lutte contre les États-Unis, reprenant, dans une rhétorique islamique, l'anti-impérialisme tiers-mondiste, apanage jusqu'alors d'une extrême gauche laïque. Al-Qaeda a recruté parmi les jeunes musulmans vivant en Europe, les déracinés du Moyen-Orient (Palestiniens de 1948), des militants qui ne se reconnaissent pas dans les luttes nationales. C'est un produit de la globalisation, ce qui en a fait la force (modernité des techniques, parfaite internationalisation) mais aussi la faiblesse (absence d'enracinement social). L'écrasement des taliban fin 2001, par une campagne conjointe de l'armée américaine et des forces afghanes anti-taliban, sans que le monde musulman ne manifeste de solidarité, a bien montré qu'al-Qaeda ressemblait plus à une secte millénariste qu'elle n'exprimait l'avant-garde militante de la contestation islamique, posant un problème sécuritaire plus que stratégique. ■

Pour en savoir plus

G. Kepel, *Jihad. Expansion et déclin de l'islamisme*, Gallimard, Paris, 2000 (« Folio Actuel », 2001).

R. Labevière, *Les Dollars de la terreur. Les États-Unis et les islamistes*, Grasset, Paris, 1999.

O. Roy, *L'Échec de l'Islam politique*, Seuil, Paris, 1992.

O. Roy, F. Khosrokhavar, *Iran : comment sortir d'une révolution religieuse ?*, Seuil, Paris, 1999.

A. Sfeir, *Les Réseaux d'Allah ou les filières islamistes en France et en Europe*, Plon, Paris, 1997, 2001.

Les ONG sont porteuses de sens, mais la question de leur identité et de leur représentativité reste posée

Par **Pierre-Jean Roca**
Agronome et géographe, CNRS, directeur de l'IFAID-Aquitaine

DÉFIANCES À L'ÉGARD DE L'ÉTAT JUGÉ PEU CAPABLE ET SOUPÇONS À L'ENCONTRE DE SA REPRÉSENTATIVITÉ SE CONJUGUENT POUR FAIRE LE LIT D'UN NOUVEL OBJET INSTITUTIONNEL MAL IDENTIFIÉ ET QUE TOUT LE MONDE SE PREND À AIMER : LA « SOCIÉTÉ CIVILE INTERNATIONALE »...

Les ONG (organisations non gouvernementales) n'étaient pas, jusqu'à il y a peu, familières de la scène des relations internationales. En effet, celle-ci est traditionnellement occupée par quatre types d'acteurs. Le « diplomate » et le « soldat » tiennent leurs rôles dans les jeux interétatiques de la domination, du contrôle territorial et de la négociation. Le « marchand », passeur de frontières depuis l'Antiquité, a vu quant à lui ses techniques évoluer, mais au fond ses motivations n'ont pas changé et ce troisième acteur international ouvre quelquefois la voie aux deux précédents, mais il les suit la plupart du temps en profitant des aires de « paix » qu'ils établissent ou maintiennent.

Reste le « missionnaire ». Dans son costume religieux, son importance a bien diminué, mais, sous sa forme laïque, il porte toujours la bonne parole au-delà des mers, qu'il œuvre pour l'instruction et la santé – le coopérant – ou qu'il s'agisse plus globalement de progrès – et l'on retrouve ici toutes les déclinaisons possibles de l'expert en développement. Les ONG, en quelque sorte héritières de ce modèle, s'en écartent toutefois et il faut, pour comprendre les fonctions qu'elles remplissent, à la fois envisager la place qu'elles ont conquise, mais aussi analyser le retrait de la scène internationale des acteurs plus traditionnels, en somme regarder de près les « trous » qu'ils y ont laissé se creuser.

Gagner ses « galons » d'acteur international

Il serait impropre de parler, à propos des ONG, de légitimité internationale, car celle-ci n'est jamais acquise définitivement. En revanche, il est tout à fait intéressant de se pencher sur leurs modes de légitimation. Leur professionnalisation les fait maintenant prendre au sérieux, tant par les représentants des États que par les institutions internationales. Les ONG réalisent aussi bien, et de façon plus flexible que ceux-ci ou celles-là, les opérations qui leur étaient autrefois dévolues : qu'il s'agisse de « gérer » des réfugiés ou de distribuer des vivres dans une zone de conflit, elles savent faire, le font, et le font savoir... Par ailleurs, certaines ONG ont un bon niveau d'expertise, par exemple sur les relations commerciales internationales ou sur les problèmes environnementaux. Quand cette mobilisation à la fois intellectuelle et militante se double d'une diffusion de propositions à travers différents médias (sites sur Internet, publications, documents pédagogiques) et lorsqu'elles se constituent en réseaux internationaux, les ONG ont assurément voix au chapitre.

La montée en puissance des ONG écologistes, lors du « sommet de la Terre » de Rio en 1992, a traduit une prise de conscience grandissante des responsabilités des citoyens à l'échelle planétaire.

C'est précisément dans ce domaine que se situent les processus les plus forts de légitimation internationale des ONG. Tout d'abord, leur prise de parole s'enracine dans la défense de valeurs universelles, notamment les droits de l'homme. Leur indépendance les autorise alors à dépasser le niveau d'énonciation des « grands principes » et leur donne la capacité d'être précises sur un grand nombre de questions brûlantes : travail des enfants, abolition de la torture, etc. En second lieu, les ONG assurent une fonction essentielle de médiation en prenant la parole au nom de regroupements de citoyens partageant une vision commune, sinon du monde, du moins d'une certaine façon d'être au monde : la montée en puissance des ONG environnementalistes, lors de la Conférence sur l'environnement et le développement de Rio en 1992 (CNUED, aussi appelée « sommet de la Terre »), a traduit de ce point de vue une prise de conscience grandissante des responsabilités des citoyens à l'échelle planétaire.

L'appel à la société civile

Cette émergence des ONG à l'échelle internationale, à la fin des années 1980 et au début de la décennie suivante, s'est produite dans un contexte d'affaiblissement du rôle de l'État, et donc d'une possibilité de dévolution d'une partie de ses fonctions à des organisations du tiers secteur, celui qui n'appartient ni à la sphère de la puissance publique ni à celle de l'économie et du profit privés. Parallèlement, les régulations interétatiques ont marqué le pas et le système des Nations unies, la première des instances où elles sont mises en œuvre, est en crise. Défiances à l'égard de l'État jugé peu capable et soupçons à l'encontre de sa représentativité se conjuguent pour faire le lit d'un nouvel objet institutionnel mal identifié et que tout le monde se prend à aimer : la « société civile internationale »... Tous les sommets mondiaux se préoccupent de la convoquer, depuis la CNUED de Rio qui avait donné le ton. Par la suite, cette « société civile internationale » a été régulièrement invitée aux grandes messes planétaires, qu'il s'agisse des droits de l'homme (Vienne, 1993), des femmes (Pékin, 1995), de la lutte contre la pauvreté (« sommet » sur le développement social, Copenhague, 1995) ou de la faim dans le monde (« sommet » mondial sur l'alimentation, Rome, 1997). Et, désormais, on admet l'équivalence entre société civile et ONG. Aux reproches d'être trop éloignées des préoccupations de la société, toutes les organisations internationales répondent désormais par leur volonté d'être le plus près possible de la base (le fameux *grassroot level* des Anglo-Saxons), afin de toucher les « bénéficiaires » de leurs projets. Toutes, sans exception, offrent aussi des fauteuils – et pas seulement des strapontins – aux ONG et les associent à leurs travaux.

Mais trois séries de questions se posent. D'abord, à quoi au juste les ONG sont-elles conviées ? S'agit-il d'un échange d'informations, d'un dialogue sur la contribution des ONG à une meilleure réalisation des objectifs de l'institution invitante ou bien d'une négociation politique sur les buts à atteindre et les moyens à mettre en œuvre ? S'agit-il seulement de mieux informer les ONG sur les conditions d'éligibilité au financement proposé par l'institution elle-même ? (Sur ce sujet, le risque d'instrumentalisation des ONG n'est jamais très loin.) Ensuite, on peut se demander à bon droit quelles ONG ont les moyens de suivre les travaux des institutions internationales. Ne favorise-t-on pas implicitement les ONG internationales du Nord au détriment des organisations populaires du Sud ou de l'Est ? Enfin, les questions de l'identification – et donc de la représentativité des ONG – demeurent. Suffit-il de ne pas être envoyé par les autorités du pays d'appartenance pour être assimilé à une ONG ? L'inscription des chambres de commerce ou des confédérations industrielles dans les carrefours réservés aux ONG lors de certaines réunions de l'OMC (Organisation mondiale du commerce) ou de l'OCDE (Organisation de coopération et de développement économiques) laisse perplexe sur les jeux ambigus des « diplomates » et des « marchands ».

La question de l'identification – et donc de la représentativité des ONG – reste posée. Suffit-il de ne pas être envoyé par l'État central du pays d'appartenance pour être assimilé à une ONG ?

Les pompiers d'un ordre international à la recherche de sens

Les conflits qui explosent à la surface de la planète illustrent quant à eux le rôle irremplaçable des ONG au niveau international. Elles sont sur tous les théâtres d'opérations (Somalie, Rwanda, Libéria, Bosnie, Kosovo, etc.), mais leur action est ambivalente. Côté face, il y a le devoir de secours et d'ingérence pour soulager la souffrance des victimes. Côté pile, il y a leur appariement – peut-être involontaire, mais bien réel – avec le « soldat ». L'ordre international, sans elles, risquerait de n'être que violence et expression de la force pure... Peut-être contribuent-elles aussi à conforter des structures politiques quand elles rendent la conjoncture un tant soit peu plus supportable pour les populations en détresse ? À bien des égards, les ONG sont porteuses de sens dans un monde qui en est privé, sans toutefois que leur action aille jusqu'au point de le changer. ■

Pour en savoir plus

J.-P. Deler, Y.-A. Fauré, A. Piveteau, P.-J. Roca, *ONG et développement*, Karthala, Paris, 1998.

« Les ONG : instruments du néolibéralisme ou alternatives populaires ? », *Alternatives Sud*, vol. IV (1997), L'Harmattan/Centre Tricontinental (Louvain-La-Neuve), Paris, 1998.

P.-J. Roca, « Moins d'État et plus d'ONG ? », *in* S. Cordellier (sous la dir. de), *La Fin du tiers monde ?*, La Découverte, coll. « Les Dossiers de L'état du monde », Paris, 1996.

« Société civile mondiale : la montée en puissance », *Courrier de la planète*, n° 63, Solagral/UNESCO, Montpellier/Paris, juin 2001.

@ Sites Internet

Comité de liaison des ONG de développement auprès de l'Union européenne :
http://www.oneworld.org/liaison

Globenet (site hébergeant les pages de nombreuses ONG, agenda des manifestations internationales) :
http://www.globenet.org/

Forum européen de coopération internationale : **http://www.euforic.org**

CIVICUS (réseau des organisations des sociétés civiles) : **http://www.civicus.org**

Forum social mondial (Porto Alegre et ses suites) : **http://www.forumsocialmundial.org.br**

La thèse des « guerres sans fin » ne rend pas compte du caractère très mouvant des conflits durables

Par **Roland Marchal**
Politologue, CNRS, CERI-Sciences Po

LES CONFLITS SONT SURTOUT PERÇUS SOUS LEURS ANGLES MAFIEUX, COERCITIF ET PRÉDATEUR. RESTE POURTANT QUE LA TRÈS GRANDE MAJORITÉ DES GUERRES ONT TOUJOURS POUR BUT LA CONQUÊTE DE L'ÉTAT, FÛT-IL PARTICULIÈREMENT DÉLIQUESCENT.

En Afrique, comme ailleurs – Afghanistan, Cachemire, Timor oriental... –, la guerre est restée d'une grande actualité au cours des années 1990. Loin de disparaître avec la fin de la Guerre froide, certains conflits se sont prolongés, d'autres sont nés et se sont installés dans la durée. Qu'on songe à l'Angola, qui n'a pratiquement jamais connu la paix depuis son indépendance en 1975, ou au Sud-Soudan depuis 1955. Ces situations laissent penser que la guerre peut, hélas, devenir une forme relativement stable du politique. Cette idée fut déjà évoquée à propos de la guerre du Vietnam ou de celle du Liban. Très clairement, elle manifeste certaines dimensions de la réalité de ces conflits.

D'abord, il s'agit rarement de guerres conventionnelles. Il existe une récurrence des guerres civiles, plus que des guerres interétatiques. Le degré d'institutionnalisation des forces armées est souvent faible. La distinction entre belligérants et civils est difficile ou impossible à faire. L'armée zaïroise, fer de lance de la prise de pouvoir par Mobutu Sese Seko en 1965, n'est plus que l'ombre d'elle-même quand elle affronte les gendarmes katangais à la fin des années 1970. En automne 1996, lorsque Rwanda, Ouganda et leurs alliés congolais l'attaquent, elle n'est plus qu'une fiction, tout juste bonne à siphonner le budget d'un État exsangue. Au Libéria et en Sierra Léone, les civils ne savent plus où trouver protection face à des bandes armées qui sont quelquefois les restes d'une armée nationale qui s'effondre plus qu'elle n'est défaite.

Ensuite, ces conflits ne se réduisent pas à des opérations militaires *stricto sensu*. Le contrôle des populations y est souvent essentiel et induit des pratiques sociales souvent peu ou pas directement liées à la guerre. Au Mozambique, la Résistance nationale du Mozambique (Renamo) a établi dans les zones qu'elle contrôle un véritable ordre social qui, à bien des égards, reproduit des pans entiers de la société coloniale. Cet ordre n'est pas seulement coercitif : il s'appuie aussi sur l'hostilité de la paysannerie à la réforme agraire promue par le régime ou sur les désillusions qu'elle a suscitées. Cette construction sociale guerrière ne se réalise pas uniquement sur un mode passéiste. Le Front populaire de libération de l'Érythrée (FPLE) est le fruit de dix années d'échecs d'autres organisations nationalistes érythréennes à construire des rapports solides et constants avec la population. La société qu'il a créée dans le nord de l'Érythrée est réglée par des principes modernistes qui suscitent bien des réticences, mais qu'il maintient envers et contre tout, non seulement pour disposer d'une vitrine pour les visiteurs étrangers mais aussi parce qu'elle correspond à certains de ses choix stratégiques.

Ces guerres ne sont plus mues par les grandes idéologies de l'immédiate décolonisation. Le but de la guerre semble être devenu moins politique qu'économique.

Enfin, ces guerres ne sont plus mues par les grandes idéologies de l'immédiate décolonisation. Le nationalisme, le socialisme, la démocratie font certes encore partie de la rhétorique politique, mais ne structurent plus les comportements. Le but de la guerre semble être devenu moins politique qu'économique. Certains conflits comme celui de la Sierra Léone, du Libéria ou du Congo-Kinshasa ne peuvent que renforcer une telle appréciation tant les acteurs armés sont préoccupés de développer la prédation des ressources minières. D'une certaine façon, ces pratiques engendrent les moyens économiques permettant de reproduire les conditions de la guerre et donc son enracinement dans la société sur la longue durée.

Des situations en évolution permanente

Pourtant, la thèse de la permanence de la guerre a ses faiblesses, la première d'entre elles étant de figer des situations extrêmement mouvantes. La permanence de la guerre postule la permanence de l'affrontement, celle des acteurs armés, celle des groupes sociaux qui en ont émergé, celle enfin de ses buts.

Si ces conflits ont un aspect moderne, c'est d'abord qu'ils n'éclatent plus vraiment à une date clairement identifiable. Cette question n'est pas académique, elle renvoie directement à la nature de la guerre, au fait que les affrontements d'ampleur y sont rarissimes, que les accrochages sont souvent entrecoupés de fragiles accalmies. Le Libéria, après un an d'affrontements violents en 1990, a connu une situation ni de guerre ni de paix, avec une partition de fait jusqu'à ce que Charles Taylor reprenne l'offensive et entre à Monrovia en 1997. Il faudrait s'interroger également sur l'espace limité du combat par rapport à celui de la guerre. Ce n'est peut-être que tardivement, à cause de la conscription forcée massive de la jeunesse, que de larges franges des populations de Luanda ou de Khartoum ont perçu l'importance de la guerre sur leur vie immédiate.

Les acteurs armés se transforment également dans le cours de la guerre. On décrit *ad nauseam* la guerre du Sud-Soudan comme celle du « Nord musulman » contre le « Sud chrétien » (en oubliant au passage l'accalmie des années 1972 à 1983). Pourtant, dans les années 1960, les groupes mobilisés se situent dans l'extrême sud du pays. Les Sudistes vivant à la frontière (intérieure) avec le Nord s'attellent quant à eux, dès 1965, à un règlement politique du conflit. En 1983, la situation est largement opposée puisque ces derniers sont le fer de lance du mouvement insurgé de John Garang. L'explication n'est pas religieuse, elle tient aux contradictions entre Sudistes et à la découverte de champs pétrolifères à la frontière entre Nord et Sud, qui redéfinit complètement les enjeux du conflit. L'UNITA (Union nationale pour l'indépendance totale de l'Angola) de Jonas Savimbi a également connu de profondes mutations dans ses bases sociales, malgré la constance d'une idéologie totalitaire. Un temps assez représentative de groupes exclus du pouvoir sur l'ensemble du territoire, elle est surtout devenue une organisation ovimbundu (ethnie de son dirigeant). L'évolution de l'UNITA est également liée aux transformations du gouvernement angolais et à sa gestion nomenklaturiste puis mafieuse de la rente pétrolière. Elle tient aussi au rôle d'une communauté internationale qui a préféré le pétrole à la paix.

La paix, une valeur plus sûre

La guerre permet l'éclosion de nouveaux groupes sociaux. Elle peut être aussi un extraordinaire moyen de reclassement social, comme pour la jeunesse dans le sud de la Somalie en 1991. Depuis, la situation a changé. Certes, les factions disposent toujours de miliciens, mais ceux-ci sont en nombre plus limité et beaucoup de jeunes se sont spontanément démobilisés, cherchant dans le commerce ou dans l'exil une issue qu'ils n'ont pas trouvée avec les factions. Les hommes d'affaires eux-mêmes ne sont plus leurs soutiens infaillibles et se soumettent de moins en moins à leurs taxes. La guerre a un coût social et économique énorme et beaucoup de ceux qui, un temps, en ont tiré avantage redécouvrent l'importance de la paix, de la sécurité, voire d'un État.

La guerre permet l'éclosion de nouveaux groupes sociaux. Elle peut être aussi un extraordinaire moyen de reclassement social, comme pour la jeunesse dans le sud de la Somalie en 1991.

Après la fin de la Guerre froide, la démocratie, les droits de l'homme et l'économie de marché semblaient s'être imposés comme les seules valeurs universelles. Les conflits sont depuis lors surtout perçus sous leurs angles mafieux, coercitif et prédateur. Reste pourtant que la très grande majorité des guerres ont toujours pour but la conquête de l'État, fût-il particulièrement déliquescent. Jonas Savimbi, pas plus que John Garang ou Charles Taylor n'ont désiré une partition du pays qui permettrait de faire des affaires et de régner sur un petit sultanat dépourvu de toute légitimité internationale. En ce sens, la guerre n'est jamais, en dépit des apparences de certains conflits, une forme politique durable. À la violence qu'elle déploie correspond la fragilité des rapports de force et l'absence de victoire décisive. ■

Pour en savoir plus

M. van Creveld, *La Transformation de la guerre,* Éd. du Rocher, Monaco, 1998.
K. Holsti, *The State, the War and the State of the War,* Cambridge University Press, Cambridge, 1996.
M. Kaldor, *New and Old War : Organized Violence in a Global Era,* Polity Press, Cambridge, 1999.
« La guerre en République démocratique du Congo », *Politique africaine,* n° 84, Karthala, Paris, déc. 2001.
R. Marchal, P. Hassner (sous la dir. de), *La Guerre entre le local et le global,* Karthala, Paris, 2002.
R. Marchal, C. Messiant, *Les Chemins de la guerre et de la paix. Fins de conflit en Afrique orientale et australe,* Karthala, Paris, 1997.
W. Reno, *Warlord Politics and African States,* Lynne Riener Publishers, Londres/Boulder (Co), 1998.

@ Sites Internet

The Global Site (Critical Gateway to World Politics Society and Culture) : **http://www.theglobalsite.ac.uk**
African Conflict Journal : **http://www.africanconflict.org**
International Crisis Group : **http://www.crisisweb.org/**
Site des Nations unies sur les conflits et situations d'urgence : **http://www.reliefweb.int**

La fin de la Guerre froide a modifié la carte mondiale du crime organisé

Par **Isabelle Sommier**
Centre de recherches politiques de la Sorbonne (CRPS), Université Paris-I-Panthéon-Sorbonne

LES MAFIAS « HISTORIQUES » SONT EN NETTE PERTE DE VITESSE PAR RAPPORT AUX MAFIAS ASCENDANTES QUE SONT LES TRIADES OU LES GROUPES RUSSES. DU FAIT DE LEURS CONDITIONS D'ÉMERGENCE AINSI QUE DE LEUR BASE SOCIALE, CES NOUVELLES MAFIAS SEMBLENT MIEUX ADAPTÉES AU CONTEXTE DE LA MONDIALISATION.

L'évolution de la criminalité organisée au cours des années 1990 offre un paysage contrasté. D'un côté, des opérations policières spectaculaires mettant en cause une partie de la classe politique corrompue et/ou soupçonnée de collusion avec le milieu donnent à croire que le temps des liaisons dangereuses est révolu. C'est le cas en Italie ou au Japon. De l'autre, des groupes mafieux semblent faire main basse sur l'économie et la scène politique de pays tels que la Russie où la corruption a atteint une ampleur inédite depuis l'effondrement du système soviétique.

Les relations entre les groupes criminels et l'État sont anciennes. L'exercice de la violence et de la corruption pour mener leurs activités délictueuses amène nécessairement les premiers à entrer en contact avec la sphère politico-administrative jusqu'à, parfois, l'infiltrer. Certains gouvernements ne se sont pas privés à leur tour de les utiliser à des fins de contrôle social : encadrement de la population rurale du Mezzogiorno italien, brimades et surveillance des détenus politiques dans les camps soviétiques, répression des mouvements sociaux, etc. La reconnaissance de l'autorité mafieuse par les institutions n'est donc pas rare. Elle est fondée sur une convergence d'intérêts entre les deux.

Intérêts réciproques

Une autre modalité de ces relations consiste, pour le criminel, à passer un pacte avec un homme politique, fondé sur le fait qu'il lui assure son élection en échange de l'impunité de crimes, de transmission d'informations confidentielles ou de contrôle de marchés publics. On rejoint alors le problème de la corruption politique, qui a fait l'objet d'une dénonciation croissante à partir de la fin des années 1980. C'est par le biais de son autorité sur une circonscription, mais aussi par la terreur, que le mafieux est en mesure de contrôler les votes décisifs pour assurer la victoire de son candidat. Cette capacité s'inscrit dans un contexte politique où l'électeur vote moins par conviction que dans l'attente des avantages matériels ou matérialisables qu'il peut retirer de son suffrage. D'après des estimations judiciaires de 1992, la Cosa Nostra sicilienne contrôlait plus d'un demi-million de voix en Sicile.

Les groupes criminels n'ont pas de préférence partisane arrêtée. C'est le pragmatisme qui commande leurs orientations, même s'ils font montre d'une inclination certaine pour les partis au pouvoir, les plus utiles. Mais les mafias ont aussi en commun un anticommunisme viscéral. C'est du reste en vertu de ce principe que les gouvernements ou pouvoirs de tutelle ont pu les favoriser, comme les autorités alliées d'occupation au Japon et en Italie dans l'après-guerre ou les États-Unis soutenant la reconstitution de l'armée du Kuomintang, appuyée sur les triades chinoises, contre Mao. C'est également ainsi que l'on explique l'alliance périodique entre groupes criminels et organisations d'extrême droite avec parfois la complicité d'une partie des services secrets de leur pays : aventure nationaliste des *yakuza* (mafieux) japonais au tournant du siècle, implication de Cosa Nostra dans la stratégie de la tension des années 1970. Enfin, l'infiltration se réalise par la présence directe d'élus émanant des rangs criminels. Elle a été telle en Italie qu'un décret du 31 mai 1991 a autorisé la dissolution des conseils municipaux en odeur mafieuse. En 1994, trente-deux communes ont ainsi été sanctionnées en Campanie, dix-neuf en Sicile, onze en Calabre. La situation est autrement dramatique en Russie, où le ministère de l'Intérieur a alerté la commission électorale d'octobre 1995 sur la présence de quatre-vingt-sept candidats sous enquête ou ayant déjà été incarcérés pour crime organisé.

Le temps des attachés-cases

Cette stratégie d'implication directe dans la vie politique témoigne d'une mutation du phénomène vers la « mafia entrepreneuriale ». Elle a été amorcée à partir des années 1970 quand les organisations criminelles ont doublé leurs activités illégales traditionnelles par des investissements massifs dans les activités économiques licites (immobilier par exemple), notamment pour blanchir les gigantesques profits issus du trafic de stupéfiants. Un cas inédit et brutal de main basse sur l'économie d'un pays est à l'œuvre en Russie. Profitant des lois de privatisation, les mafias y contrôleraient cinquante mille entreprises et quatre cents banques (chiffres 1997).

Les organisations criminelles ont doublé leurs activités illégales traditionnelles par des investissements massifs dans les activités économiques licites, notamment pour blanchir les gigantesques profits issus du trafic de stupéfiants.

Partout, déréglementations et privatisations ont accéléré le phénomène. Le Japon en a fait la douloureuse expérience, perdant d'un coup 16 % de sa richesse nationale lors de l'éclatement de la bulle spéculative en 1990, qui révéla la pénétration mafieuse dans l'économie. La prise de conscience du coût économique de la criminalité organisée y entraîna le premier sursaut. En mai 1991, le gouvernement nippon s'est résolu en effet à voter une loi « anti-*yakuza* ». La mise en lumière des liens entre le milieu politique et la criminalité organisée a provoqué en 1993 la perte de l'hégémonie du Parti libéral démocrate (PLD, conservateur), lui-même né en 1955 à la suite de la révélation d'un scandale sur les chantiers navals. Un mouvement similaire de lutte antimafia s'observe en Italie où les clans criminels semblent touchés par l'arrestation de parrains fameux et l'effondrement de leurs principaux soutiens politiques (Parti socialiste italien et surtout Démocratie chrétienne), consécutif au scandale des pots-de-vin, dit Tangentopoli, révélé en 1992. La réaction (tardive) des pouvoirs publics a dans les deux cas sanctionné l'ébranlement des systèmes politiques qui avaient assuré la prospérité des mafias. Elle obéit également à la pression d'une opinion publique sensibilisée à la corruption par la révélation de multiples scandales et à une violence criminelle accrue, notamment en Italie depuis les assassinats des juges Falcone et Borsellino en 1992. La répression a aussi marqué une évolution vers l'autonomisation du pouvoir judiciaire par rapport au pouvoir politique, lequel n'est plus épargné.

Anciens et nouveaux groupes

Le changement intervenu dans les relations internationales a aussi joué son rôle. Nul doute que la fin de l'ordre bipolaire et, avec lui, de l' « ennemi communiste » a favorisé la construction d'une nouvelle menace mondiale, la criminalité organisée, et conduit les États-Unis à lâcher des alliés devenus encombrants. D'où les pressions répétées, exercées par les États-Unis en 1993 et 1998, pour que le gouvernement japonais assainisse le fonctionnement de son économie où l'emprise mafieuse est trop prégnante. Mais les craintes nouvelles viennent pour l'essentiel de la Russie. L'avenir de ce pays et, dans une moindre mesure, de ses voisins est totalement inconnu, tant est élevée la criminalisation du champ économique comme du champ politique, dans un contexte de délabrement de l'État dont on ignore complètement quelles peuvent être les conséquences.

La fin de l'ordre bipolaire et, avec lui, de l'« ennemi communiste » a favorisé la construction d'une nouvelle menace mondiale, la criminalité organisée, et conduit les États-Unis à lâcher des alliés devenus encombrants.

Une autre interrogation dérive du constat d'un changement de rapport de forces entre organisations mafieuses. Il apparaît en effet clairement que les mafias « historiques » (italiennes et italo-américaines) sont en nette perte de vitesse par rapport aux mafias ascendantes que sont les triades ou les groupes russes. Du fait de leurs conditions d'émergence ainsi que de leur base sociale (les diasporas), ces nouvelles mafias semblent mieux adaptées au contexte de la mondialisation dont elles partagent les caractéristiques : mobilité, solidarités transnationales, adaptabilité, etc. Aussi peut-on craindre de leur part une capacité de nuisance accrue car touchant le registre désormais international des systèmes politiques et économiques. Mais là encore, l'hypothèse reste soumise à l'épreuve des faits. ■

Pour en savoir plus

P. Arlacchi, *Mafia et Cie. L'éthique mafiosa et l'esprit du capitalisme*, PUG, Grenoble, 1986.

J.-M. Bouissou, « Le marché des services criminels au Japon », *Critique internationale*, n° 3, Presses de Sciences Po, Paris, 1999.

« Grande criminalité organisée : dessous et enjeux » (dossier), *Relations internationales et stratégiques*, n° 20, IRIS, Paris, hiv. 1995.

S. Handelman, *Comrade Criminal. The Theft of the Second Russian Revolution*, Michael Joseph, Londres, 1994.

I. Sommier, *Les Mafias*, Montchrestien, Paris, 1998.

@ Sites Internet

Sviluppo e legalità nel Mezzogiorno : **http://www.svileg.censis.it**

Le risque climatique est l'occasion d'expérimenter une régulation par des mécanismes de marché

Par **Jean-Charles Hourcade, Daniel Théry**
CIRED-CNRS

Les pays riches, principaux consommateurs de ressources énergétiques, s'étaient engagés lors de la conférence de Rio, en 1992, à ramener en l'an 2000 le niveau de leurs émissions à celui de 1990. Ils n'en firent rien, ou presque, car de tels objectifs supposent une action concertée.

En juin 1992, les États réunis au « sommet de la Terre » de Rio de Janeiro signaient une convention internationale sur le changement climatique. Les recherches scientifiques avaient fini par convaincre les responsables politiques de la réalité des dangers globaux liés à l'accumulation dans l'atmosphère de gaz à effet de serre (GES). La poursuite au même rythme des émissions de GES, notamment celles de gaz carbonique, pourrait en effet, selon un scénario moyen, entraîner un doublement de leur concentration d'ici à 2100 et une élévation de la température moyenne à la surface du globe de l'ordre de 2,2 °C. Au cours du XXe siècle, marqué par une consommation d'hydrocarbures sans précédent, cette dernière a crû d'un demi-degré.

Il est difficile de quantifier les conséquences d'un tel réchauffement, mais les risques sont désormais connus : fonte des glaciers et montée des mers, mettant en péril les zones côtières et les États insulaires, modification des écosystèmes entraînant une perte de diversité biologique, renforcement de l'instabilité climatique (inondations, cyclones), recrudescence des vagues de sécheresse, notamment dans les zones arides et semi-arides où les rendements agricoles pourraient chuter, aggravant l'insécurité alimentaire des populations les plus démunies de la planète...

Les risques sont tels que les gouvernements ont décidé d'agir pour freiner leurs émissions, exercice d'autant plus difficile qu'il s'agit parallèlement de maintenir une impérative croissance économique. Les pays riches, principaux consommateurs de ressources énergétiques, s'étaient engagés lors de la conférence de Rio, en 1992, à ramener en l'an 2000 le niveau de leurs émissions à celui de 1990. Ils n'en firent rien, ou presque, car de tels objectifs supposent une action concertée. La réduction des émissions ayant un coût, un pays ne pouvait, dans une économique mondialisée, honorer unilatéralement ses engagements sans perdre en compétitivité face à un autre pays qui n'aurait pas joué le jeu. Que faire, alors, en l'absence de gendarme mondial ? Ce fut tout l'enjeu de la réunion de Kyoto, en décembre 1997, où l'on proposa, face à l'impuissance du droit international, de recourir à des mécanismes de marché pour gérer un bien environnemental commun à l'humanité et auquel on reconnaissait désormais une valeur : l'atmosphère.

Un besoin de flexibilité

Le protocole de Kyoto engage les pays de l'OCDE (Organisation de coopération et de développement économiques) à réduire leurs émissions de 5,2 % en 2010 par rapport à leur niveau de 1990. Les États-Unis et l'Union européenne se sont engagés respectivement sur des baisses de 7 % et de 8 %. C'était *de facto* établir des quotas ou des « permis d'émission » limitant la liberté absolue qui prévalait jusqu'alors. En contrepartie, les États-Unis, suivis par d'autres pays développés, ont exigé que les pays s'engageant sur un quota puissent acheter ou vendre leurs permis d'émission pour parvenir à l'objectif. En effet, les coûts d'abattement sont très variables d'un pays à l'autre, et il est plus facile d'acheter pour 50 dollars chez le voisin un droit d'émettre une tonne de carbone (que ce dernier n'aura plus le droit de rejeter dans l'atmosphère) que de dépenser 100 dollars pour éviter chez soi l'émission de cette même quantité.

À ce système de « permis d'émission négociables » (PEN) s'ajoute le « mécanisme de développement propre » (MDP). Ce dernier doit permettre à un pays du Nord d'acheter des quotas additionnels, moyennant le financement d'abattements « certifiés » équivalents dans les pays du Sud (qui n'ont pas quant à eux, au terme du protocole de Kyoto, pris des engagements quantitatifs, eu égard à leurs besoins de développement). L'enjeu de ces mécanismes de marché est de taille, puisque dans les pays du Sud et de l'Est, les coûts de réduction des émissions sont bien plus faibles que dans les pays développés : il y subsiste par exemple beaucoup de centrales thermiques au charbon, polluantes et aux technologies obsolètes, qu'il faudra remplacer, et l'on pourrait y substituer des unités plus performantes.

Le système des quotas ou le retour du refoulé

En fait, aucun compromis n'ayant été atteint au sommet de La Haye (novembre 2000), le président George W. Bush a retiré la signature de son pays du protocole de Kyoto (mars 2001), au prétexte que les grands pays du Sud n'y avaient pas de quota limitant leurs émissions. Mais en 2001, les experts ont découvert que, sans obligation, la Chine, brûlait bien moins de charbon qu'en 1996. L'accord de Marrakech (été 2001) a dès lors pu « sauver Kyoto ». Tous les pays signataires, opposés aux positions européennes (exigence de limitations à l'usage des PEN et des MDP défendue de 1997 à 2000), ont déclaré vouloir le ratifier, même sans les États-Unis. L'accord de 2001 offre le maximum de flexibilité, y compris des droits additionnels d'émettre des GES si un pays parvient à prouver qu'il a « séquestré » plus de carbone dans ses forêts ou dans ses sols.

La gestion du risque climatique par les quotas s'est peu à peu imposée après l'abandon de l'idée d'une fiscalité énergétique (l'écotaxe), un moment portée par l'Union européenne.

La gestion du risque climatique par les quotas s'est peu à peu imposée après l'abandon de l'idée d'une fiscalité énergétique (l'écotaxe), un moment portée par l'Union européenne. Curieusement, cette approche l'a emporté sous l'influence convergente d'idéologies opposées. Les écologistes préfèrent en général les quotas aux taxes, pensant que les premiers garantissent mieux le résultat final que les secondes. Les partisans du libéralisme estiment pour leur part que le quota est le préalable aux permis d'émission négociables. Quant aux industriels, ils y voient un moyen d'échapper à la fiscalité énergétique, perçue comme l'outil d'une idéologie socialisante.

Les écologistes allaient rapidement s'apercevoir que les quotas ouvrent la voie aux instruments de marché : on ne voit pas en effet ce qui pourrait empêcher de les échanger, comme tout autre titre. Le monde industriel devait se rendre compte de son côté que les quotas, comme la fiscalité, représentent finalement une contrainte économique, et qu'ils ouvrent la voie à un important encadrement par l'État, puisque c'est à ce dernier que revient la charge de répartir le quota national entre les différents secteurs de l'économie.

Comment partager les permis de polluer ?

Les tenants du libéralisme vont également s'apercevoir que le marché ne peut répondre à la question clé de la répartition initiale des quotas entre pays. L'enjeu est encore plus important si l'on veut associer à terme les pays en développement à l'effort commun. Calculer des quotas sur la base des émissions passées est inacceptable pour les pays en développement, dont la croissance serait alors gravement compromise. Les répartir équitablement par tête, comme le proposent certains intellectuels, en particulier l'Indien Anil Agarwal, n'a aucune chance d'être accepté. Accorder, dans l'hypothèse d'une réduction globale des émissions de gaz à effet de serre, le même quota à un Indien qu'à un Américain supposerait pour ce dernier – qui rejette en moyenne vingt fois plus de gaz carbonique – de réviser drastiquement son mode de vie, même s'il dispose de la possibilité de racheter les quotas inutilisés par le premier.

Accorder le même quota à un Indien qu'à un Américain supposerait pour ce dernier – qui rejette en moyenne vingt fois plus de gaz carbonique – de réviser drastiquement son mode de vie.

En définitive, les permis d'émission négociables constituent-ils un outil immoral permettant aux riches d'acheter des droits à polluer ou une restriction de leur accès libre à un bien commun limité ? une victoire de la rationalité libérale face à l'arbitraire des administrations ou un encadrement administratif permettant de contrôler les pouvoirs industriels ? Le problème est surtout de savoir comment se construira et se régulera ce marché, et comment s'articuleront les négociations sur l'environnement et les règles de l'Organisation mondiale du commerce (OMC). Nul doute que les capacités de négociation collective devront être renforcées pour peser face à de puissants intérêts nationaux. ■

Pour en savoir plus

Collectif, *Le Changement climatique : dimensions économiques et sociales* (éd. française du second rapport du GIEC, 1996), 4D, Paris, 1997. Diffusion La Documentation française.

Commissariat général du Plan, *Énergie 2010-2020, les défis du long terme*, Paris, 1997.

Conseil d'analyse économique, *Fiscalité de l'environnement*, La Documentation française, Paris, 1998.

« Le climat, risque majeur et enjeu politique. De la conférence de Kyoto à celle de Buenos Aires », *Courrier de la planète* (n° 44) / *Les Cahiers de Global Chance* (n° 10), Montpellier/Suresnes, 1998.

@ Sites Internet

Réseau Action Climat-France (RAC-F) : **http://www.rac-f.org**

Groupe intergouvernemental d'experts sur le climat (GIEC) : **http://www.ipcc.ch**

International Institute for Sustainable Development (actualité des négociations internationales) : **http://www.iisd.ca**

Le multilatéralisme est tout autant souhaitable que l'unilatéralisme apparaît inévitable

Par **Philippe Moreau Defarges**
IFRI (Institut français des relations internationales)

Le multilatéralisme progresse, quelles que soient ses insuffisances, mais l'unilatéralisme survivra aussi longtemps que la planète restera composée d'États très inégaux en poids et insérés de manière très variable dans le système international.

L'unilatéralisme est inscrit dans les jeux inégalitaires de la puissance. Pourtant, depuis les lendemains de la Seconde Guerre mondiale, s'affirme une dynamique multilatérale, impliquant tant l'égalité des États que l'ouverture du système international vers les sociétés, confortée aujourd'hui par la recherche chaotique de formes de gouvernance mondiale.

Est multilatéral tout système dans lequel les acteurs (ici, essentiellement les États) souscrivent, sur un pied d'égalité, à un ensemble de normes juridiquement obligatoires, l'application de ces règles et le traitement des litiges pouvant en résulter étant assurés par une ou des instances indépendantes. Toute la constellation onusienne – l'Organisation des Nations unies elle-même et les institutions spécialisées l'entourant – s'inscrit dans cette vision multilatérale. Les États membres se lient librement par une série de principes (notamment l'égalité souveraine des États, l'inviolabilité des frontières, le règlement pacifique des différends...) ; tout État violant ces principes peut être frappé de sanctions par les autres États participants et même être contraint par la force armée à revenir dans le droit chemin. Mais, l'univers international étant toujours composé d'États souverains et inégaux en puissance, le mécanisme de contrainte, le Conseil de sécurité des Nations unies, reste dominé par cinq États, dotés d'un droit de veto et posés en 1945 comme plus égaux que les autres – parce qu'étant reconnus comme les cinq principaux vainqueurs de la guerre : États-Unis, Russie, Chine, Royaume-Uni et France. Le multilatéralisme, philosophiquement égalitaire, ne peut faire abstraction de réalités inégalitaires : les capacités militaires continuent d'être entre les mains des États et d'être très inégalement distribuées. Dans ces conditions, la police se retrouve assumée par les plus forts.

Les acquis du multilatéralisme

Le multilatéralisme est la traduction dans les rapports interétatiques de deux valeurs clés : l'échange et la démocratie, lesquels constituent les deux piliers du système international voulu par les États-Unis à l'issue de la Seconde Guerre mondiale. Dans la perspective du libéralisme économique, développement économique et multiplication des échanges sont inséparables. Or, l'échange a besoin de confiance, donc de règles claires à l'égard desquelles les parties bénéficient d'un traitement égal, cette égalité étant garantie par un ou des organes supérieurs, habilités à trancher les litiges (ainsi de l'Organe de règlement des différends [ORD] de l'Organisation mondiale du commerce – OMC). L'échange appelle des droits identiques pour tous les États. De plus, démocratie internationale et démocratie interne sont de plus en plus ressenties comme indissociables. S'il peut exister des multilatéralismes régionaux (l'Union européenne en étant le laboratoire), le multilatéralisme a bien pour horizon la totalité de la planète : une règle, pour être efficace et légitime, doit être appliquée par le plus grand nombre possible.

Les États sont malgré tout de plus en plus encadrés par le développement, certes très anarchique, des dispositifs de surveillance : les autres États, les opinions publiques, les organisations intergouvernementales ou non gouvernementales...

Depuis 1945, le multilatéralisme, quelles que soient ses énormes insuffisances, est une incontestable réussite. Bien sûr, l'ONU n'empêche pas la guerre entre des États ou des peuples déterminés à la faire ; mais les États sont malgré tout de plus en plus encadrés par le développement (certes très anarchique) des dispositifs de surveillance : les autres États, les opinions publiques, les organisations intergouvernementales ou non gouvernementales... Quant aux échanges, ils se sont accrus de façon spectaculaire. Le système multilatéral ne saurait que se renforcer : non seulement la contrainte remplace l'incitation (en 1995, l'OMC a remplacé le GATT [Accord général sur les tarifs douaniers et le commerce] qui était un simple pacte de fait), mais encore la quasi-totalité des États se rallie à ce système.

L'attitude des États-Unis

Face au multilatéralisme, l'unilatéralisme caractérise l'attitude d'un État qui, profitant de sa supériorité ou de sa capacité à se soustraire à la loi internationale, tente d'imposer *unilatéralement* sa volonté à un ou plusieurs autres États. Le terme « unilatéralisme » est suscité par des comportements répétés des États-Unis, d'abord par la clause législative Super 301, votée par le Congrès en 1988. Aux termes de celle-ci, si les États-Unis constatent que leurs exportations sont « pénalisées » par tel ou tel État, ils se considèrent en droit de le frapper de mesures de rétorsion. L'unilatéralisme des États-Unis se manifeste surtout par leur refus d'être partie à d'importants dispositifs multilatéraux, du traité interdisant les mines antipersonnel au projet de Cour pénale internationale (CPI) [*voir article p. 86*], du protocole de Kyoto sur la limitation des gaz à effet de serre [*voir article p. 122*] au Protocole sur le contrôle des armes bactériologiques [*voir article p. 101*].

Ces réactions très négatives de Washington ont été dictées par leur méfiance profonde à l'encontre de la communauté internationale. Les États-Unis sont convaincus que s'ils acceptent d'être liés par ces dispositifs, les autres États parties les brandiront pour faire le procès de la puissance américaine (par exemple, crainte que le président des États-Unis soit menacé d'être traduit devant la CPI). Washington n'a jamais oublié l'antiaméricanisme virulent de l'Assemblée générale des Nations unies dans les années 1960 et 1970. En même temps, les États-Unis, pays démocratique et commerçant, ne peuvent pas ne pas être conscients du rôle essentiel du multilatéralisme. Ils sont le « père » de l'ONU. Même s'ils traînent les pieds pour verser leur contribution à l'organisation planétaire, ils en sont un membre actif… En 1994, le Congrès américain, pourtant très soumis aux pressions des lobbies protectionnistes, n'a-t-il pas voté en faveur de la participation des États-Unis à l'OMC ? Comment en effet vouloir un ordre commercial mondial stable et ouvert si la première puissance du monde dit « non » à ses règles ?

L'unilatéralisme est une tentation permanente pour toute grande puissance ou pour tout État très anxieux pour sa sécurité. Plusieurs États (Israël, Inde, Pakistan) refusent d'être parties au Traité de non-prolifération nucléaire (TNP), lequel leur interdirait de se doter de l'arme nucléaire… alors que ledit TNP autorise cinq États, qui étaient détenteurs de l'arme atomique au 1er janvier 1967 (États-Unis, Russie, Chine, Royaume-Uni et France) à la conserver. L'ordre multilatéral, pour être pleinement légitime, doit être égal pour tous.

L'impératif égalitaire

Le multilatéralisme découle de la démocratisation du monde. Il requiert l'égalité des protagonistes. Cette égalité n'est jamais donnée, elle est construite. Pour qu'elle s'épanouisse, les acteurs concernés, quelles que soient leurs différences de taille ou de force, doivent être persuadés qu'ils ont un plus grand intérêt à jouer le jeu multilatéral qu'à le refuser. Le multilatéralisme a besoin d'un jeu à somme positive, où tous gagnent. L'impératif égalitaire, s'il bute d'abord contre les grandes puissances, peut être tout autant refusé par des États petits ou moyens dénonçant l'ordre international en place comme fondamentalement injuste, et en déduisant qu'ils ont tous les droits pour protéger leur sécurité. Ces États, tels l'Irak de Saddam Hussein ou la Corée du Nord, ont été qualifiés de « voyous » ou « délinquants » (*rogue states*) par les stratégistes de la sécurité américaine [*voir article p. 80*].

Le multilatéralisme découle de la démocratisation du monde. Il requiert l'égalité des protagonistes. Cette égalité n'est jamais donnée, elle est construite. Pour qu'elle s'épanouisse, il faut que le jeu soit à somme positive.

Le multilatéralisme est un acquis précieux et fragile qu'il faut constamment approfondir et enrichir, notamment par l'ouverture des mécanismes multilatéraux aux acteurs non étatiques afin de bien faire saisir à ces derniers les vrais enjeux : aucune paix durable n'est possible sans dynamique multilatérale. ■

Pour en savoir plus

É. Cohen, *L'Ordre économique mondial. Essai sur les autorités de régulation,* Fayard, Paris, 2001.

P. Moreau Defarges, *La Communauté internationale,* PUF, coll. « Que sais-je ? », Paris, 2000.

P. Moreau Defarges, *L'Ordre mondial,* Armand Colin, Paris, 2000 (2e éd.).

« La crise des organisations internationales » (dossier), *Les Cahiers français,* n° 302, La Documentation française, Paris, mai-juin 2001.

Économie, travail et entreprises

Capitalisme mondialisé
Régimes de croissance
Nouvelle économie
OMC et gouvernance
Globalisation financière
Multinationales
Euro
Management
Crises financières
Financement du développement
Avenir du travail
État stratège
Modèles productifs
Économie du crime
Géographie des inégalités
Mondialisation et territoires
Régionalisation et mondialisation
Industries de réseau
Responsabilité sociale des entreprises
Relations professionnelles

Un nouveau capitalisme s'affirme, mondialisé et dominé par la finance

Par **Dominique Plihon**
Économiste, Université Paris-XIII-Nord

SOUS L'EFFET DE LA GLOBALISATION FINANCIÈRE ET DES NOUVELLES TECHNOLOGIES DE L'INFORMATION ET DE LA COMMUNICATION, LE « NOUVEAU CAPITALISME » A DAVANTAGE POUR OBJECTIF DE CRÉER DE LA « VALEUR ACTIONNARIALE » QUE D'ACCROÎTRE LA PRODUCTION ET L'EMPLOI.

Le tournant du millénaire aura été marqué par une nouvelle étape dans l'évolution historique du capitalisme. Entamée à partir des années 1980, cette transformation est la conséquence de la crise du capitalisme de type « fordiste », qui avait contribué aux Trente Glorieuses (1945-1975), et dont les principaux rouages ont été le rôle central de l'État dans la régulation de l'économie, ainsi que le partage des gains de productivité négocié entre les détenteurs du capital et les syndicats de salariés. Deux grandes forces ont contribué à cette mutation du capitalisme. D'une part, les nouvelles technologies de l'information et de la communication (NTIC) qui, obéissant à des lois particulières, bouleversent en profondeur les entreprises, la société et l'économie. D'autre part, le processus de globalisation financière [*voir article p. 143*] qui s'est fortement accéléré à la suite de choix politiques inspirés par l'idéologie néo-libérale, donnant la primauté à la logique du marché et à celle de la rentabilité financière.

Nouvelles technologies et mondialisation

Les NTIC constituent l'une de ces vagues technologiques fondamentales dont Joseph A. Schumpeter a brillamment montré qu'elles ponctuent l'histoire du capitalisme. Touchant trois domaines (la téléphonie, l'audiovisuel et l'informatique), elles s'inscrivent dans une troisième révolution industrielle qui est loin d'être achevée. Alors que les précédentes étaient liées aux sources d'énergie (vapeur, puis électricité), celle-ci concerne l'information et va de pair avec la montée en puissance de l'économie de l'immatériel. L'entreprise taylorienne traditionnelle, organisée pour la production de masse selon un modèle fortement hiérarchisé, cède la place à une entreprise plus flexible, adaptée à l'évolution constante de la demande, et organisée en réseaux, grâce à la généralisation des micro-ordinateurs permettant des coordinations transverses. Les fonctions commerciales et de conception deviennent les métiers stratégiques de l'entreprise, tandis que les tâches de production tendent à être externalisées auprès de sous-traitants. La décision spectaculaire, annoncée en 2001, du groupe français de télécommunications Alcatel de céder la plupart de ses 120 sites de production à travers le monde à des sous-traitants s'est inscrite dans cette nouvelle logique industrielle. Une autre spécificité des NTIC est l'importance des coûts fixes, peu liés aux quantités produites, du fait du poids des dépenses de recherche-développement : une fois le logiciel conçu, il peut être vendu à un village, ou à la terre entière, le coût total n'en sera que faiblement modifié. Aussi, les entreprises productrices de NTIC bénéficient-elles de rendements fortement croissants, ce qui donne un avantage déterminant aux grandes entreprises et explique leur course à la taille. Enfin, avec la dématérialisation des produits et les NTIC, les coûts de transport sont considérablement réduits. La technologie, les capitaux, les biens et les services franchissent les frontières avec une facilité sans précédent : devenu « *cyberspace* », l'espace économique s'est mondialisé. La localisation et la nationalité des produits perdent de leur signification. La majeure partie du commerce international porte désormais sur des échanges effectués entre les filiales de grands groupes multinationaux organisés en réseaux.

Marchés financiers et investisseurs institutionnels

La montée en puissance de la finance à l'échelle internationale constitue la seconde grande force à l'origine de la mutation du capitalisme contemporain. Ce processus de globalisation financière a connu une forte accélération à la suite de décisions politiques prises au début des années 1980, notamment sous l'impulsion des gouvernements Reagan (1981-1989) et Thatcher (1979-1990), aux États-Unis et au Royaume-Uni. Ces décisions, destinées à enrayer la crise du capitalisme marquée par un ralentissement de la croissance et une chute des profits, ont amené un changement de cap radical par rapport à la période « fordiste » : les politiques de « rigueur salariale » ont déconnecté l'évolution des salaires des gains de productivité et ont contribué à un rétablissement spectaculaire des résultats des entreprises, les politiques de libéralisation et de privatisation ont fait reculer la régulation publique, les réformes financières ont bouleversé la logique du système financier. Les marchés financiers tendent à supplanter les financements bancaire et public. Un « capitalisme actionnarial », dans lequel la finance joue un rôle central, se met progressivement en place à l'échelle mondiale.

Les fonctions commerciales et de conception deviennent les métiers stratégiques de l'entreprise, tandis que les tâches de production tendent à être externalisées auprès des sous-traitants.

Outre les pays anglo-saxons déjà évoqués, ce phénomène a touché tous les pays industrialisés. Frappé de plein fouet par l'irruption brutale de la finance de marché, le Japon voit son modèle productif déstabilisé et connaît une crise profonde dans les années 1990. Au même moment, les pays de l'Union européenne participent à ce mouvement de libéralisation financière avec la création du marché unique des capitaux. L'Allemagne, qui avait paru résister à ce mouvement, s'est finalement lancée dans des réformes importantes destinées à ouvrir le capital de ses entreprises aux investisseurs internationaux.

C'est en France que l'évolution a cependant été la plus spectaculaire, compte tenu de la rapidité et de la profondeur des changements intervenus dans un pays historiquement marqué par le caractère très national et protégé de son capitalisme. Avec la rigueur salariale imposée par les gouvernements successifs à partir de 1983, la situation financière des entreprises s'est améliorée fortement, tandis que la demande des ménages restait déprimée et que le chômage augmentait. Les réformes financières ont fait de la place financière de Paris l'une des plus dynamiques et des plus internationalisées : 80 % des transactions y sont désormais réalisées par des opérateurs étrangers qui détiennent près du tiers de la dette de l'État français, désormais « sous la surveillance » des marchés internationaux et contraint à la plus grande orthodoxie financière. Les privatisations, à partir de 1986, ont organisé le retrait de l'État-actionnaire dont la place est désormais occupée par des investisseurs institutionnels (sociétés d'investissement, fonds de pension, compagnies d'assurance) qui obéissent, ici comme ailleurs, à des impératifs essentiellement financiers. Environ 40 % du capital des entreprises françaises cotées en Bourse sont contrôlés par des investisseurs étrangers.

Les marchés financiers tendent à supplanter les financements bancaire et public. Un « capitalisme actionnarial », dans lequel la finance joue un rôle central, se met progressivement en place à l'échelle mondiale.

Le nouveau pouvoir des actionnaires

Dans le nouveau capitalisme, pour asseoir leur contrôle sur les managers, les investisseurs, qui assurent la gestion d'énormes portefeuilles d'actions pour le compte de leurs mandants, imposent des règles de « gouvernement d'entreprise » concernant l'information des actionnaires (publication de résultats trimestriels), l'organisation du conseil d'administration (séparation des fonctions de président et de directeur général), la rémunération des dirigeants (*stock options*). L'avènement du « capitalisme actionnarial » consacre la disparition du modèle traditionnel de l'entreprise de la période « fordiste » qui considérait l'entreprise comme une communauté d'intérêts entre ses trois partenaires : les salariés, les managers et les actionnaires. Ce sont désormais ces derniers qui dominent dans les entreprises dont l'objectif ultime est plus de créer de la « valeur actionnariale », c'est-à-dire de faire monter le cours boursier de l'entreprise, que d'accroître la production et l'emploi. ■

Pour en savoir plus

F. Chesnais, G. Duménil, D. Lévy, I. Wallerstein, *Une nouvelle phase du capitalisme ?*, Syllepse, Paris, 2001.

D. Plihon, *Le Nouveau Capitalisme*, Flammarion, coll. « Dominos », Paris, 2001.

R. Reich, *L'Économie mondialisée*, Dunod, Paris, 1997.

J. Rifkin, *L'Âge de l'accès. La révolution de la nouvelle économie*, La Découverte, Paris, 2000.

L'hypothèse d'une prochaine convergence des capitalismes et des régimes de croissance est improbable

Par **Robert Boyer**
Économiste, CNRS, EHESS, Cepremap

LES THÉORIES ÉCONOMIQUES, DANS LEUR MAJORITÉ, POSTULENT QUE LES CONFIGURATIONS INSTITUTIONNELLES LES PLUS EFFICACES FINIRONT PAR S'IMPOSER. OR, LES ANNÉES 1990 SUGGÈRENT QUE LA GLOBALISATION FINANCIÈRE A PLUS HYPOTHÉQUÉ QUE FAVORISÉ L'ÉMERGENCE DE RÉGIMES DE CROISSANCE VIABLES

Quelques précurseurs avaient pressenti la possibilité d'un système économique qui, tout en continuant à être capitaliste, ferait des salariés les bénéficiaires et donc les alliés de la production et de la consommation de masse. Henry Ford (1863-1947) est certainement celui qui a exprimé le plus clairement cette vision. Mais ce furent les syndicats et les circonstances de l'après-guerre qui firent du fordisme le régime de croissance effectif pour nombre de pays industrialisés.

Alors que la période des Trente Glorieuses pouvait donner l'impression d'une convergence vers le fordisme américain, la rupture qu'introduisent les chocs pétroliers, puis l'essor de l'internationalisation et même l'effondrement des économies de type soviétique marquent l'affirmation d'évolutions nationales beaucoup plus différenciées que par le passé. Le modèle de croissance de l'après-guerre était fondé sur une synchronisation de l'évolution des normes de production et de consommation, grâce à un compromis capital/travail original ; il reposait sur un mode de régulation très largement autocentré sur chaque espace national, dans un contexte international stabilisé par les institutions de Bretton Woods, alors que la finance était fortement contrôlée et mise au service de la modernisation industrielle. Beaucoup de transformations institutionnelles, technologiques et politiques sont intervenues depuis lors, mais aucun successeur au modèle fordiste ne s'est imposé.

L'expérimentation d'alternatives au fordisme

Différentes alternatives au modèle fordiste ont été expérimentées par les divers pays.

Le toyotisme, mode de développement japonais, a ainsi longtemps été présenté comme le successeur du fordisme [*voir article p. 188*]. Un deuxième modèle de croissance considère que le développement des services est devenu le moteur des économies les plus développées. D'autres analyses placent l'insertion dans le système international au cœur de la croissance. D'autres encore soulignent les potentialités offertes par la financiarisation de l'économie [*voir article p. 143*] ou les effets à attendre du mariage des technologies de l'information avec celles de la communication, ou encore les vertus de la concurrence internationale. Enfin, la constitution de zones d'intégration économique, voire monétaire comme l'Union européenne [*voir article p. 149*], est encore une autre voie.

Les modes de développement en vigueur ou en gestation sont ainsi significativement différents de ceux que l'on observait jusqu'au début des années 1970. Voilà qui dément l'hypothèse d'une prochaine et inéluctable convergence des capitalismes et des régimes de croissance, à l'ère de la « globalisation ».

Décalages dans le cycle crise-croissance-crise

Premier pays à entrer dans la crise du fordisme, les *États-Unis* ont aussi été les premiers à la surmonter grâce à l'établissement d'un régime tiré par la tertiarisation, qui se nourrit de l'approfondissement des inégalités. Cette croissance de type extensif a été relayée, dans les années 1990, par l'établissement d'un régime patrimonial et financier entrant en synergie avec l'essor des technologies de l'information et de la communication. Pourtant, l'éclatement de la bulle spéculative Internet en mars 2000, puis la récession du second semestre 2001 ont rappelé que ce régime, à l'origine du dynamisme de la croissance des années 1990, ne présente ni la stabilité ni l'universalité attendues.

En effet, au *Japon*, l'éclatement de la bulle financière au début des années 1990 marqua l'entrée dans une période de quasi-stagnation, de tendance à la déflation, et de grande incertitude, au cours de laquelle la permanence des formes institutionnelles héritées de la période de forte croissance semble hypothéquer durablement la résolution de la crise bancaire et le retour à une croissance forte, mobilisant au mieux les potentialités du modèle productif toyotien qui garde toute sa pertinence. Bref, le Japon était encore en 2000 au cœur d'une crise structurelle majeure, à l'issue incertaine.

Les modes de développement en vigueur ou en gestation sont significativement différents de ceux que l'on observait jusqu'au début des années 1970.

Si les crises ont revêtu en *Europe* une chronologie et des formes très différentes dans les divers pays, depuis le lancement de l'Union monétaire, les politiques économiques ont tendu à converger pour satisfaire les critères du passage à la monnaie unique. Après le lancement de l'euro fiduciaire, les modes de régulation, certes transformés et réformés, continuent à obéir à des logiques distinctes selon les pays. D'où un impact différencié de la politique de la Banque centrale européenne (BCE). La nature du régime de croissance qui finira par prévaloir en Europe est finalement très ouverte.

Les théories économiques, dans leur majorité, postulent que les configurations institutionnelles les plus efficaces finiront par s'imposer du simple fait de la mise en concurrence des divers espaces nationaux. Or, les années 1990 suggèrent que, faute de contexte international stabilisé, les mauvaises régulations peuvent chasser les bonnes ! Ainsi, alors que, dans les années 1980, on aurait pu penser que des éléments du modèle japonais finiraient par s'imposer dans les pays occidentaux et tout particulièrement aux États-Unis, la primauté de la finance et la puissance diplomatique américaine ont contribué à déstabiliser l'édifice institutionnel du Japon, hier encore si solide. Autre exemple, en Europe, alors que l'Allemagne était le modèle privilégié que les autres pays essayaient de copier, les difficultés consécutives à l'unification et l'extension de la globalisation financière ont contribué à déstabiliser ce mode de croissance original. Autre exemple, celui des « dragons » du Sud-Est asiatique : leur modèle de croissance si puissant a été déstabilisé (crise déclenchée à l'été 1997) par la diffusion des innovations financières « venues d'ailleurs », et pas seulement par la révélation de leurs faiblesses structurelles. Enfin, l'ampleur de la crise argentine de 2001-2002 a témoigné de l'impact destructeur d'une globalisation financière qui ne s'appuie pas sur un pacte social adéquat.

Les politiques font de l'économie, les financiers de la politique

À la fin de la Seconde Guerre mondiale, ce fut la primauté de la volonté politique qui permit de surmonter les enchaînements économiques catastrophiques de l'entre-deux-guerres. De nos jours, les gouvernements, qui ont trop longtemps cru à la possibilité de prolonger les charmes d'une régulation fordienne et keynésienne, ont déduit de leur échec qu'il fallait laisser au marché le choix de sélectionner parmi les stratégies de sortie de crise. Or, autant les marchés sont efficaces pour gouverner la production des marchandises typiques (des crayons ou des feutres, des jeux Nintendo ou Sega...), autant ils sont myopes et maladroits dans l'orientation des choix de société : quel système éducatif, quelle organisation de la santé, de la ville, des transports ? Trancher entre les diverses options ne devrait pas être laissé aux marchés financiers, mais demeurer le cœur du processus démocratique. Or, depuis une décennie, les dirigeants sont tout entiers tournés vers la recherche de la performance économique, alors que les marchés s'attribuent le droit de juger de la viabilité et donc, à terme, de la légitimité des choix exprimés par les gouvernements formés en réponse aux votes des électeurs. L'ampleur et le caractère inattendu de la crise financière asiatique ont clairement fait ressortir la nécessité d'un contrôle de la finance et des conditions de l'internationalisation par les pouvoirs politiques. ■

Autant les marchés sont efficaces pour gouverner la production des marchandises typiques, autant ils sont myopes et maladroits dans l'orientation des choix de société.

Pour en savoir plus

B. Amable, R. Barré, R. Boyer, *Les Systèmes d'innovation à l'ère de la globalisation,* Économica/OST, Paris, 1997.

R. Boyer, « La diversité des institutions d'une croissance tirée par l'information ou la connaissance : halte au déterminisme technologique ! », *in* Centre Saint-Gobain pour la recherche en économie (sous la dir. de), *Institutions et croissance,* Albin Michel, Paris, 2001.

R. Boyer, « L'après-consensus de Washington : institutionnaliste et systémique ? », *L'Année de la régulation 2001-2002,* vol. 5, Presses de Sciences po, Paris, 2001.

R. Boyer (sous la présid. de), *Le Gouvernement de la Zone euro,* Rapport pour le Commissariat général du Plan, La Documentation française, Paris, 1999.

R. Boyer, « Le politique à l'ère de la mondialisation et de la finance : le point sur quelques recherches régulationnistes », *in L'Année de la régulation 1999,* vol. 3, La Découverte, Paris, 1999.

R. Boyer, J.-P. Durand, *L'Après-fordisme,* Syros, Paris, 1998 (2e éd.).

R. Boyer, P.-F. Souyri (sous la dir. de), *Mondialisation et Régulations,* La Découverte, Paris, 2001.

A. Brender, F. Pisani, *Les Marchés de la croissance,* Économica, Paris, 2001.

P. Petit, L. Soete (sous la dir. de), *Technology and the Future of European Employment,* Edward Elgar, Cheltenham (R-U), 2001.

Loin d'avoir disparu, la « nouvelle économie » a muté, transformant l'activité et l'organisation des entreprises

Par **Marc Laimé**
Journaliste spécialisé

La « nouvelle économie » ne méritait ni les excès d'honneur ni l'indignité qui furent son lot en l'espace de quelques années. Quoi qu'il en soit, près de la moitié des grandes entreprises des pays développés ont déjà effectué des changements significatifs dans l'organisation interne de leurs services, voire radicalement modifié leurs projets économiques.

C'est le 6 décembre 1996 que s'est imposé le concept de « nouvelle économie ». L'hebdomadaire américain *Business Week* saluait à sa « une » l'« émergence d'une nouvelle économie fondée sur les marchés globaux et la révolution informatique. Depuis le début des années 1980, et de manière accélérée dans la seconde moitié des années 1990, l'économie américaine a engagé une mutation fondamentale. Les investissements dans les ordinateurs et les télécommunications pèsent pour un tiers de la croissance. D'Internet à la télévision, de nouvelles entreprises apparaissent presque du jour au lendemain pour tirer profit des technologies d'avant-garde ».

Au-delà de la montée en puissance des nouvelles technologies de l'information et de la communication (NTIC), le vocable définissait une économie des temps nouveaux censée permettre d'en finir avec l'alternance des cycles de croissance et de récession. Grâce à une productivité soutenue, un réel potentiel de croissance, combinant faible inflation et faible chômage avec des taux d'investissement records, devait provoquer l'enchaînement vertueux d'une « hypercroissance » sans aucun précédent dans l'histoire.

Une « troisième révolution industrielle »

Cette « nouvelle économie » sans inflation allait voir la croissance remplacer le profit comme concept central des entreprises. Le client y détiendrait désormais tout le pouvoir, au détriment du fournisseur. La concurrence y deviendrait universelle, notamment sur Internet. Informatique, mondialisation et flexibilité étaient donc réputées être au cœur d'une troisième révolution industrielle. Les systèmes en réseau, devenant capables de produire en fonction des exigences particulières de chaque client, démultiplieraient le marché potentiel.

Pour Manuel Castells [*voir référence bibliographique*], l'un de ses « gourous », la « nouvelle économie » restructurait le capitalisme, et représentait l'aboutissement d'un mouvement lancé vingt ans auparavant. Les nouvelles technologies favorise-

Au-delà de la montée en puissance des nouvelles technologies de l'information et de la communication (NTIC), l'expression « nouvelle économie » définissait une économie des temps nouveaux censée permettre d'en finir avec l'alternance des cycles de croissance et de récession.

raient notamment l'expansion du commerce électronique, l'automatisation des ordres de production et d'approvisionnement et le recours massif à la sous-traitance. Cette évolution de fond s'accompagnerait d'une restructuration du marché du travail et serait une manière de donner vie à plus d'initiative individuelle.

De 1997 à 2000, une multitude de sociétés travaillant dans le champ des nouvelles technologies, loin d'être rentables et affichant même parfois des pertes records, atteignaient des niveaux de valorisation extraordinaires en Bourse. Une véritable bulle spéculative enflait démesurément. Les analyses critiques du phénomène étaient alors bien rares, et inaudibles. L'économiste français Anton Brender soulignait pourtant magistralement dès 1999, dans *Le Nouvel Âge de l'économie américaine*, que l'expansion de l'économie des États-Unis dans la dernière décennie découlait avant tout d'une habile stratégie microéconomique, qui se déployait dans un environnement exceptionnellement libéral, de plus en plus flexible et déréglementé.

Les classes moyennes américaines n'épargnaient plus et consommaient sur la base de leurs gains en Bourse. Que ceux-ci viennent brutalement à chuter et la fantastique progression de la consommation américaine serait dès lors rapidement entravée, pénalisant du même coup les économies du reste du monde industrialisé. Cette hypothèque pesait de plus en plus lourdement dès le début de l'année 2000 sur des marchés et des places financières fragilisés et déstabilisés par les incertitudes qui menaçaient l'avenir et la fiabilité des valeurs phares de la « nouvelle économie ».

L'éclatement de la bulle spéculative

Le 4 avril 2000, l'indice Nasdaq des valeurs technologiques reculait brutalement, perdant 13,6 % de sa valeur, soit 700 milliards de dollars. Après avoir dépassé les 5 000 points en mars, il retombait à 3 700, soit – 9 % par rapport au début de l'année 2000. Ce mini-krach sonnait le début de la descente aux enfers de la « nouvelle économie ». Du mois d'avril 2000 à septembre 2001 un vent de panique souffla sur les marchés. Les valorisations astronomiques d'hier s'effondraient sans rémission. Des milliers de *start-ups* (jeunes entreprises) disparurent dans la tourmente. Des centaines de milliards de dollars s'évaporèrent. Réductions des coûts, révisions brutales des modèles d'affaires hier encore portés aux nues, fusions-acquisitions accélérées… Le mirage semblait s'être brutalement évanoui, et le retour sur terre était brutal. À la veille du 11 septembre 2001 [*voir article p. 65*], le constat était sévère. Plus de 700 000 salariés américains avaient perdu leur emploi en un an. Les marchés financiers redoutaient un nouveau et fort recul de Wall Street, qui entamerait le moral des ménages et précipiterait le pays dans la récession. Les baisses importantes de taux d'intérêt opérées par la Réserve fédérale (banque centrale), comme les baisses d'impôts décidées par la nouvelle administration Bush installée en janvier 2001, n'avaient à cette date eu aucun effet positif sur la conjoncture.

Les trois grands pôles économiques mondiaux (États-Unis, Union européenne, Japon) subissaient un coup de frein simultané qui, compte tenu des échanges, provoquait aussi une chute globale de l'activité, aussi bien dans les pays développés que dans les pays émergents ou ceux en développement. Parti des États-Unis à la fin de l'année 2000, le ralentissement économique avait peu à peu gagné l'Europe. La chute du Nasdaq a eu des effets dévastateurs sur les pays émergents, gros consommateurs de capitaux étrangers. Ainsi, l'Argentine et la Turquie se débattaient dans une crise financière sans précédent.

Les événements du 11 septembre 2001 qui allaient voir surgir, avec le retour en force de l'État, une véritable relance keynésienne de l'économie américaine, à rebours de l'idéologie des décennies précédentes, semblaient achever de discréditer le prétendu nouveau modèle de société, qu'incarnait la « nouvelle économie ». L'heure n'était plus à la célébration des mirifiques *start-ups*, dont l'avènement était hier encore réputé changer la face du monde.

De considérables mutations des processus de production et de commercialisation

Il demeure toutefois que la « nouvelle économie », si elle ne s'est pas brutalement substituée à l'ancienne, s'y est greffée par infiltration progressive. C'est le poids croissant de la sphère financière dans l'économie globale [*voir article p. 143*] qui a permis à la « nouvelle économie » de prendre son essor. Avec ses excès, elle a aussi, et peut-être surtout, incarné une colossale externalisation de la recherche-développement. De réelles innovations ont pu être financées et expérimentées dans des structures nouvelles et légères, les *start-ups*, qui n'étaient pas entravées par les rigidités et des lourdeurs des organisations traditionnelles.

De réelles innovations ont pu être financées et expérimentées dans des structures nouvelles et légères, les* start-ups*, qui n'étaient pas entravées par les rigidités et des lourdeurs des organisations traditionnelles.

Or, à dater de la fin de l'année 2000, les détenteurs d'actifs, confrontés aux brutales dévalorisations des financements considérables qu'ils avaient consentis depuis plusieurs années aux acteurs des nouvelles technologies et d'Internet, ont usé, parfois brutalement, de leurs prérogatives pour procéder à de profondes restructurations de pans entiers de l'économie, « nouvelle » comme ancienne. Par ce biais, ce sont de considérables mutations des processus de production et de commercialisation, initialement bornées aux entreprises phares de la « nouvelle économie », qui allaient désormais s'appliquer à l'ensemble du champ économique. Loin d'avoir disparu, la « nouvelle économie » a muté. Elle irrigue et transforme désormais, parfois de fond en comble, l'activité et les modèles d'organisation des entreprises.

Des pans entiers de l'économie connaissent des changements sans précédent. Demain, un opérateur de télécommunications deviendra banquier, assureur, agent de voyages... À cette aune, la « nouvelle économie » n'a pas fini de faire parler d'elle. Paradoxe ultime, l'État est souvent le principal financeur du secteur. ■

Pour en savoir plus

A. Brender, *Le Nouvel Âge de l'économie américaine,* Économica, Paris, 1999.

P. Artus, *La Nouvelle Économie,* La Découverte, coll. « Repères », Paris, 2001.

M. Castells, *La Société en réseaux. Le pouvoir de l'identité. Fin de millénaire,* Fayard, Paris, 1999.

L'OMC ne peut fonder seule la gouvernance internationale

Par **Yannick Jadot**
Solagral

Avec l'effondrement du bloc communiste, la communauté internationale a cru à une mondialisation qui, tirée par l'économie, la finance et le libre-échange, garantirait un bien-être, une prospérité et une paix durables. Le commerce est ainsi devenu la seule instance de régulation internationale. L'unilatéralisme accru prévalant dans les autres domaines hypothèque la construction de la gouvernance internationale.

En dépit de sa création récente (1995), l'Organisation mondiale du commerce (OMC) se trouve régulièrement au cœur du débat sur la mondialisation. Cela tient au fait que le commerce en est, avec la finance, le principal vecteur et a pris de fait une importance considérable dans la régulation des sociétés. À la différence de la finance, cependant, les règles commerciales sont négociées par les États dans le cadre de l'institution multilatérale qu'est l'OMC.

À la fin de la Seconde Guerre mondiale, la coopération économique internationale est une priorité : la liberté du commerce entre nations autonomes en particulier doit permettre de retrouver la prospérité par l'échange et la paix par l'interdépendance commerciale. À côté de la Banque mondiale et du FMI (Fonds monétaire international), il est donc prévu la création d'une Organisation internationale du commerce. Celle-ci doit devenir une instance spécialisée des Nations unies, avec un mandat large qui dépasse la seule définition de disciplines en matière de commerce international pour couvrir les questions d'emploi, d'accords de produits, d'investissement et de services.

Pour des raisons internes, les États-Unis refuseront ce projet et seul le volet strictement commercial sera retenu. Dès 1948, un premier accord de réduction des barrières tarifaires est conclu, appelé Accord général sur les tarifs douaniers et le commerce (GATT en anglais). Le GATT devient l'instrument de régulation du commerce. Son objectif premier est l'élimination des entraves à celui-ci. Il y parvient avec succès puisque les droits de douane moyens sur les produits industriels passent de 40 % en 1948 à moins de 4 % en 2000.

Le GATT et, depuis 1995, l'OMC n'ont cessé d'étendre le champ de la régulation commerciale. Du point de vue géographique, le nombre des pays membres est passé de 23 en 1948 à 144 en 2001. Du point de vue du contenu, tous les secteurs économiques (marchandises, services, produits agricoles...) sont couverts, de même que les normes et les règles qui interfèrent avec le commerce (environnement, santé, investissement, propriété intellectuelle, concurrence...). Du point de vue juridique, l'OMC dispose d'un mécanisme de règlement des conflits qui lui confère un pouvoir de sanction considérable en matière de droit commercial, unique dans le droit international.

Au cœur de la régulation des sociétés

Les politiques publiques qui produisent des cadres réglementaires (politiques agricoles, environnementales, services publics, politiques sociales, culturelles, etc.) sont directement visées par les négociations commerciales.

Le processus de suppression des barrières tarifaires engagé il y a cinquante ans touchant à sa fin, le centre de gravité des négociations de l'OMC s'est déplacé vers les autres champs d'intervention publique qui interfèrent avec le commerce : les normes et les règles qui, d'une part, encadrent les systèmes de production et, d'autre part, sont devenues des instruments de régulation du commerce, comme dans le cas du refus européen d'importation de bœuf aux hormones américain par exemple. Les politiques publiques qui produisent ces cadres réglementaires sont donc directement visées par les négociations commerciales (politiques agricoles, environnementales, services publics – éducation, santé, transport… –, politiques sociales, culturelles, etc.).

Au-delà des dérives régulièrement dénoncées de la « mondialisation libérale », cette extension de la sphère marchande par la privatisation de la sphère publique (le vivant lui-même devient une marchandise à travers l'accord sur la propriété intellectuelle) et la remise en cause explicite de choix de société qu'elle implique ont réveillé les opinions publiques et suscité la grande mobilisation des mouvements sociaux et citoyens lors de la 3e conférence ministérielle de l'OMC à Seattle à la fin de 1999 [*voir article p. 196*].

Au cœur de la gouvernance internationale

Avec l'effondrement du bloc communiste, la communauté internationale a cru à une mondialisation qui, tirée par l'économie, la finance et le libre-échange, garantirait un bien-être global, une prospérité et une paix durables. Le commerce est devenu le principal vecteur des relations internationales : on l'a paré de toutes les vertus (facteur d'intégration à l'économie mondiale, clé du développement pour les pays du Sud, vecteur des valeurs démocratiques universelles, mode privilégié de pacification des intérêts contradictoires et d'acculturation des civilisations).

Une autre mondialisation existe pourtant, celle des droits fondamentaux de la personne humaine : les droits civils et politiques de la Déclaration universelle des droits de l'homme, les droits économiques, sociaux et culturels du Pacte des Nations unies, le droit du travail des conventions de l'OIT (Organisation internationale du travail) et les droits de l'environnement des accords homologues. Deux mondialisations aux pouvoirs inégaux coexistent donc, à défaut de se compléter. Parce que l'OMC est la seule instance de régulation internationale disposant d'un système juridique contraignant, le droit commercial a pris le pas sur les droits fondamentaux. Les États sont amenés à s'aligner sur le droit commercial multilatéral beaucoup plus vite que sur le droit non commercial. Les réglementations sociales, sanitaires ou environnementales, par exemple, doivent *in fine* tenir compte de ce que l'OMC permet ou interdit.

Pourtant, les attentats du 11 septembre 2001 aux États-Unis ont rappelé que si la mondialisation n'est toujours pas celle des droits, elle n'est pas seulement celle des services et des marchandises. C'est aussi la mondialisation de la criminalité, de l'argent sale et du terrorisme [*voir articles p. 119 et 167*]. C'est enfin celle des risques globaux (climat, chimie, nucléaire, finance, alimentation, santé, ressources naturelles, sécurité...), dont la gestion ne peut être que collective, planétaire. Dans ce contexte, l'unilatéralisme accru des États-Unis refusant toute forme de régulation multilatérale (climat, OGM – organismes génétiquement modifiés –, justice...) sinon commerciale pose avec gravité la question de la construction de la gouvernance internationale [*voir article p. 125*].

À la croisée des chemins

L'OMC est confrontée à un certain nombre d'enjeux qui ont mené à l'échec de sa conférence de Seattle en 1999. Sur la forme des négociations, elle est fortement critiquée pour son manque de transparence interne et externe. D'un côté, les pays en développement peinent terriblement à faire entendre leurs voix et les décisions relèvent encore très largement du compromis entre les États-Unis et l'Union européenne. De l'autre, les élus et les mouvements sociaux et citoyens contestent le caractère opaque de son fonctionnement et l'accès très limité à l'information. Sur le fond, deux raisons prédominent. D'une part, le déséquilibre dans le processus de négociation conduit à des décisions favorisant les intérêts des pays développés au détriment des pays en développement. D'autre part, l'OMC ne peut plus ignorer la nécessité de mieux articuler la libéralisation du commerce et les enjeux de société. Les États réunis lors de la 4e conférence de l'OMC à Doha en novembre 2001 se devaient de trouver des solutions. Les résultats, qui, entre le cycle de négociation lancé et la mise en œuvre des futurs accords, fixent l'environnement commercial mondial des dix prochaines années, sont apparus de ce point de vue décevants. Pas de réforme institutionnelle et un cycle de négociation axé sur la libéralisation n'abordant que très partiellement la question de la régulation.

Les pays en développement peinent terriblement à faire entendre leurs voix au sein de l'OMC et les décisions relèvent encore très largement du compromis entre les États-Unis et l'Union européenne.

L'amélioration de la gouvernance internationale passe pourtant par la réduction des inégalités Nord-Sud et le renforcement du caractère contraignant des droits fondamentaux de la personne humaine. ■

Pour en savoir plus

H. Désir, *Rapport sur l'ouverture et la démocratie dans le commerce international (2001/20935INI)*, Parlement européen, oct. 2001.

S. George, *Remettre l'OMC à sa place*, ATTAC/Mille et une nuits, Paris, 2001.

« OMC : la morale de l'échange », *Courrier de la planète*, n° 54, Solagral, Montpellier, 1999.

OMC, *Résultats des négociations commerciales multilatérales du cycle d'Uruguay - Textes juridiques*, Secrétariat de l'OMC, Genève, 1994.

M. Rainelli, *L'Organisation mondiale du commerce*, La Découverte, coll. « Repères », Paris, 2002.

Solagral, *Les Agricultures du Sud et l'OMC : onze fiches pour débattre, comprendre, anticiper*, Solagral publications, Paris, 2001.

@ Sites Internet

International Center for Trade and Sustainable Development (ICTSD) : **http://www.ictsd.org**

Organisation mondiale du commerce : **http://www.wto.org**

Solagral : **http://www.solagral.org**

The Institute for Agriculture & Trade Policy (IATP) : **http://www.wtowatch.org**

La globalisation financière a profondément modifié le fonctionnement de l'économie mondiale

Par **Dominique Plihon**
Économiste, Université Paris-XIII-Nord

Le système financier international prend désormais la forme d'un méga-marché unique de l'argent, qui se caractérise par une double unité. Unité de lieu, car les places sont de plus en plus interconnectées grâce aux réseaux modernes de communication, et unité de temps, en raison du fonctionnement en continu du marché sur les places financières d'Extrême-Orient, d'Europe et d'Amérique du Nord.

Le changement de siècle a été dominé par la montée en puissance de la finance mondialisée. Cette transformation porte un nom : la globalisation financière, définie comme la création d'un marché unique de l'argent au niveau planétaire. En principe, la création d'un marché planétaire de l'argent doit entraîner une meilleure allocation du capital dans les secteurs et les pays qui composent l'économie mondiale. Mais on constate simultanément que les mutations financières se sont traduites par une instabilité accrue avec des crises boursières et de change récurrentes.

Tout en étant liée à la mondialisation des échanges de biens et services, la globalisation a été beaucoup plus importante dans le domaine financier. Pour certains, la sphère financière se développerait d'une manière autonome par rapport à la sphère réelle de l'économie. Cette interprétation est erronée. En fait, la finance est au cœur de l'économie, avec des conséquences considérables sur la croissance, l'accumulation productive et la répartition des richesses dans le monde.

La création d'un marché planétaire des capitaux

La libéralisation financière qui s'est produite depuis les années 1980 a entraîné l'abolition des frontières entre des marchés jusque-là séparés : ouverture à l'extérieur des marchés nationaux, mais également, à l'intérieur de ceux-ci, éclatement des compartiments existants : marché monétaire (argent à court terme), marché financier (capitaux à plus long terme), marché des changes (échanges des monnaies entre elles), marchés à terme, etc. Désormais, celui qui investit (ou emprunte) recherche le meilleur rendement en passant d'un titre à l'autre, ou d'une monnaie à l'autre, ou d'un procédé de couverture à l'autre : de l'obligation en euros à l'obligation en dollars, de l'action à l'option, de l'option au *future*... Au total, ces marchés particuliers (financier, change, marché à terme...) sont devenus les sous-ensembles d'un marché financier lui-même devenu mondial.

Le système financier international prend désormais la forme d'un méga-marché unique de l'argent, qui se caractérise par une double unité. Unité de lieu, car les places sont de plus en plus interconnectées grâce aux réseaux modernes de communication, et unité de temps, en raison du fonctionnement en continu du marché sur les places financières d'Extrême-Orient, d'Europe et d'Amérique du Nord. Sur ce marché, les entreprises multinationales industrielles et financières peuvent emprunter ou placer de l'argent sans limites où elles le souhaitent, quand elles le souhaitent, en utilisant tous les instruments financiers existants.

Sur ce marché unique de l'argent, les entreprises multinationales industrielles et financières peuvent emprunter ou placer de l'argent sans limites où elles le souhaitent, quand elles le souhaitent, en utilisant tous les instruments financiers existants.

L'économie mondiale dominée par la finance internationale

La globalisation financière est allée de pair avec la montée en puissance des acteurs financiers, au premier rang desquels les investisseurs institutionnels, notamment les fameux fonds de pension anglo-saxons. Ces investisseurs gèrent un portefeuille d'actifs qui était estimé à près de 30 000 milliards de dollars en 1998, ce qui dépasse le PIB global des principaux pays industrialisés. Ces actifs sont inégalement répartis selon les pays : 60 % sont détenus aux États-Unis, contre seulement 11 % pour le Japon, 10 % pour le Royaume-Uni, 6 % pour la France et 5 % pour l'Allemagne.

En prenant des participations importantes dans les entreprises, ces investisseurs exercent une grande influence sur la sphère productive de l'économie. On estime ainsi qu'en France les investisseurs étrangers détiennent plus de 40 % des grandes sociétés figurant à l'indice CAC 40. En tant qu'actionnaires, les fonds de pension américains imposent une gestion gouvernée exclusivement par l'augmentation de la rentabilité des fonds propres et la maximisation de la valeur actionnariale. L'objectif prioritaire n'est plus d'assurer la croissance de l'entreprise, comme dans la période fordiste, mais de réaliser des gains de productivité, et éventuellement de réduire les capacités et de fermer des unités de production pas assez rentables par rapport aux normes imposées par les investisseurs [*voir article p. 131*]. Dans ce nouveau contexte, la taille de l'entreprise et l'emploi salarié deviennent des variables d'ajustement. Le paradoxe est que les salariés, qui sont frappés par cette insécurité croissante du capitalisme financier international, sont par ailleurs les propriétaires des portefeuilles gérés par les fonds de pension.

Les investisseurs internationaux ont également une grande part de responsabilité dans les crises financières qui ont secoué les pays émergents [*voir article p. 155*], que ce soit au Mexique (fin 1994), en Asie du Sud-Est (1997) au Brésil (1999) ou en Argentine (2001). À la recherche de gains spéculatifs, et suivant un comportement grégaire, ils investissent massivement sur les marchés financiers de ces pays, puis n'hésitent pas à se désengager brutalement lorsqu'ils perdent confiance. Ces comportements ont causé des dégâts économiques et sociaux considérables. La Banque mondiale a ainsi estimé que la chute de l'activité économique occasionnée par ces crises en 1997-1998 a eu pour conséquence le doublement du nombre de pauvres, qui a atteint quatre-vingt-dix millions de personnes en Indonésie, en Thaïlande, en Malaisie et aux Philippines.

Le système financier international est-il devenu plus efficace ?

Selon la théorie économique orthodoxe, la création d'un marché mondial des capitaux concurrentiel, fonctionnant sans entraves, doit accroître l'efficacité du système financier, en permettant une réduction du coût des financements et une meilleure allocation des capitaux entre pays et entre secteurs d'activité. De quoi apporter plus de croissance à l'économie mondiale. L'observation de la réalité conduit à des conclusions plus nuancées. En effet, les financements internationaux se dirigent vers un petit nombre de pays : d'une part, les principaux pays industrialisés et, d'autre part, les pays en voie d'industrialisation, une vingtaine au total, comprenant essentiellement la poignée de pays émergents d'Asie, d'Amérique latine et d'Europe centrale. Au total, selon la Banque mondiale, les pays industrialisés (15 % de la population mondiale) ont reçu en 2000 plus de 90 % des flux financiers internationaux privés, dont environ 84 % des investissements directs.

Le paradoxe est qu'une partie de ces pays n'ont pas véritablement besoin de recevoir des financements internationaux dans la mesure où ils bénéficient d'une épargne nationale élevée et suffisante pour financer leurs investissements. Ce phénomène est particulièrement net pour les « dragons » asiatiques, notamment l'Indonésie, la Corée du Sud et la Malaisie, dont les taux d'épargne nationaux (environ 35 % du PIB) sont parmi les plus élevés du monde.

En revanche, la grande majorité des pays en développement, dont les besoins de financement sont importants, ne bénéficient que d'une faible part de ces apports de capitaux et restent tributaires des financements publics internationaux [*voir article p. 158*]. On ne peut donc affirmer, si l'on se situe dans une optique de croissance à long terme et de réduction des inégalités entre pays, que la finance internationale contribue efficacement à l'allocation des ressources financières à l'échelle de l'économie mondiale.

Un dernier problème soulevé par la finance globalisée est celui de la démocratie. À la suite de la libéralisation financière, qui a réduit au maximum l'intervention des États, les marchés supplantent désormais la régulation publique dans le fonctionnement du système financier international. Cela se traduit concrètement par le fait, constaté tous les jours, que les gouvernements démocratiquement élus sont placés sous la surveillance d'un petit nombre d'acteurs privés qui ne sont responsables que devant leurs actionnaires. Cela pose évidemment la question de la légitimité des décisions et conduit à un déficit de démocratie. ■

Les gouvernements démocratiquement élus sont placés sous la surveillance d'un petit nombre d'acteurs privés qui ne sont responsables que devant leurs actionnaires.

Pour en savoir plus

F. Chesnais, D. Plihon, (sous la dir. de), *Les Pièges de la finance mondiale*, Syros, Paris, 2000.

D. Plihon, J.-P. Ponsard (sous la dir. de), *La Montée en puissance des fonds d'investissement, enjeux pour les entreprises*, Les Études de la Documentation française, Paris, 2002.

The World Bank, *Global Development Finance, Building Coalitions for Effective Development Finance*, Washington, 2001.

@ Sites Internet

Banque des règlements internationaux (BRI) : **http://www.bis.org**

Fonds monétaire international (FMI) : **http://www.imf.org**

Les fusions géantes se sont multipliées, mais peu de multinationales sont véritablement globales

Par **Wladimir Andreff**
Économiste, Université Paris-I-Panthéon-Sorbonne

Les fusions géantes participent à la formation d'oligopoles mondiaux dans lesquels quatre ou cinq firmes de taille mondiale dominent leur secteur et y côtoient des milliers d'entreprises plus petites, mais de plus en plus souvent multinationales ou sous-traitantes des grandes firmes de l'oligopole.

Les vagues de fusions et d'acquisitions d'entreprises auront été l'un des traits marquants du capitalisme de la fin du XXe siècle. En 1981, près de 200 fusions dans le monde avaient modifié la propriété de 200 milliards de dollars d'actifs. En 1995, on enregistrait 4 300 fusions transnationales pour une valeur de 187 milliards de dollars, et jusqu'à 6 300 opérations (720 milliards de dollars) en 1999. Près de la moitié (48 %) des opérations réalisées en 1997 en Europe ont réuni des firmes de nationalités différentes. Des compagnies multinationales de très grande taille ont regroupé leurs actifs : on a enregistré en 1999 109 opérations géantes de fusion, d'acquisition, de prise de participation ou de création de sociétés communes de plus d'un milliard de dollars, et 175 opérations en 2000. Les principales opérations ont réuni Vodafone et Mannesmann, France Telecom et Orange, Vivendi Seagram et Canal +, Zaneca et Astra, BP Amoco et ARCO, Unilever et Bestfoods, Rhône-Poulenc et Hoechst, Ford et Volvo, Exxon et Mobil, Renault et Nissan, Daimler et Chrysler. Les principaux secteurs concernés sont les télécommunications, la banque, les industries pétrolières, pharmaceutiques, l'électronique et l'automobile. La vague des fusions géantes s'est ralentie en 2001. En Europe, Bruxelles y a parfois opposé son veto. Surtout, plusieurs fusions transnationales ont fait baisser la valeur boursière des nouveaux groupes ainsi constitués et ont fait chuter les bénéfices.

Fusions et confusions

La presse spécialisée a commenté ces fusions géantes comme une marche vers la *world company*, la firme de taille mondiale, semblant rejoindre ainsi l'idée que les multinationales deviennent « globales » c'est-à-dire avec une production, un système d'innovation, des sources de financement et un recrutement des cadres dirigeants véritablement multinationalisés. Jugement peut-être un peu rapide. Rien que parmi les cent plus grandes multinationales du monde, les écarts de taille sont considérables : en 1999, les actifs de Bridgestone, la centième, étaient vingt-six fois moindres que ceux de la première, General Electric (405 milliards de dollars). Mais surtout, la taille obtenue à l'issue d'une fusion ne signifie pas pour autant que la firme va adopter une stratégie globale. D'une part, plus de la moitié des fusions n'atteignent pas les résultats économiques attendus et un tiers sont de véritables échecs. D'autre part, la recherche par la firme de la taille mondiale dans son secteur n'est que l'une des motivations de ces opérations géantes. Elles sont aussi dictées par des stratégies de pénétration des marchés pertinents (marchés émergents, marché unique européen), par la réduction des coûts, le recentrage des firmes sur leur métier de base, les économies d'échelle, la synergie des activités, l'élimination des surcapacités de production et parfois même par des objectifs purement financiers ou une volonté de pouvoir et de prestige de la part des managers.

Les multinationales les plus globales en 1999, selon le chiffre d'affaires réalisé à l'étranger, la part des salariés étrangers dans les effectifs et le nombre de pays d'implantation, étaient Thomson Corp., Nestlé, ABB, Electrolux, Roche Group, British American Tobacco, Unilever, Seagram, Akzo Nobel, Cadburry Schweppes, L'Air liquide, Glaxo. Toutes n'ont pas été impliquées dans la vague de fusions de la fin des années 1990. S'il est donc certain que les fusions peuvent être l'un des vecteurs des stratégies globales de certaines multinationales, elles n'en sont pas l'unique ingrédient. Les multinationales globales ont, en outre, une vision mondiale des marchés et de la concurrence, défendent leurs parts de marché et rentabilisent leurs actifs à cette échelle. Elles coordonnent leurs activités localisées dans de nombreux pays d'accueil grâce aux technologies de l'information et avec des modes de production flexibles. Elles délocalisent et relocalisent leurs activités en fonction de la rentabilité, non seulement procèdent à des fusions avec des firmes étrangères, mais encore forment entre elles des réseaux mondiaux d'alliances stratégiques. Cela les distingue de la grande majorité des autres multinationales.

Les multinationales globales délocalisent et relocalisent leurs activités en fonction de la rentabilité, non seulement procèdent à des fusions avec des firmes étrangères, mais encore forment entre elles des réseaux mondiaux d'alliances stratégiques.

Trois types de multinationales

En 1970, quelques milliers de multinationales réalisaient la totalité de l'investissement direct à l'étranger (IDE). De grande taille, en majorité américaines, elles privilégiaient le secteur industriel et les méthodes de production fordistes. Dans l'économie mondialisée de ce début de XXIe siècle, les multinationales constituent un phénomène omniprésent, divers, banal. Dix fois plus nombreuses que trente ans plus tôt, elles comptent près de 700 000 filiales étrangères. Les services sont leur secteur privilégié, la grande taille n'est pas exigée, des dizaines de milliers de PME opérant hors de leur pays d'origine. Les méthodes de production plus flexibles du post-fordisme, les réseaux de transmission mondiale de l'information (satellites, Internet) et l'internationalisation de la recherche scientifique facilitent leurs choix de localisation dans différents pays du globe.

Désormais, la réalité décrite par la notion de multinationales englobe trois types de firmes. Les *multinationales globales* sont quelques centaines tout au plus (ABB, McDonald's, Nike, Akzo Nobel, etc.). Les *mini-multinationales*, non recensées par l'ONU du fait de leur petite taille, sont présentes dans un nombre limité de pays où elles s'adaptent à une demande locale personnalisée, de proximité, pour leurs produits ou services. La concurrence est la règle du capitalisme et des firmes de taille de plus en plus petite se multinationalisent. Les *multinationales banales*, enfin, sont celles qui suivent des stratégies classiques d'IDE (investissement direct à l'étranger) en vue de s'approvisionner à moindre coût, de vendre sur place plutôt que d'exporter et de délocaliser la production vers les pays à faibles coûts.

Monopoly planétaire

La concentration de l'offre qui résulte de ces fusions accroît l'imperfection de la concurrence sur tous les marchés internationaux de produits et de facteurs de production. Pour chaque produit de base, on compte une dizaine de firmes qui se partagent 75 % à 90 % de son commerce mondial, et il en va de même de la plupart des produits manufacturés. L'intensité de la concurrence est attisée par les stratégies de monopole ou d'oligopole adoptées par ces firmes, stratégies qui favorisent les fusions.

La concentration de l'offre qui résulte des fusions d'entreprises accroît l'imperfection de la concurrence sur tous les marchés internationaux de produits et de facteurs de production.

Les fusions géantes participent donc à la formation d'oligopoles mondiaux dans lesquels quatre ou cinq firmes de taille mondiale dominent leur secteur et y côtoient des milliers d'entreprises plus petites, mais de plus en plus souvent multinationales ou sous-traitantes des grandes firmes de l'oligopole. Les multinationales globales, quant à elles, jouent beaucoup plus sur la souplesse offerte par les nouvelles technologies en vue de rendre leur localisation plus flexible à l'échelle mondiale que sur leur taille, même si à l'occasion elles n'hésitent pas à se joindre aux fusions. Autrement dit, la concentration du capital (par fusion) et la globalisation du capital (par flexibilisation) sont deux processus distincts. Les multinationales banales ne participent qu'aux fusions, tandis que les multinationales globales sont en revanche les seules capables de jouer sur les deux registres à la fois. Et si chaque vague de fusions semble finir par s'épuiser d'elle-même, les stratégies fondées sur la flexibilité ont quant à elles de beaux jours devant elles. ■

Pour en savoir plus

W. Andreff, *Les Multinationales globales*, La Découverte, coll. « Repères », Paris, 1996.

W. Andreff, « Les multinationales vingt ans après », *in L'état du monde 1997*, La Découverte, Paris, 1996.

F. Chesnais, *La Mondialisation du capital*, Syros, Paris, 1994.

B. Guilhon, *Les Firmes globales*, Économica, Paris, 1998.

C.-A. Michalet, *La Séduction des nations ou Comment attirer les investissements*, Economica, Paris, 1999.

J.-L. Mucchielli, *Multinationales et mondialisation*, Seuil, Paris, 1998.

M. Rainelli, *Les Stratégies des entreprises face à la mondialisation*, Éditions Management Société, Caen, 1999.

UNCTAD, *World Investment Report 2000 : Cross-border Mergers and Acquisitions and Development*, New York, 2000.

La création de l'euro modifie le fonctionnement du Système monétaire international

Par **Jérôme Creel**
Économiste, OFCE

DE NOMBREUX DOUTES CONTINUENT DE PLANER SUR LA PLACE DE L'EURO DANS LE SYSTÈME MONÉTAIRE INTERNATIONAL. SERA-T-IL EN MESURE DE CONCURRENCER LE DOLLAR EN PROVOQUANT UNE RECOMPOSITION EN SA FAVEUR DES PORTEFEUILLES PRIVÉS ET DES RÉSERVES DES BANQUES CENTRALES ?

La création de l'euro en janvier 1999 a constitué une innovation importante pour le fonctionnement du Système monétaire international (SMI). En terme de PIB, les douze pays de la zone euro représentaient fin 2000 65 % de celui des États-Unis et le double de celui du Japon. Leur ouverture commerciale sur l'extérieur de la zone était de l'ordre de 14 % du PIB, soit sensiblement la même que celle des États-Unis et moitié moins que celle de la France ou de l'Allemagne avant janvier 1999.

Après quelques années d'expérience, de nombreux doutes continuaient de planer sur la place de l'euro dans le SMI. Serait-il en mesure de concurrencer le dollar en provoquant une recomposition en sa faveur des portefeuilles privés et des réserves des banques centrales ? D'un point de vue normatif, rien n'est moins sûr. Dans des marchés financiers liquides et en relations étroites (globalisés), les grandes fonctions de la monnaie (unité de compte, intermédiaire des échanges et réserve de valeur) peuvent être remplies par des monnaies différentes. Ainsi, rien n'oblige un pays échangeant des biens avec des pays européens à régler ses transactions en euros. En général, cependant, les pays qui ancrent leur monnaie sur une devise (les monnaies asiatiques ancrées sur le dollar avant la crise des années 1997-1998, par exemple) sont aussi incités à l'utiliser comme réserve de valeur, voire comme moyen d'échange.

L'euro face au dollar

Pour ébranler l'hégémonie du dollar, il faudrait donc que des pays décident d'ancrer leur monnaie non plus sur le dollar mais sur l'euro. Cela apparaissait peu probable. Si l'ancrage des monnaies des pays d'Europe centrale et orientale (PECO) sur l'euro était vraisemblable du fait de leur entrée programmée dans l'Union européenne (UE), la Russie restait liée au dollar au travers de ses échanges commerciaux importants avec les États-Unis et les pays d'Asie. Les monnaies de ces pays, majoritairement ancrées sur le dollar, devaient en toute logique s'arrimer au yen. Les pays d'Amérique latine restaient, pour leur part, fortement liés à la devise américaine. Quelques pays d'Afrique du Nord ou du Moyen-Orient (Maroc, Turquie) auraient pu accorder plus de poids à l'euro dans leurs transactions internationales; les refus essuyés par ces deux pays concernant leur demande d'entrée dans l'UE remettaient en question cette évolution.

Cinq éléments sont susceptibles de provoquer l'attrait des investisseurs pour une devise : son rendement, sa liquidité, le souci de diversification du portefeuille, le risque de change et les moyens de se couvrir contre lui. Le problème du rendement d'une devise ne se distingue pas de celui de la politique menée par la Banque centrale européenne (BCE) ; il dépend cependant aussi du déséquilibre entre les offres et les demandes pour cette devise, donc en quelque sorte de la liquidité du marché. La liquidité du marché de l'euro était assurée dès sa naissance : en mars 1999, 36 % des émissions nettes d'obligations étaient libellées en euros et 58 % en dollars (ces taux s'établissaient respectivement à 32 % et 50 % en 2001). En outre, dès la fin 1996, 34 % des encours de prêts internationaux et des avoirs extérieurs des banques et 24 % des réserves de change des banques centrales étaient libellés dans les devises des pays de la future zone euro. Ces deux dernières proportions étaient cependant supposées diminuer jusqu'aux environs de 15 % après le passage à l'euro. En effet, la partie des réserves des banques centrales européennes qui était constituée de devises européennes devait rejoindre les contreparties internes de la masse monétaire européenne. La BCE n'avait donc pas de raison de réduire un peu plus ses réserves en vendant les dollars détenus. Ainsi, il n'y avait pas lieu de s'attendre à un afflux d'euros sur les marchés : sa liquidité avait précédé sa naissance.

Les conditions d'attractivité d'une devise

Deux arguments plaidaient pourtant en faveur d'une augmentation de la demande de réserves en euros de la part des banques centrales. D'une part, il était probable (mais pas certain) que les banques centrales des pays dont le commerce extérieur était fortement tourné vers la zone euro choisissent cette devise comme réserve de référence. Parmi ces pays, cependant, nombreux étaient ceux qui avaient depuis longtemps une part importante de leurs réserves de change libellée en devises européennes. D'autre part, les banques centrales, comme les investisseurs privés, pouvaient vouloir diversifier leur portefeuille de devises et substituer des euros à des dollars ou à des yens. Une réallocation progressive des portefeuilles en faveur de l'euro pouvait donc intervenir, car le marché était vaste et liquide. Hélas, cet argument peut être utilisé dans le sens contraire : du fait de la disparition du risque de change et de l'homogénéisation des rendements des différents titres européens libellés en euros, les motifs de diversification des investisseurs européens pouvaient les amener à détenir davantage de titres libellés en dollars ou en yens.

Les positions du dollar et de l'euro devaient rester figées, et ce d'autant plus que les investisseurs privés et publics maintenaient leur tendance à privilégier les placements dans leurs propres monnaies.

Au final, les positions du dollar et de l'euro devaient rester figées, et ce d'autant plus que les investisseurs privés et publics maintenaient leur tendance à privilégier les placements en leur propre monnaie. La masse d'euros en circulation était considérable, après que les actifs financiers libellés en devises européennes eurent été convertis en euros, mais rien n'indiquait en 2001 que la demande et l'offre d'euros augmenteraient.

Euro fort ou euro faible ?

La valeur de l'euro a été l'objet de controverses dans plusieurs pays de l'UE avant 1999. La conclusion de ces débats était que l'euro serait une monnaie forte. Deux raisons étaient avancées. D'une part, l'excès d'investissement par rapport à l'épargne disponible aux États-Unis, associé à l'excès contraire dans l'UE, entraînait l'accumulation d'actifs étrangers par les Européens, donc l'augmentation de l'euro par rapport au dollar. Cette situation devait perdurer en raison des faibles déficits publics européens et de la reprise limitée de l'investissement dans l'UE à la fin des années 1990. D'autre part, l'euro devait être fort en raison du désir de la BCE d'asseoir sa crédibilité : une politique monétaire de taux d'intérêt élevés devait signaler que la BCE accordait autant d'importance que la Bundesbank à la lutte contre l'inflation.

Les premières années d'expérience de la BCE ont laissé une impression mitigée : après la baisse d'avril 1999, la BCE s'est lancée dans une spirale de hausses des taux d'intérêt, qui n'a pas mis fin à la chute de l'euro par rapport au dollar, tout en alimentant, au lieu de la réduire, l'inflation dans la zone euro. En fin de compte, la valeur de l'euro par rapport au dollar reste largement prévisible : elle dépend des différences de conjonctures de part et d'autre de l'Atlantique, des divergences dans les politiques monétaires des banques centrales américaine et européenne et, plus marginalement sans doute, des anticipations des opérateurs sur les marchés de change. Finalement, l'euro sera fort si la conjoncture s'améliore dans la zone euro. Si tel n'est pas le cas, la dépréciation de l'euro participera à la relance de l'activité sur le Vieux Continent. ■

La valeur de l'euro par rapport au dollar reste largement prévisible. Elle dépend notamment des différences de conjonctures de part et d'autre de l'Atlantique, des divergences dans les politiques monétaires des banques centrales américaine et européenne.

Pour en savoir plus

P. Artus, *Économie des taux de change*, Économica, Paris, 1997.

A. Bénassy-Quéré *et alii*, « L'euro et le dollar », *in* CEPII, *L'Économie mondiale 1998*, La Découverte, coll. « Repères », Paris, 1997.

J. Creel, H. Sterdyniak, « À propos de la volatilité de l'euro », *Revue de l'OFCE*, n° 65, Presses de Sciences Po, Paris, avr. 1998.

J. Le Cacheux, « La diffusion internationale de l'euro », *Revue de l'OFCE*, n° 65, Presses de Sciences Po, Paris, avr. 1998.

P. R. Masson, T.H. Krueger, B. G. Turtelboom (sous la dir. de), *EMU and the International Monetary System*, FMI, Washington, déc. 1997.

R. N. McCauley, « The Euro and the Dollar », BRI, doc. de travail n° 50, Bâle, nov. 1997.

D. Plihon, *Les Taux de change*, La Découverte, coll. « Repères », Paris, nouv. éd., 1999.

@ Sites Internet

Organisation de coopération et de développement économiques (OCDE) : **http://www.odce.org**
Banque centrale européenne (BCE) : **http://www.ecb.int**
Banque des règlements internationaux (BRI) : **http://www.bis.org**
Centre d'études prospectives et d'informations internationales (CEPII) : **http://www.cepii.fr**
Observatoire français des conjonctures économiques (OFCE) : **http://www.ofce.sciences-po.fr/**

Les grandes entreprises occidentales favorisent une organisation du travail qui repose sur une autonomie contrôlée

Par **Thomas Coutrot**
Économiste, DARES

LE NOMBRE DE NIVEAUX HIÉRARCHIQUES A ÉTÉ RÉDUIT, LES RAPPORTS DE TRAVAIL SE SONT ASSOUPLIS. À L'AUTORITÉ DU CHEF SE SUBSTITUE CELLE DU CLIENT ET DES MARCHÉS. AINSI, SUBTIL PARADOXE, L'AUTONOMIE DANS L'ORGANISATION EST DEVENUE LA SOLUTION À L'ÉTERNEL PROBLÈME DU CONTRÔLE DU TRAVAIL DANS L'ENTREPRISE CAPITALISTE.

Dans les grandes entreprises industrielles et financières de l'après-guerre, l'organisation du travail reposait sur une stricte définition des tâches et sur une séparation nette entre fonctions de conception et d'exécution. En échange de leur acceptation de cette discipline, les salariés obtenaient des hausses de salaire et une certaine stabilité de l'emploi. Ce modèle « fordiste-tayloriste » a été déstabilisé avec la crise économique des années 1970 et, après des licenciements massifs, les chefs d'entreprise occidentaux ont cherché par la suite à imiter leurs concurrents japonais alors triomphants [*voir article p. 188*]. *Kanban* (production « juste à temps »), *kaizen* (amélioration progressive des procédés), cercles de qualité : ces mots sont entrés dans le vocabulaire de tous les dirigeants et s'entendent jusque dans les ateliers et les bureaux.

La décentralisation de l'organisation du travail a conduit les salariés à travailler sous l'influence directe des clients. Selon les principes du « juste à temps » et du « flux tendu », on ne produit désormais que ce qui est déjà vendu. Les classifications rigides sautent, la polyvalence et l'autocontrôle de la qualité s'étendent, la mobilité des salariés entre services se développe, le travail devient plus collectif. Pour l'économiste français Robert Boyer, un « nouveau modèle productif post-fordiste » émerge, reposant sur un autre type de compromis entre direction et salariés : compétence et loyauté envers l'entreprise seraient la contrepartie d'une stabilité de l'emploi et d'un partage des résultats financiers [*voir article p. 134*].

Le compromis entre patronat et travailleurs a volé en éclats

Deux aspects fondamentaux du modèle productif japonais manquent à l'appel. Tout d'abord, les entreprises ne se financent plus auprès de banques, partenaires fidèles et stables. Au contraire, elles font appel aux marchés financiers anonymes et volatils. Ces derniers, en raison d'exigences beaucoup plus élevées que celles des banquiers traditionnels, contribuent à instaurer de nouvelles disciplines de travail. Ensuite, il n'est plus question d'emploi garanti. La nouvelle norme d'embauche est l'emploi précaire, et l'épée de Damoclès du plan de restructuration pèse sur tous les salariés. Les directions financières des groupes indiquent la norme de performance à atteindre, correspondant aux attentes des actionnaires. Les salariés n'ont d'autre choix que de s'engager corps et âme pour les satisfaire... ou de subir les restructurations qui les mettront au chômage.

Cette discipline s'appuie sur des innovations organisationnelles sophistiquées. Pour les grands groupes, qui contrôlent une part croissante des marchés, l'heure n'est plus à la constitution de conglomérats diversifiés, comme c'était le cas dans les années 1960, mais au recentrage sur les métiers : chaque entreprise, sous la pression des actionnaires, se concentre sur ses compétences clés et délègue le reste à la sous-traitance. Les managers des groupes découpent les entreprises en filiales, mettent en concurrence leurs propres établissements, fixent des objectifs de rentabilité à leurs ateliers, créant ainsi autant de centres de profit autonomes. La maison mère lance des appels d'offres internes pour satisfaire une commande ou remplir un programme de production et la filiale la mieux disante gagnera le « marché ». Pour l'emporter, les directeurs d'usine vont faire du *benchmarking*, en visitant les entreprises supposées détenir les meilleurs procédés de production. La montée de la concurrence interne affaiblit les syndicats : ainsi les salariés de Renault-Douai pouvaient-ils espérer que la fermeture du site de Vilvoorde en Belgique améliore leur sécurité d'emploi... à court terme. Les groupes les plus modernistes, qui ont développé les formes les plus innovantes d'organisation du travail, se sont eux aussi engagés dans la course à la réduction des coûts à tout prix, y compris en opérant des réductions drastiques d'emplois.

Les managers des groupes découpent les entreprises en filiales, mettent en concurrence leurs propres établissements, fixent des objectifs de rentabilité à leurs ateliers, créant ainsi autant de centres de profit autonomes.

Dirigeants et salariés sous pression constante

La décentralisation de l'organisation du travail se révèle remarquablement compatible avec la domination des critères financiers. L'organisation collective et l'autonomie des opérateurs de base sont explicitement encouragées. Pour atteindre leurs objectifs, les managers recherchent la standardisation des procédures et celle des résultats. Standardisation des procédures, et pas obligatoirement des procédés : ainsi les normes de qualité, telle ISO 9000, qui deviennent quasiment obligatoires pour les PME sous-traitantes, ne visent pas tellement à imposer des gestes précis ou des temps déterminés à l'avance aux opérateurs mais à faire respecter des procédures qui permettront, en cas d'incident ou de réclamation, d'identifier précisément la cause du problème et les responsabilités. C'est particulièrement nécessaire quand l'entreprise travaille en flux tendus, soumise à une tension extrême exercée par les clients. Cette obligation de « traçabilité » ressemble fort à l'exigence de transparence que les actionnaires imposent aux managers. Si les actionnaires demandent des rapports trimestriels ou mensuels aux administrateurs, les managers soumettent souvent les travailleurs à des évaluations hebdomadaires ou quotidiennes des performances collectives. Chez DHL, le leader de la livraison rapide, la direction demande des comptes sur les résultats mais pas sur le style de management. Ce qui n'empêche pas que le *reporting* (rapport) mensuel que chaque directeur d'agence doit envoyer au siège est une véritable « usine à gaz ». Outre les données financières classiques et l'état des ressources humaines (absentéisme, *turnover*, « état d'esprit général »), il est tenu de fournir une vingtaine d'indicateurs extrêmement précis sur la qualité du service. Autant de critères qui entrent dans le calcul de sa rémunération.

Quand la concurrence exige l'innovation ou la qualité dans des conditions largement imprévisibles, les procédures trop rigides et les indicateurs prédéfinis deviennent inopérants.

Cependant, cette voie n'est praticable que pour des activités où les produits et services sont stabilisés et standardisés. Quand la concurrence exige l'innovation ou la qualité dans des conditions largement imprévisibles, les procédures trop rigides et les indicateurs prédéfinis deviennent inopérants. L'autre voie est alors la standardisation des résultats. Les équipes autonomes et groupes de projet fleurissent, largement maîtres de leurs méthodes de travail, mais aiguillonnés sans cesse par les objectifs et obligations de *reporting* imposés d'en haut. Ainsi, chez les constructeurs automobiles, les groupes de projet internes et les sous-traitants se voient fixer des délais et des objectifs précis (souvent un coût global à ne pas dépasser pour une pièce ou un ensemble de pièces), libre à eux de s'organiser ensuite comme ils l'entendent.

La loi du marché, le meilleur des contremaîtres

Les équipes autonomes et les groupes de projet ne constituent toutefois pas la tendance dominante. La majorité des entreprises se contente de développer une polyvalence peu qualifiée, élargissant par exemple les compétences des ouvriers à des opérations élémentaires de maintenance dans l'industrie, ou favorisant les rotations entre postes pour faciliter le remplacement mutuel des salariés en cas d'imprévu.

La pression de la hiérarchie directe s'est relâchée par rapport aux années 1960. Le nombre de niveaux hiérarchiques a été réduit, les rapports de travail se sont assouplis : on ne dirige pas un opérateur bachelier comme on dirigeait un ouvrier immigré illettré. À l'autorité du chef se substitue celle du client et des marchés. Ainsi, subtil paradoxe, l'autonomie dans l'organisation est devenue la solution à l'éternel problème du contrôle du travail dans l'entreprise capitaliste. ■

Pour en savoir plus

R. Boyer, J.-P. Durand, *L'Après-fordisme*, Syros, Paris, 1998 (nouv. éd. augmentée).

T. Coutrot, *Critique de l'organisation du travail*, La Découverte, coll. « Repères », Paris, 1999.

T. Coutrot, *L'Entreprise néo-libérale, nouvelle utopie capitaliste ?*, La Découverte, Paris, 1998.

M. Gollac, S. Volkoff, « Citius, Altius, Fortius : l'intensification du travail », *Actes de la recherche en sciences sociales*, n° 114, Paris, sept. 1996.

M. Gollac, S. Volkoff, *Les Conditions de travail*, La Découverte, coll. « Repères », Paris, 2000.

Une réforme du Système financier international s'impose d'urgence

Par **Dominique Plihon**
Économiste, Université Paris-XIII-Nord

IL EST INDISPENSABLE DE RÉFORMER LE FONCTIONNEMENT DU FMI ET DE LA BANQUE MONDIALE, EN LES DÉMOCRATISANT, AVEC UNE REPRÉSENTATION ÉQUILIBRÉE DES PAYS DU NORD ET DU SUD DANS LEURS INSTANCES DIRIGEANTES. IL CONVIENT AUSSI DE PROMOUVOIR DE NOUVELLES FORMES DE FINANCEMENT, PLUS STABLES ET MIEUX ADAPTÉES QUE LA FINANCE PRIVÉE AU DÉVELOPPEMENT ÉCONOMIQUE ET SOCIAL À LONG TERME.

À partir des années 1990, le Système financier international (SFI) a été secoué par des crises récurrentes qui ont frappé la plupart des régions du monde, en commençant par l'Europe, avec les crises du Système monétaire européen (SME) en 1992-1993, du Mexique (fin 1994), des pays émergents asiatiques (1997), de la Russie (1998), du Brésil (1999), de la Turquie et de l'Argentine (2001).

Ces crises ont eu une cause commune : une libéralisation financière brutale et mal maîtrisée [*voir article p. 143*]. Dans les pays émergents, cette libéralisation, mise en œuvre à partir du milieu des années 1980, s'est accompagnée d'une libéralisation des échanges commerciaux. Ces transformations des systèmes financiers locaux – en particulier l'abandon du contrôle des changes et l'autorisation des banques à s'endetter librement en devises étrangères – ont été réalisées sous la pression des pays industrialisés et dans le cadre des négociations de l'OMC (Organisation mondiale du commerce) [*voir article p. 140*].

Deux illustrations exemplaires : les crises asiatique et argentine

Bénéficiant de liquidités internationales, les banques ont fortement développé leurs prêts sur les marchés locaux. En Thaïlande, en Corée du Sud et en Malaisie, leurs créances sur le secteur privé atteignaient ainsi en moyenne 140 % du PIB en 1996. Il en est résulté un « boom » de la consommation et des investissements propice à la formation de bulles spéculatives financières et immobilières. Les entrées de capitaux et la corruption ont fragilisé les systèmes financiers nationaux et ont également eu pour effet d'entraîner une appréciation des taux de change qui a induit un ralentissement des exportations. Cette fragilité des économies émergentes asiatiques a fini par créer la suspicion des banques et des investisseurs internationaux. Leur retrait brutal, à partir de juillet 1997, a provoqué une fuite de capitaux estimée à une centaine de milliards de dollars et une chute des monnaies locales de l'ordre de 20 %. À quelques variantes près, c'est le même processus infernal qui avait frappé le Mexique et qui allait toucher le Brésil ou la Russie.

Le cas de l'Argentine est apparu encore plus dramatique. Suivant la doctrine néo-libérale, on y a « dégraissé » la puissance publique et ouvert les frontières aux capitaux étrangers. En 2001, 90 % des banques et 40 % de l'industrie argentines étaient sous contrôle étranger ; la dette extérieure avait quadruplé depuis 1983, la corruption était triomphante, la santé et l'éducation étaient en lambeaux, le salaire moyen avait perdu la moitié de son pouvoir d'achat depuis 1974... Fin 2001, le pays était en situation de faillite, ce qui allait déclencher émeutes et crise politique.

Une réforme du SFI s'impose donc d'urgence. Le FMI, appuyé par les autorités des principaux pays industrialisés, a fait un certain nombre de propositions destinées à améliorer son fonctionnement. Elles sont principalement de deux ordres. Il s'agit, en premier lieu, de renforcer la qualité de l'information sur les emprunteurs. La découverte de l'état critique des banques et des finances extérieures des pays touchés par la crise avait, en effet, provoqué la perte de confiance des investisseurs. La deuxième proposition des autorités monétaires internationales est de renforcer la surveillance des systèmes bancaires locaux.

La responsabilité des crises spéculatives revient largement aux pays industrialisés et à leurs acteurs financiers, alors que la politique du FMI consiste à faire porter le poids de leur apurement principalement sur les pays emprunteurs.

Cependant, ces propositions sont largement insuffisantes pour enrayer les dysfonctionnements du SFI. Il apparaît en effet que la responsabilité des crises spéculatives revient largement aux pays industrialisés et à leurs acteurs financiers, alors que la politique du FMI consiste à faire porter le poids de leur apurement principalement sur les pays emprunteurs. Un consensus s'est dégagé chez les économistes et nombre d'autorités pour considérer qu'il est nécessaire d'impliquer directement les créanciers privés dans la résolution de ces crises. Il a ainsi été proposé de mettre en place des procédures de faillite et de moratoire internationaux qui permettraient de répartir plus équitablement le fardeau des crises financières entre créanciers et débiteurs. Il est clair que les banques et investisseurs internationaux seront incités à changer de comportement s'ils savent à l'avance qu'ils devront payer une partie des dommages causés par leurs opérations spéculatives.

Restaurer un contrôle des mouvements de capitaux

Le contrôle des mouvements internationaux de capitaux constitue un deuxième volet indispensable de la réforme du SFI. Il s'agit, en premier lieu, de limiter le champ d'action des acteurs financiers. Une première décision dans ce sens doit être la suppression des paradis fiscaux qui permettent aux banques de procéder au blanchiment de l'argent « sale » [*voir article p. 167*]. Il est, par ailleurs, nécessaire de contrôler les investisseurs internationaux – notamment les fameux fonds spéculatifs qui, à la différence des banques internationales, ne font actuellement l'objet d'aucune réglementation. Des ratios de solvabilité, comparables à ceux qui s'appliquent aux banques internationales et calculés en fonction des risques pris, doivent être imposés aux investisseurs. Il en résulterait que les investissements les plus aventureux seraient découragés, car leur rentabilité serait moindre en raison d'une obligation de couverture en provisions et en fonds propres plus élevée.

Une deuxième rupture salutaire par rapport à la doctrine ultra-libérale du FMI consisterait à considérer que la libéralisation financière doit être progressive et ne doit intervenir que lorsqu'un pays a des structures économiques et financières solides. La déréglementation dans les pays industrialisés est récente et elle a pris de nombreuses années ! Il convient donc de permettre aux pays en voie d'industrialisation de contrôler leurs entrées de capitaux. Plusieurs d'entre eux, notamment le Chili et la Colombie, ont pris des mesures au début des années 1990 pour décourager les entrées de capitaux spéculatifs à court terme. Les autorités chiliennes ont imposé des réserves obligatoires de 30 % sur tous les dépôts en dollars dans le système bancaire, ce qui a eu pour effet d'y réduire la rentabilité des placements à court terme. Ces politiques de contrôle et de taxation ont entraîné la réduction des entrées de capitaux, évitant ainsi une dangereuse surévaluation des monnaies à l'origine de la plupart des crises de change.

Une autre idée pour réduire la spéculation internationale a été adoptée par d'actifs réseaux militants qui revendiquent la mise en œuvre de la « taxe Tobin », du nom du prix Nobel d'économie américain James Tobin. Cette taxe, dont le taux moyen serait faible (de l'ordre de 0,1 %), s'appliquerait à toutes les transactions sur le marché des changes. Elle permettrait d'alimenter un fonds international destiné à financer l'aide aux pays en développement.

Les gouvernements sont restés opposés à la proposition de J. Tobin, ainsi qu'à toute autre mesure de taxation des transactions financières internationales, en dépit de leur grande popularité et de la mobilisation de nombreuses associations.

Réformer la gouvernance mondiale de la finance

Au-delà des nécessaires mesures de contrôle et de taxation des capitaux, c'est une réforme radicale des institutions en charge de réguler la finance mondiale qui s'impose. En effet, le FMI et la Banque mondiale ne sont plus en mesure de remplir les deux fonctions pour lesquelles ils ont été créés : garantir la stabilité du Système financier international et assurer le financement des pays en développement [*voir article p. 158*]. Il s'agit, en premier lieu, de réformer le fonctionnement de ces organisations, en les démocratisant, avec une représentation équilibrée des pays du Nord et du Sud dans leurs instances dirigeantes. En second lieu, il est urgent de changer les modalités actuelles de gestion de la dette des pays en développement, dans le cadre d'un règlement global conduisant à annuler la dette des plus pauvres d'entre eux. Ensuite, il est indispensable de développer les financements publics internationaux, à commencer par l'accroissement de l'APD (aide publique au développement) [*voir article p. 98*]. ■

Pour en savoir plus

F. Chesnais, D. Plihon (sous la dir. de), *Les Pièges de la finance mondiale,* Syros, Paris, 2000.

« Crise et marchés financiers », *Les Cahiers français,* n° 289, La Documentation française, Paris, janv.-févr. 1999.

P.-N. Giraud, *Le Commerce des promesses - Petit traité sur la finance moderne,* Seuil, Paris, 2001.

@ Sites Internet

Banque des règlements internationaux (BRI) : **http://www.bis.org**

Fonds monétaire international (FMI) : **http://www.imf.org**

Association pour la taxation des transactions financières et l'action citoyenne (ATTAC) : **http://www.attac.org**

Malgré ses évolutions, le financement du développement reste inadapté aux besoins des pays pauvres

Par **Marc Raffinot**
Économiste, Université Paris-IX-Dauphine

Malgré la succession de périodes d'engouement et de reflux du financement privé, le financement du développement est de plus en plus dominé par les marchés internationaux des capitaux, qui peuvent mobiliser rapidement des montants énormes. L'existence même d'organisations publiques spécialisées est fréquemment remise en cause.

Le financement extérieur du développement est constitué d'une grande variété de flux publics et privés allant du don aux prêts à taux de marché. La combinaison de ces divers flux s'est modifiée sans cesse en fonction de deux grandes tendances : la place grandissante des marchés financiers internationaux – la globalisation financière [*voir article p. 143*] – et la différenciation de plus en plus marquée des pays en développement.

Jusqu'en 1929, le financement du développement était assuré par des petits épargnants qui souscrivaient directement des titres émis par les collectivités publiques ou des entreprises privées, notamment pour la réalisation de grands travaux d'infrastructure. Les guerres, puis la crise de 1929 ont provoqué l'insolvabilité de beaucoup des ces collectivités. Malgré des négociations complexes et longues (elles se termineront dans le milieu des années 1950), une partie de l'épargne ainsi investie sera perdue.

En 1944, après le *New Deal*, la foi dans les vertus de l'intervention publique était à son sommet. Des institutions internationales furent créées à Bretton Woods pour gérer le Système monétaire international (Fonds monétaire international, FMI) et financer le développement sur une base multilatérale (Banque internationale pour la reconstruction et le développement, plus connue sous le nom de Banque mondiale). À ces institutions s'ajoutèrent des banques régionales de développement et des institutions nationales de financement du développement (financement bilatéral). La réussite du plan Marshall, en 1947, devint le mythe fondateur de cette approche du financement du développement, selon laquelle un apport massif de capital public extérieur peut accélérer la croissance. Par la suite, lors de chaque choc économique, il se trouvera toujours quelqu'un pour réclamer « un plan Marshall » – même si la reconstruction européenne et le décollage des jeunes nations sont deux choses bien différentes.

Montée en puissance du financement privé bancaire

Les organismes publics monopolisèrent alors le financement du développement, sous forme de financement de projets. La quasi-immobilité des capitaux à l'époque, notamment en raison d'un système de changes fixes, ne laissait guère d'alternative. Les financements fournis étaient censés combler les déficits d'épargne et de devises, levant ainsi les blocages au développement.

Les années 1970 virent la montée en puissance du financement privé par les banques. L'abondance de liquidités, encore accrue par l'expansion des pétrodollars après 1973, contraignait les banques à rechercher des placements rémunérateurs et fiscalement avantageux. Les pays en développement recherchaient pour leur part des financements moins contraignants, même s'ils étaient plus coûteux. Le crédit bancaire accordé aux États devint progressivement la forme dominante du financement du développement. Il en résulta une croissance rapide de l'endettement des pays du Sud, dans un contexte de croissance assez vive de la plupart de ces économies et de taux d'intérêt réels négatifs.

L'augmentation brutale des taux d'intérêt, due à la modification de la politique monétaire des États-Unis en 1980, et la récession qui s'ensuivit firent éclater cette bulle financière. La crise de l'endettement se déclencha en 1982 quand le Mexique se retrouva au bord de la faillite. Les organismes publics (le FMI, la Banque mondiale, avec l'appui déterminant du Trésor des États-Unis) ne purent combler que très partiellement le reflux du financement bancaire. En l'absence de prêts nouveaux, les pays très endettés durent faire face à des transferts financiers négatifs, leur service de la dette étant supérieur aux nouveaux emprunts.

Crise de la dette et politiques d'ajustement structurel

Les organisations internationales cherchèrent à rétablir la solvabilité des économies des pays en développement en leur imposant des programmes d'ajustement structurel. Ces plans d'austérité visant à rééquilibrer les balances des paiements pesèrent sur la reprise économique et eurent un impact social négatif. Il fallut attendre 1989 pour qu'un règlement comportant un abandon partiel des créances soit imposé aux banques privées par le secrétaire d'État américain au Trésor (plan Brady). Parallèlement, les pays les plus pauvres bénéficièrent de traitements de leur dette de plus en plus favorables par le Club de Paris, qui réunit les grands États créanciers. Après la réunion du G-7 (Groupe des sept pays les plus industrialisés) à Toronto en 1988, une partie des échéances fut annulée et la part des dons et des prêts à faible taux dans le financement des États pauvres augmenta.

Les organisations internationales ont cherché à rétablir la solvabilité des économies des pays en développement en leur imposant des programmes d'ajustement structurel. Ceux-ci ont pesé sur la reprise économique et ont eu un impact social négatif.

Le crédit bancaire aux pays en développement se réduisit, mais les investissements de portefeuille (achats de titres) et les investissements directs, stimulés par les privatisations, connurent un essor sans précédent, très concentré sur les pays émergents. Le fait que les créanciers et les débiteurs soient des opérateurs privés semblait écarter la possibilité de crise. C'était oublier la faiblesse du contrôle des systèmes bancaires des pays émergents, qui avaient laissé les emprunteurs prendre des risques excessifs. La soudaine prise de conscience des dangers encourus conduisit à un nouveau reflux des capitaux privés et à de nouvelles crises (fin 1994 au Mexique et mi-1997 en Thaïlande puis dans toute l'Asie du Sud-Est). La mobilisation des organismes publics, encore une fois fermement encadrés par le Trésor des États-Unis, permit un redressement assez rapide et le sauvetage des investisseurs qui avaient spéculé bien imprudemment. Les polémiques sur les causes de la crise (modifications des anticipations des investisseurs privés ou opacité des politiques suivies et corruption) conduisirent à des jugements opposés sur l'opportunité des mesures imposées : fallait-il augmenter les taux d'intérêt pour retenir les capitaux, au risque de généraliser les faillites et de casser la croissance ?

Quel financement pour quel développement ?

Malgré la succession de périodes d'engouement et de reflux du financement privé, le financement du développement est de plus en plus dominé par les marchés internationaux des capitaux, qui peuvent mobiliser rapidement des montants énormes. L'existence même d'organisations publiques spécialisées est fréquemment remise en cause. La garantie implicite qu'elles donnent aux investisseurs favorise les comportements à risque. Les pays émergents pourraient trouver sur les marchés les montants dont ils ont besoin, à condition que des règles du jeu soient précisées et que la transparence de ces marchés soit bien assurée. Cela implique de mieux discriminer les flux spéculatifs et les investissements à long terme. Si la proposition de taxe sur les transactions de change (« taxe Tobin ») semble difficile à mettre en œuvre, certains pays, comme le Chili, ont pris des mesures pour freiner les flux de capitaux à court terme.

> ***Les pays les plus pauvres sont purement et simplement exclus des marchés internationaux des capitaux et les organisations publiques spécialisées restent leur seul recours. L'aide ainsi fournie est d'un intérêt indéniable.***

Les pays les plus pauvres n'ont pas ces problèmes. Ils sont purement et simplement exclus des marchés internationaux des capitaux et les organisations publiques spécialisées restent leur seul recours. L'aide ainsi fournie est d'un intérêt indéniable. D'un point de vue financier, elle présente l'avantage d'être relativement stable. Sur le plan économique et social, elle est de plus en plus orientée vers la lutte contre la pauvreté. Mais elle n'a pas prouvé son efficacité pour entraîner la croissance. Malgré les faibles taux d'intérêt des prêts et l'abondance des dons, les remboursements sont très partiels. C'est pourquoi les annulations de dette bilatérale se sont multipliées, et les organisations internationales elles-mêmes, dérogeant à des principes plus que cinquantenaires, ont dû annuler à leur tour une partie de leurs créances. Mais le financement par dons qui en découle logiquement n'est pas sans danger, une logique d'assistance se substituant à celle de développement. ■

Pour en savoir plus

P. Lenain, *Le FMI*, La Découverte, coll. « Repères », Paris, 1996.

J.-Y. Moisseron, M. Raffinot, *Dette et pauvreté. Solvabilité et allègement de la dette des pays à faible revenu* Économica, Paris, 1999.

J.-D. Naudet, *Trouver des problèmes aux solutions, vingt ans d'aide au Sahel*, OCDE, Paris 1999.

M. Raffinot, *La Dette des tiers mondes*, La Découverte, coll. « Repères », Paris, 1993.

M. Raffinot, « Réduction de dette et financement du développement », *Projet*, n° 259, sept. 1999.

@ Sites Internet

Oneworld (site de plus de 400 ONG de développement anglophones) : **http://www.oneworld.org**

EURODAD (European Network on Debt and Development) : **http://www.eurodad.org**

La crise et les transformations des formes de l'emploi ne signifient nullement la fin du travail

Par **Michel Freyssenet**
Sociologue, CNRS (CSU-Iresco), GERPISA

SELON LE RAPPORT SOCIAL SOUS LEQUEL ELLE EST EFFECTUÉE, UNE MÊME ACTIVITÉ PEUT ÊTRE CONSIDÉRÉE COMME DU TRAVAIL OU DU NON-TRAVAIL. C'EST L'EXTENSION DU SALARIAT QUI A TRANSFORMÉ NOMBRE D'ACTIVITÉS EN TRAVAIL.

Les transformations que le travail et l'emploi ont connues depuis la crise de 1974 ont conduit certains observateurs à annoncer la « fin du travail ». Pour les uns, le travail changerait de nature, il deviendrait une activité susceptible de permettre l'épanouissement individuel. Pour les autres, il n'en serait rien, mais la réduction inéluctable du temps à lui consacrer en raison des nouvelles technologies lui ferait perdre la centralité qu'il a eue jusqu'à présent dans la vie sociale et laisserait la possibilité de se livrer à des activités libres véritablement créatrices. Il y a fort à parier que ni l'une ni l'autre de ces perspectives ne se réalisera.

Les tenants de la thèse de la « fin du travail » par changement de sa nature ont été sensibles à l'abandon de règles dites tayloriennes dans les entreprises, à la disparition de nombreuses tâches pénibles et peu qualifiées, ainsi qu'à la sollicitation de l'initiative des salariés. Le travail serait donc selon eux de moins en moins contraint et prescrit. Il tendrait à devenir une activité permettant à un nombre croissant de salariés d'accroître leurs compétences, voire de s'y accomplir. Mieux encore, il deviendrait possible de développer à nouveau les emplois de travailleurs indépendants, maîtres de leur temps et de leurs outils, notamment grâce aux nouvelles technologies. La « fin du travail » résulterait de son dépassement.

Une division de l'intelligence du travail bien antérieure au taylorisme

La division du travail aurait atteint son paroxysme avec le travail à la chaîne et sa généralisation. Le rejet de ce modèle par les ouvriers dans les années 1970, ses contre-performances en terme de qualité, les limites atteintes en terme de productivité auraient finalement convaincu un nombre croissant de dirigeants d'entreprise de la nécessité de remettre en cause les principes tayloriens. Après avoir essayé l'« humanisation du travail » préconisée par des firmes suédoises sous forme de travail en « module », ils auraient finalement adopté les « méthodes japonaises », consistant à demander aux opérateurs d'améliorer l'efficacité du travail à la chaîne ou celle des machines en recherchant et en éliminant les causes des défauts, des dysfonctionnements et des pannes [*voir article p. 152*]. Les ouvriers et nombre d'employés pourraient à nouveau trouver dans leur activité professionnelle la possibilité de s'investir intellectuellement et affectivement, comme peuvent le faire les techniciens et les cadres.

Cependant, la disparition de tâches de production directe n'aboutit pas à ne laisser que des emplois de conception, de gestion et de maintenance. Elle a été accompagnée d'un déplacement de la division du travail au sein de ces activités. Il en est de même pour les activités de service, à travers certaines formes d'informatisation.

La disparition de tâches de production directe n'aboutit pas à ne laisser que des emplois de conception, de gestion et de maintenance, elle s'accompagne d'un déplacement de la division du travail au sein de ces activités.

En fait, la division de l'intelligence du travail est bien antérieure au taylorisme, elle remonte au moins à la naissance du capitalisme et du salariat. Elle s'est imposée dans l'organisation productive et la conception des machines car les propriétaires ou les dirigeants ne pouvaient avoir la certitude d'obtenir de leurs salariés la production – en quantité, qualité, coûts et délais – pour laquelle ils avaient investi en capital. La limitation de l'autonomie et du savoir nécessaire des salariés dans la réalisation de la production a été et demeure, avec la pression du chômage, la voie privilégiée pour réduire cette incertitude. L'inversion de la division de l'intelligence du travail impliquerait de parier sur la confiance et aboutirait de proche en proche à remettre en cause le rapport salarié lui-même. C'est la raison pour laquelle elle n'a jamais durablement prévalu.

Le capitalisme et les nouveaux besoins solvables

Pour les tenants de la thèse de la « fin du travail » par réduction du temps à lui consacrer, les changements de nature du travail salarié sont illusoires. Il n'y aurait d'autre solution que d'en réduire l'emprise sur les relations entre les personnes. Pour eux, le moment serait venu où un tel projet serait réalisable. La permanence d'un chômage de masse et son accentuation prévisible avec la diffusion de l'automatisation et de l'informatique dans tous les secteurs obligeraient à partager le travail entre salariés et chômeurs en réduisant le temps individuel à lui consacrer. Cette situation nouvelle serait une formidable opportunité pour développer des activités de libre choix, hors des relations marchandes et de la pression à consommer toujours plus. Le temps consacré à ces activités devenant plus important que celui exigé par le travail ferait que ce dernier ne serait plus le centre de la vie sociale. La multiplication des associations, des initiatives bénévoles, des actions de solidarité, des activités culturelles et sportives serait annonciatrice de cette nouvelle ère. Il conviendrait d'en accélérer l'avènement pour changer les rapports sociaux. Des personnes se « tuent » au travail, pendant que d'autre « meurent » de ne pas en avoir : pourquoi ne pas partager ce travail contraint pour donner à tous le maximum de temps de libre choix ?

Ce point de vue, comme le précédent, oublie de reconstituer la trajectoire de nos sociétés et refuse de considérer la dynamique du rapport social dominant qu'est aujourd'hui le capitalisme, quelle que soit la forme qu'il prend. Ailleurs et à d'autres époques, le raisonnement actuel sur la « fin du travail » aurait tout aussi bien pu être tenu. On aurait pu considérer en effet que les gains considérables de productivité déjà réalisés dans la production de l'alimentation, de l'habillement, de l'habitation, de l'énergie et du transport suffisaient au bonheur de tous, et qu'il était temps de partager ce travail-là, pour accéder à des activités librement ou démocratiquement choisies. Il n'a pas manqué d'ailleurs de réformateurs sociaux pour défendre un tel projet.

Mais quels biens seraient considérés comme nécessaires et suffisants pour faire l'objet d'une production la plus automatisée possible, afin de dégager du temps pour tous ? Surtout, par quel miracle les entreprises capitalistes renonceraient-elles à investir de nouveaux secteurs d'activités dès lors qu'il apparaîtrait qu'ils correspondent à de nouveaux besoins solvables ? Il y a encore peu, il était impensable que les loisirs puissent être organisés et vécus sous une forme autre que familiale, amicale, corporative ou associative. Or ils sont devenus un secteur économique essentiel et la division du travail s'y développe tout aussi rapidement que dans une usine, à coups de réorganisations, d'informatisation de la gestion et de rationalisation des prestations. De telles évolutions ne sont pas le fruit d'une course imbécile au profit. Elles sont une nécessité pour que le capitalisme perdure. Celui-ci a constamment besoin de nouveaux champs d'investissement. Bref, tout se passe comme si, dans nos sociétés, les activités « libres » ou collectives jouaient en fait le rôle de poissons-pilotes des entreprises capitalistes pour détecter et faire émerger de nouveaux besoins susceptibles de devenir des marchandises.

Tout se passe comme si, dans nos sociétés, les activités « libres » ou collectives jouaient le rôle de poissons-pilotes des entreprises capitalistes pour faire émerger de nouveaux besoins susceptibles de devenir des marchandises.

Comment pourrait-on malgré tout en finir avec le travail ? Aussi incroyable que cela puisse paraître, tellement il a été naturalisé, universalisé et sacralisé dans nos sociétés, le travail est une « invention » récente. En fait, selon le rapport social sous lequel elle est effectuée, une même activité peut être considérée comme du travail ou du non-travail. C'est l'extension du salariat qui a transformé nombre d'activités en travail. Ainsi de l'activité sportive, par exemple. Dès lors, pour que le travail ne soit plus socialement central, il faudrait un reflux du rapport capital-travail au profit d'un autre rapport social qui finirait par le supplanter, comme le rapport capital-travail a lui-même supplanté ou marginalisé les rapports sociaux qui lui étaient antérieurs. ■

Pour en savoir plus

R. Castel, *Métamorphose de la question sociale*, Fayard, Paris, 1995.

M. Freyssenet, « Historicité et centralité du travail », *in* J. Bidet, J. Texier (sous la dir. de), *La Crise du travail*, PUF, Paris, 1995.

M. Freyssenet (sous la dir. de), « Les énigmes du travail », *Sociologie du travail*, numéro hors série, Dunod, Paris, 1994.

A. Gorz, *Métamorphose du travail : quête de sens*, Galilée, Paris, 1989.

D. Méda, *Le Travail, une valeur en voie de disparition*, Aubier, Paris, 1995.

J. Rifkin, *La Fin du travail*, La Découverte, Paris, 1996 (La Découverte/Poche, 1997).

L'État reste présent dans l'économie, mais à la manière d'un « stratège » et non plus d'un « pilote »

Par **Jacques Chevallier**
Droit public et science politique,
Université Paris-II-Panthéon-Assas

TANDIS QUE L'IMBRICATION CROISSANTE DES ÉCONOMIES INTERDIT DÉSORMAIS À L'ÉTAT DE MAÎTRISER LES VARIABLES ESSENTIELLES DU DÉVELOPPEMENT, LE BOULEVERSEMENT DES ÉQUILIBRES SOCIAUX IMPOSE LE PASSAGE À DE NOUVEAUX MODES DE PROTECTION COLLECTIVE. C'EST DONC BIEN UN NOUVEL ÉTAT QUI ÉMERGE À LA FAVEUR DES MUTATIONS ÉCONOMIQUES ET SOCIALES.

Le mouvement général de retrait des institutions publiques engagé à compter du début des années 1980 a entraîné un réajustement durable du rôle de l'État et une réévaluation en profondeur de sa place dans la vie sociale.

Le XXe siècle avait été marqué par un processus, apparemment irrésistible et irréversible, d'expansion étatique. Alors que, dans le modèle libéral, l'État était censé n'exercer que des fonctions limitées, on avait assisté à une extension continue de sa sphère d'intervention, qui s'était progressivement dilatée jusqu'à recouvrir la société tout entière. Sans doute, cette expansion avait-elle pris des formes différentes : alors que, dans les pays socialistes, la société civile avait été absorbée par un État exerçant une emprise totale et exclusive sur la vie sociale (« État totalitaire ») et que dans les pays en développement l'État, chargé de réaliser l'intégration sociale et de promouvoir le développement économique, était devenu le pôle essentiel, sinon unique, autour duquel se structuraient l'ensemble des rapports économiques et sociaux (« État autoritaire »), dans les pays de type libéral, l'espace social était resté construit sur un mode pluraliste. Cependant, là aussi, l'avènement de l'« État-providence » avait entraîné une profonde transformation des fonctions d'un État promu tout à la fois agent d'intervention économique, chargé de garantir la croissance et le plein emploi, et instrument de redistribution sociale, afin d'assurer la protection sociale et le bien-être (*Welfare State*). Les Trente Glorieuses (1945-1975) avaient été, dans les pays d'Europe occidentale, le moment d'épanouissement de ce protectorat étatique.

Un reflux généralisé

Un choc en retour s'est produit à partir du début des années 1980. Non seulement le mouvement d'expansion étatique a été stoppé, mais encore une conception plus modeste du rôle de l'État a tendu partout à prévaloir. Cette évolution a été puissamment favorisée par les nouveaux développements d'une mondialisation qui a contribué à saper les positions conquises par les États-nations. Le mouvement a été spectaculaire à l'Est, à la faveur de l'effondrement de l'État totalitaire : le démantèlement des entreprises d'État et la fin de l'économie administrée ont entraîné la constitution d'une sphère économique dominée par l'initiative privée ; la suppression de la chape de plomb étatique a également permis le développement d'institutions sociales autonomes. De même, au Sud, les mesures drastiques imposées par les institutions financières internationales ont conduit à la fin de l'hégémonie du secteur public. Dans les pays libéraux, la fin de l'État-providence s'est traduite par l'effritement de la capacité d'action économique des institutions publiques (abandon de l'idée de planification, transfert de la fonction de régulation monétaire à des instances indépendantes, allégement des contraintes pesant sur les agents économiques, privatisation des entreprises publiques) ainsi que par la réduction de l'ambition des politiques sociales. Après le premier effort de réduction, ou au moins de stabilisation, des dépenses sociales accompli dans les années 1980, c'est la logique même du *Welfare State* qui s'est trouvée mise en cause au cours de la décennie suivante, avec la réforme des mécanismes d'aide sociale. Ce fut particulièrement vrai aux États-Unis et au Royaume-Uni.

À partir du début des années 1980, non seulement le mouvement d'expansion étatique a été stoppé, mais encore une conception plus modeste du rôle de l'État a tendu partout à prévaloir.

À la recherche d'un nouveau modèle

Ce repli ne signifie pas pour autant le retour au modèle libéral traditionnel. L'État reste investi dans les sociétés contemporaines d'une série de fonctions essentielles, comme en témoigne dans les pays occidentaux l'absence de réduction significative du volume des dépenses publiques et du poids des prélèvements obligatoires. L'exemple des pays en transition a parfaitement mis en évidence quant à lui l'importance de la médiation de l'État pour établir les règles et institutions, fournir les biens et services nécessaires au bon fonctionnement de l'économie de marché. Tout se passe en fait comme si l'on assistait à la construction d'un nouveau modèle d'État qui est – à la différence de l'État libéral du passé – fortement présent dans la vie sociale, mais dont les formes d'intervention se trouvent profondément modifiées. Après en avoir critiqué les excès, la réhabilitation du rôle de l'État par la Banque mondiale dans son rapport 1997 est significative de cette évolution. Tandis que l'imbrication croissante des économies interdit désormais à l'État de maîtriser les variables essentielles du développement, le bouleversement des équilibres sociaux impose le passage à de nouveaux modes de protection collective. C'est donc bien un nouvel État qui émerge à la faveur des mutations économiques et sociales en cours.

L'État, chef d'orchestre inévitable

L'État reste présent dans l'économie, mais à la manière d'un « stratège », et non plus d'un « pilote », qui s'efforce d'accompagner ou d'amortir l'effet de mouvements sur lesquels il n'a plus réellement prise. L'instauration d'une économie ouverte le prive de ses moyens d'action classiques et lui interdit toute possibilité de définition d'un projet volontariste de développement. De même, la logique concurrentielle qui commande le fonctionnement des activités productives pousse irrésistiblement au démantèlement d'un secteur public qui a perdu toute raison d'être. Néanmoins, ce reflux de la conception qui érigeait l'État en moteur du développement et lui confiait la gestion de secteurs clés de l'économie, sinon de l'économie tout entière, n'est pas synonyme de désengagement. L'État apparaît comme un « régulateur », chargé d'assurer le maintien des grands équilibres, en intégrant des contraintes de nature diverse. L'évolution de l'économie de marché rend cette intervention indispensable : la complexité croissante des circuits économiques, les mutations technologiques, la sophistication des produits financiers, la mondialisation des échanges, mais aussi la pression croissante de pouvoirs économiques, dont la puissance se renforce par le jeu de l'internationalisation, imposent la mise en place d'instances capables de fixer certaines règles du jeu, de faire prévaloir certaines disciplines, de protéger certains intérêts. L'État garde par ailleurs des fonctions d'auxiliaire du marché, en venant en aide aux entreprises en difficulté ou aux secteurs de pointe, ainsi qu'en corrigeant les déséquilibres territoriaux induits par la logique marchande.

L'État est plus que jamais préposé au maintien de la cohésion sociale et chargé de recoudre en permanence un tissu social que la dynamique d'évolution des sociétés contemporaines tend à déchirer.

Corrélativement, l'État conserve un rôle essentiel en matière de protection sociale : même si la logique assurantielle sur laquelle avait été construit le *Welfare State* tend à s'infléchir sous la pression de la nécessité ou par l'appel aux mécanismes de l'assurance privée et de la capitalisation pour les retraites, c'est toujours à l'État qu'il appartient de garantir un filet de protection minimal. Et si les politiques sociales tendent à une plus grande sélectivité, afin d'éviter tout ancrage dans l'assistance et d'inciter au retour au travail (l'ambition étant de passer du *Welfare* au *Workfare State*, selon la formule du Premier ministre britannique Tony Blair), l'accent mis sur la lutte contre les différentes formes d'exclusion, à travers le développement d'une série d'actions spécifiques en direction des plus défavorisés, montre que l'État est plus que jamais préposé au maintien de la cohésion sociale et chargé de recoudre en permanence un tissu social que la dynamique d'évolution des sociétés contemporaines tend à déchirer. ■

Pour en savoir plus

J. Chevallier, *Science administrative*, PUF, coll. « Thémis », Paris, 3e éd., 2002.

P. Delmas, *Le Maître des horloges*, Odile Jacob, Paris, 1991.

« Les frontières de l'État. Économie et société », *Les Cahiers français*, n° 271, La Documentation française, Paris, mai-juin 1995.

F.-X. Merrien, *L'État-providence*, PUF, coll. « Que sais-je ? », Paris, 1997.

P. Rosanvallon, *La Crise de l'État-providence*, Seuil, Paris, 1981.

P. Rosanvallon, *La Nouvelle Question sociale. Repenser l'État-providence*, Seuil, Paris, 1995.

La mondialisation de l'économie du crime s'accompagne de la criminalisation de l'économie mondialisée

Par **Jean de Maillard**
Magistrat

MARCHÉS FINANCIERS OPAQUES ET PARADIS BANCAIRES ET FISCAUX SONT DEVENUS LES VECTEURS PRIVILÉGIÉS D'UN SYSTÈME GLOBAL QUI REND DE MOINS EN MOINS VISIBLES LES LIMITES ENTRE UNE ÉCONOMIE CRIMINELLE QUI S'INFILTRE DANS L'ÉCONOMIE LÉGALE ET UNE ÉCONOMIE LÉGALE QUI SE CRIMINALISE.

À l'instar de toutes les grandes entreprises, le crime organisé a, au cours des années 1990, diversifié ses activités et ses structures. Il a su s'adapter aux exigences d'une économie internationalisée au sein de laquelle il a pris une place considérable. Cette mondialisation de l'économie criminelle se double d'une criminalisation de l'économie mondiale et les deux tendances relèvent désormais d'une logique commune.

L'existence d'une véritable internationale du crime s'était révélée dès les années 1970, quand les autorités américaines obligèrent la police française à démanteler la *French connection*. Mais son élimination n'a pas eu l'effet escompté puisqu'elle a marqué au contraire le début d'une dissémination des réseaux de drogue dans le monde entier. Aujourd'hui, on estime raisonnablement à 400 milliards de dollars au moins le chiffre d'affaires annuel des trafics de drogue dans le monde, ce qui en ferait le premier marché mondial des matières premières.

Si la drogue fut et demeure l'activité dominante de l'économie internationale du crime, elle n'est cependant pas la seule. Tous les trafics suscités par l'existence de différentiels de valeur, comme dans n'importe quel autre système économique, se sont développés au niveau international. Selon le FMI (Fonds monétaire international), le produit criminel brut mondial s'élèverait à 1 000 milliards de dollars par an, et de 2 % à 5 % du PIB de la planète proviendraient du blanchiment de l'argent sale. On pense selon l'ONU qu'un milliard de dollars sont blanchis chaque jour dans le monde.

Trafics d'armes, d'êtres humains (réseaux d'immigration illégale, de prostitution, de travail clandestin, etc.), trafics d'objets d'art, de matières rares ou dangereuses, pillage des aides publiques..., tout peut être objet de trafic transnational dès lors que sa commercialisation en un autre point de la planète est source de profit. La seule différence, à cet égard, entre l'économie criminelle et l'économie légale est que la première spécule sur l'interdiction ou la restriction du commerce d'une denrée (l'homme étant lui-même une marchandise) pour faire des bénéfices que les acteurs de la seconde s'interdisent de faire.

Une division internationale du travail

Outre les activités, ce sont les réseaux criminels qui se sont eux-mêmes internationalisés : les acteurs de l'économie illégale se sont disséminés tout autour de la planète, au fur et à mesure de l'ouverture des frontières et de la libéralisation des échanges. Les diasporas, en particulier, ont joué et continuent de jouer un rôle primordial dans la diffusion du modèle sociologique mafieux : des relations claniques suscitant l'émergence, au sein d'une communauté minoritaire et fermée, d'une élite régulatrice des rapports internes. Le monde criminel emprunte ainsi l'un des traits de la mondialisation, à savoir des formes de socialisation de plus en plus locales et communautaires, servant de base à de nouveaux rapports économiques.

Les mafias et les organisations criminelles peuvent conclure des joint ventures : les unes financent, les autres produisent ou commercialisent, d'autres transportent.

Cette diffusion du modèle mafieux a, à son tour, suscité une autre tendance également caractéristique de la mondialisation. Comme toute économie structurée, l'économie criminelle a atteint un stade avancé de division du travail et on y observe des phénomènes de sous-traitance, d'externalisation des tâches et d'optimisation des fonctions. Désormais, la production de cocaïne appartient par exemple aux cartels colombiens et sa commercialisation aux cartels mexicains. Les trafiquants sud-américains ont importé chez eux la culture du pavot, en liaison avec les producteurs d'héroïne asiatiques, afin de diversifier leurs productions et renouveler leurs offres de produits, tandis que les transports internationaux de drogue sont souvent concédés aux Nigérians. Les mafias et les organisations criminelles peuvent ainsi conclure des *joint ventures*, pour lancer des opérations de trafic de drogue : les unes financent, les autres produisent ou commercialisent, d'autres transportent, chacun exerçant sa spécialité en coopération avec les autres.

Des structures extrêmement flexibles

Une des évolutions les plus importantes de l'économie criminelle est pourtant l'une des moins bien comprises. La répression qui s'est en effet abattue sur les mafias siciliennes et nord-américaines a pu faire croire que les mafias étaient atteintes dans leur expansion, et que leur éradication était en vue. C'est une lourde erreur d'appréciation : la répression n'a fait en réalité que permettre la modernisation des structures du crime organisé, en éliminant les structures obsolètes, parce qu'organisées sur un modèle centralisé et hiérarchique qui n'a plus cours dans une économie mondialisée. L'époque est aux organisations – légales ou non – flexibles et mobiles, ordonnées sur un modèle en réseau et non plus en pyramide. Les cartels de Medellin et de Cali ont laissé place à une multitude de structures familiales ou claniques qui maillent l'économie de la cocaïne. Les familles de la Cosa Nostra sicilienne – même si elles ont souffert de la répression –, la N'drangheta, la Sacra Corona Unita et surtout la Camorra, où les relations sont souples, voire informelles, sont aujourd'hui florissantes.

La loi du marché, selon le dogme de la globalisation, ne peut souffrir d'autre régulation qu'elle-même. L'affaiblissement des législations qui encadraient les rapports sociaux et les relations économiques et financières laisse les entités productives de plus en plus maîtresses de leurs propres réglementations. Une firme mondiale réagit plus aujourd'hui à des règles internes déterritorialisées qu'aux législations des États où ses établissements sont implantés. Les risques de pénétration criminelle de l'économie officielle ne sont plus, dès lors, des hypothèses d'école, comme l'ont révélé les réseaux financiers de l'organisation terroriste al-Qaeda, mis au jour après les attentats du 11 septembre 2001 aux États-Unis. Les affaires « Elf », « fonds Abacha », « Kremlingate », « Clearstream »... ont montré que les frontières entre économies légale et illégale n'existent plus. Et qui s'étonne encore, par exemple, de voir la Banque centrale de Russie dissimuler 50 milliards de dollars dans une filiale *offshore* de Jersey ?

Lessiveuses et paradis fiscaux

Dominée par la logique financière, l'économie mondiale sert de havre à toutes les activités criminelles en quête de recyclage de leurs capitaux. Marchés financiers opaques et paradis bancaires et fiscaux sont ainsi devenus les vecteurs privilégiés d'un système global qui rend de moins en moins visibles les limites entre une économie criminelle qui s'infiltre dans l'économie légale et une économie légale qui se criminalise. Les îles Cayman, à elles seules, comptaient au tournant de siècle plus de 570 banques dont les dépôts dépassaient 500 milliards de dollars. La région caraïbe recevait 61 milliards de dollars de dépôts financiers en 1986, contre 300 milliards en décembre 1993, 341 milliards en juin 1994... Les États-Unis, l'Europe, l'Asie, tous ont leurs paradis bancaires, fiscaux et judiciaires à portée de main.

Il est plus facile de blanchir un million de dollars que 20 000 car les contrôles sont inexistants sur les marchés financiers. Mais plus les activités criminelles sont vastes et organisées et plus elles doivent avoir une façade légale insoupçonnable.

La criminalisation mondiale et la mondialisation criminelle ont ainsi provoqué un double paradoxe. Plus les capitaux accumulés par les organisations criminelles sont importants, plus ils peuvent se dissimuler dans les recoins opaques créés par la dérégulation économique et financière. Il est plus facile de blanchir un million de dollars que 20 000 car les contrôles sont inexistants sur les marchés financiers. Ce premier paradoxe s'explique par le second : plus les activités criminelles sont vastes et organisées, plus elles doivent avoir une façade légale insoupçonnable. La fusion entre l'économie légale et l'économie criminelle paraît donc aujourd'hui accomplie. ■

Pour en savoir plus

P. Broyer, *L'Argent sale dans les réseaux du blanchiment*, L'Harmattan, Paris, 2000.

G. Fabre, *Les Prospérités du crime : trafic de stupéfiants, blanchiment et crises financières dans l'après-guerre froide*, Éd. de l'Aube, Paris, 1999.

J.-L. Hérail, P. Ramael, *Blanchiment d'argent et crime organisé*, PUF, Paris, 1996.

O. Jerez, *Le Blanchiment de l'argent*, Banque Éditeur, Paris, 1998.

M. Koutouzis (sous la dir. de), *Atlas mondial des drogues*, PUF, Paris, 1996.

J. de Maillard, *Le marché fait sa loi : de l'usage du crime par la mondialisation*, Mille et une nuits, Paris, 2001.

J. de Maillard (illustr. de P.-X. Grézaud), *Un monde sans loi*, Stock, Paris, 1998.

M. Serceau (sous la dir. de), « L'enfer des mafias », *Panoramiques*, n° 39, Corlet, Condé-sur-Noireau, 1er trim. 1999.

@ Sites Internet

La Lettre du blanchiment : **http://www.lalettredublanchiment.com**

Observatoire du crime organisé : **http://www.ocdbgroup.net**

La mobilité des investissements a changé la géographie de l'emploi et des inégalités

Par **Denis Clerc**
Économiste, conseiller de la rédaction du mensuel « Alternatives économiques »

ALORS QUE, TRADITIONNELLEMENT, LES INVESTISSEMENTS DIRECTS À L'ÉTRANGER AVAIENT PRINCIPALEMENT POUR BUT DE TOURNER DES BARRIÈRES DOUANIÈRES OU DE RÉDUIRE LES COÛTS DE TRANSPORT ET DE COMMERCIALISATION, ILS PARTICIPENT DÉSORMAIS D'UNE STRATÉGIE DE MONDIALISATION : PRODUIRE LÀ OÙ C'EST LE PLUS INTÉRESSANT, ET VENDRE LÀ OÙ CELA RAPPORTE LE PLUS.

Ce n'est pas d'aujourd'hui que les firmes multinationales multiplient leurs investissements de par le monde : Singer, la firme américaine de machines à coudre, a créé une filiale au Royaume-Uni en 1860 et la première usine Michelin aux États-Unis fut ouverte dès 1907. On pourrait donc être tenté de penser qu'il n'y a rien de nouveau sous le soleil et que l'ampleur croissante des investissements à l'étranger n'est que la poursuite d'un phénomène vieux comme le capitalisme. Ce serait une erreur.

Alors que, traditionnellement, les investissements directs à l'étranger (IDE) avaient principalement pour but de tourner des barrières douanières ou de réduire les coûts de transport et de commercialisation, ils participent désormais d'une stratégie de mondialisation : produire là où c'est le plus intéressant, et vendre là où cela rapporte le plus. IDE et exportations croissantes vont de pair : ces investissements dessinent une nouvelle géographie économique des opérations productives. La firme qui commercialise assemble des composants produits dans le monde entier, tantôt dans ses filiales, tantôt chez des sous-traitants, parce que les coûts de transport sont généralement très faibles et que les communications permettent de suivre les opérations productives à distance presque en temps réel. C'est le rapport qualité/prix de chaque fournisseur qui détermine s'il reste dans la course ou si d'autres fournisseurs se substitueront à lui. Bref, avec la mobilité des investissements, la concurrence est devenue mondiale, et cela change beaucoup de choses.

Délocalisations : un coupable rapidement désigné

Le premier changement concerne évidemment l'emploi : dans les activités requérant un personnel peu ou pas qualifié et dans certaines activités de services (saisie informatique), le coût horaire de la main-d'œuvre est vingt à trente fois plus élevé dans les pays du Nord que dans ceux du Sud en voie d'industrialisation. Même si l'on tient compte de la moindre efficacité du travail dans ces derniers pays, le risque de voir migrer massivement l'emploi est évident, alors même qu'en Europe le chômage de masse fait déjà des ravages. Ce point de vue est soutenu par des économistes connus comme Samir Amin ou le prix Nobel Maurice Allais, par exemple, et largement partagé au Nord par une opinion publique inquiète.

En fait, ces craintes se sont révélées très exagérées. Certes, dans le textile, le montage électronique, le moulage plastique, l'emploi a beaucoup souffert. Mais les gains de productivité – la modernisation des procédés – ont joué un rôle généralement bien plus important que les délocalisations : la « destruction créatrice », pour reprendre le terme de Joseph Schumpeter, est depuis longtemps le mode de fonctionnement du système capitaliste. Grâce à quoi, en jouant la carte de la mode, de la qualité, du « juste à temps », des matières nouvelles et des procédés de fabrication nouveaux, bon nombre d'entreprises ont pu résister et maintenir, contre toute attente, une fraction non négligeable des emplois dans le Nord, preuve que le coût salarial n'est pas le seul élément qui entre en ligne de compte. En outre, les exportations des uns nourrissent les exportations des autres : Airbus et les producteurs de cognac ont tiré profit des recettes en devises encaissées par ces nouveaux pays exportateurs. Sans compter que, dans nombre d'activités tertiaires, la proximité du client et du prestataire empêche toute délocalisation et, surtout, que l'investissement direct à l'étranger demeure une affaire principalement Nord-Nord : 90 % des flux vont vers les États-Unis, l'Europe ou le Japon et, en 2000, les États-Unis ont reçu 281 milliards de dollars d'IDE, suivis par l'Allemagne (176 milliards de dollars) et le Royaume-Uni (130 milliards de dollars). Résultat : dans aucun des pays de vieille industrialisation, l'emploi salarié total n'a diminué au cours de la décennie 1990.

Les gains de productivité ont eu un impact généralement bien plus important que les délocalisations sur le marché du travail.

De nouveaux bassins d'emploi émergent

Reste que cette bonne résistance – et, dans de nombreux cas, cette progression sensible – de l'emploi « au Nord » ne doit pas cacher l'essentiel : la fragilité de l'emploi industriel au Sud, la recomposition des bassins d'emploi au Nord. Fragilité de l'emploi industriel au Sud : on l'a bien vu avec la « crise asiatique » de 1997-1998, lorsque le reflux des capitaux a montré la grande fragilité des firmes exportatrices. Lorsqu'on n'a comme seul avantage concurrentiel que celui du coût salarial, il se trouve toujours des producteurs capables de comprimer encore davantage le coût de revient, en exploitant férocement une main-d'œuvre dépourvue de tradition de résistance et plongée dans la misère. En Thaïlande, l'emploi industriel a diminué de 20 % en six mois, en Indonésie d'encore davantage, tandis qu'il résistait mieux en Corée du Sud, à l'économie plus diversifiée et à la main-d'œuvre plus qualifiée.

Recomposition de l'emploi au Nord : certains bassins d'emploi de vieille industrialisation ont été sinistrés (les bassins miniers au Royaume-Uni, certaines zones textiles en France et en Belgique : Saint-Étienne, Troyes, Gand, etc.) tandis que, par des effets d'agglomération bien connus, de nouveaux bassins d'emploi connaissaient une vitalité étonnante (la région de Milan, l'agglomération londonienne, Toulouse ou Strasbourg), attirant de nombreux candidats à l'emploi, jeunes surtout.

La transformation du tissu productif, comme toujours, fait des gagnants et des perdants, et contribue à redistribuer les cartes. Redistribution qualitative, autant que quantitative, puisque les compétences recherchées sur le marché du travail évoluent au profit d'une qualification plus élevée et au détriment des qualifications de base : dans un monde où l'accès à l'informatique tend à devenir le lot commun, malheur à celui qui ne parle pas cette nouvelle langue...

Creusement des écarts

De ce fait, les inégalités tendent aussi à se modifier. Alors que, dans les pays de vieille industrialisation, les écarts se réduisaient, au moins sur longue période, il n'en est plus ainsi depuis une vingtaine d'années aux États-Unis, depuis une bonne dizaine d'années en Europe (le Japon semblant, pour l'heure, encore préservé). En effet, ce sont surtout les salariés du bas de l'échelle qui souffrent de la recomposition de l'emploi et de la concurrence des pays à faibles coûts salariaux : même dans les activités ayant traditionnellement recours à une main-d'œuvre peu ou pas qualifiée (nettoyage, gardiennage, surveillance, aide à domicile...), l'externalisation de ces activités au profit d'entreprises spécialisées a contribué à élever la barre des exigences patronales, tandis que les salaires étaient tirés vers le bas sous la pression du chômage. À l'inverse, les détenteurs de compétences appréciées sur le marché du travail tirent pleinement profit de l'élargissement de leur horizon professionnel : en passant d'une firme à l'autre, ils emportent avec eux le « capital humain » qui faisait la réussite de leur employeur. Et les investisseurs, face à des risques grandissants, exigent des rémunérations de plus en plus élevées qui contribuent à creuser les écarts entre groupes sociaux défavorisés et groupes sociaux favorisés.

Sans rejoindre les Cassandre qui prétendent, contre toute évidence, que les choses vont de mal en pis, il faut bien reconnaître que l'investissement international n'a pas les vertus que lui prête la « main invisible » chère aux libéraux.

Mais au moins, soutient l'économiste Pierre-Noël Giraud, les inégalités mondiales tendent à se réduire. Ce n'est hélas même pas sûr, tant les flux d'investissement se concentrent sur quelques zones et tant, au sein même de ces zones, les laissés-pour-compte de cette nouvelle industrialisation dans le Sud demeurent nombreux. Sans rejoindre les Cassandre qui prétendent, contre toute évidence, que les choses vont de mal en pis, il faut bien reconnaître que l'investissement international n'a pas les vertus que lui prête la « main invisible » chère aux libéraux. ■

Pour en savoir plus

A. Brender, *La France face à la mondialisation,* La Découverte, coll. « Repères », Paris, 3e éd., 2002.
CEPII, *Compétitivité des nations,* Économica, Paris, 1998.
CNUCED, *Rapport sur l'investissement dans le monde,* ONU, 2001.
D. Cohen, *Richesse du monde, pauvreté des nations,* Flammarion, Paris, 1997.
A. Fouquet, F. Lemaître (sous la dir. de), *Démystifier la mondialisation de l'économie,* Les Éditions d'Organisation, Paris, 1997.
P.-N. Giraud, *L'Inégalité du monde,* Gallimard, Paris, 1996.

@ Sites Internet

OCDE (Organisation de coopération et de développement économiques) : **http://www.oecd.org/**
BRI (Banque des règlements internationaux) : **http://www.bis.org/**

La mondialisation de l'économie n'est pas synonyme d'abolition des territoires

Par **Georges Benko**
Économie géographique, Université Paris-I-Panthéon-Sorbonne, EHESS/CEMI

LES RELATIONS ENTRE LES ÉTATS S'ESTOMPENT DANS UNE CERTAINE MESURE, AU PROFIT DE CONNEXIONS ENTRE DES ÉCONOMIES RÉGIONALES ÉLOIGNÉES, RELIÉES ENTRE ELLES PAR DES ÉCHANGES COMPLEXES FAITS DE COMPÉTITION ET DE COLLABORATION.

Le monde est passé au cours du dernier quart du XXe siècle d'un système économique international à un système économique « global ». Il s'agit d'une mutation géopolitique majeure des conditions de production, de compétition et d'interdépendance. Le vieux régime international était caractérisé par la souveraineté des États, qui définissaient, entre autres, leurs politiques monétaires et douanières. Celui qui lui succède est un ordre global diffus où les relations entre les États s'estompent dans une certaine mesure, au profit de connexions entre des économies régionales éloignées, reliées entre elles par des échanges complexes faits de compétition et de collaboration.

Certes, le temps des nations n'est pas fini, les États jouent toujours un rôle crucial dans beaucoup de domaines, mais, pris entre échelon local et global, leur place dans l'économie se redéfinit. On assiste d'une part à un mouvement « vers le haut », celui de l'internationalisation de l'activité économique dans un monde de plus en plus dépourvu de frontières, au point que certains n'hésitent pas à avancer l'hypothèse d'une prochaine disparition de l'État souverain classique fondé sur la notion de territoire. D'autre part, glissement « vers le bas », on souligne l'intensification de la croissance économique d'un certain nombre de régions, reconnues comme les moteurs de la prospérité mondiale, et qui donne lieu à une recomposition de la hiérarchie des espaces productifs. Ces régions sont principalement métropolitaines. Le produit de l'agglomération de Tokyo est le double de celui du Brésil. Celui de Chicago équivaut à celui du Mexique, dont la moité est concentrée à Mexico. Globalisation ne signifie donc pas homogénéisation de l'espace mondial, mais, au contraire, différenciation et spécialisation. Des grands pôles se sont constitués, formant une économie en « oasis », ou en « archipels », c'est-à-dire un réseau des régions les plus dynamiques, qui laissent derrière elles le reste du monde.

Les territoires ont le vent en poupe

Les régions, ou encore mieux les territoires, sont ainsi devenues les sources d'avantages concurrentiels. Au cours des années 1970 et 1980, les États ont connu une aggravation de leurs déficits publics qui les a incités à mener des politiques de décentralisation. La gestion de nombreux biens collectifs locaux, tels que l'éducation, la formation, les infrastructures de transports, les aides sociales, a alors été fréquemment régionalisée. Ce fut l'occasion de découvrir que la densité des relations entre les acteurs locaux (entreprises, universités, collectivités territoriales, syndicats, etc.) peut jouer un rôle déterminant dans la compétitivité des activités économiques [*voir article p. 229*].

La prise en compte des facteurs locaux dans les dynamiques économiques apparaît aujourd'hui comme une évidence. Il s'agit, somme toute, d'une préoccupation relativement récente, qui ouvre la voie à la diversification des politiques économiques, sociales et culturelles.

Les districts industriels – un concept introduit au début du XXe siècle par l'économiste britannique Alfred Marshall – sont désormais de retour aussi bien sur le terrain que dans les analyses. Ces lieux ont une caractéristique interne, une « personnalité régionale », comme disait jadis Paul Vidal de La Blache (1845-1918), l'un des pères de la géographie française. Leur spécificité découle d'une capacité, souvent héritée d'une culture ancienne, à négocier des modes de coopération entre capital et travail, entre grandes entreprises et sous-traitants, entre administration et société civile, entre banque et industrie, etc. Comme le note l'économiste français Alain Lipietz, en Émilie-Romagne ou dans le Bade-Wurtemberg, deux pôles de croissance économique, la stratégie du Parti communiste italien (PCI) comme de la démocratie chrétienne allemande (CDU) a consisté à rechercher le meilleur compromis social là où il était possible de le négocier, c'est-à-dire au niveau local : les hauts salaires, l'amélioration du cadre de vie, la qualification de la main-d'œuvre sont la contrepartie de la compétitivité des entreprises de ces régions.

Une nouvelle géopolitique de la production

Les politiques d'aménagement du territoire, à la charge du pouvoir central jusque dans les années 1980, ont également été déléguées aux collectivités territoriales. Le « développement local » se substitue désormais au développement « par le haut ». Cette approche est devenue incontournable aussi bien en économie qu'en politique. La prise en compte des facteurs locaux dans les dynamiques économiques apparaît aujourd'hui comme une évidence et une impérieuse nécessité. Il s'agit, somme toute, d'une préoccupation relativement récente, qui ouvre la voie à la diversification des politiques économiques, sociales et culturelles.

On a beaucoup écrit aussi sur la nouvelle géopolitique de la production qui a commencé à se cristalliser autour des deux niveaux spatiaux d'activité économique que sont le local et le global. Dans la compétition mondiale, les régions et les localités sont désormais en situation de concurrence, mais cette dernière peut être analysée à deux niveaux. Le premier est celui de la maîtrise des coûts et de l'affectation optimale des facteurs de production. Les coûts de la main-d'œuvre, les prix de l'énergie, les taux d'intérêt et la fiscalité sont des variables qui, pour un grand nombre de productions, rendent les régions indifférenciées aux yeux des investisseurs. Qu'un jouet soit originaire d'une *maquiladora* travaillant pour l'industrie américaine à la frontière mexicaine ou d'une zone économique spéciale (ZES) chinoise n'importe guère et seuls les coûts entrent en ligne de compte. En revanche, les spécificités territoriales jouent à plein dans d'autres domaines économiques. Dans ce cas, les régions ne sont guère substituables entre elles. Une différenciation durable des territoires, c'est-à-dire non susceptible d'être remise en cause par la mobilité des facteurs, ne peut ainsi découler que de leur spécificité reconnue. Même si l'on produit d'excellents vins mousseux en Californie, le champagne n'est pas un produit délocalisable. Sa valeur, comme celle d'autres productions, est ancrée dans un territoire, elle est le résultat de ce que les géographes appellent un « milieu ».

La « glocalisation », néologisme pour le XXIe siècle

Au-delà des produits d'« appellation contrôlée », le même phénomène est observable dans le secteur des hautes technologies ou dans des industries très spécialisées. Quand Rank Xerox cherchait une implantation européenne pour son centre de recherches, un des principaux critères de choix était la proximité d'établissements scientifiques. C'est finalement la ville française de Grenoble qui a été retenue (contre Munich, Barcelone et Toulouse), à cause d'une tradition de recherche dans le secteur de l'électricité et de la vocation industrielle de cette ville. Les exemples sont légion où les critères décisifs pour la localisation d'une activité ne sont pas quantifiables et où la différence est un avantage comparatif.

La « glocalisation », néologisme forgé pour désigner l'articulation accrue des territoires locaux à l'économie mondiale, souligne la persistance d'une inscription spatiale des phénomènes économiques, sociaux et culturels.

Notre monde « global » est ainsi une mosaïque composée de multitudes de régions, de localités et de « pays », qui ne sont pas, loin s'en faut, nécessairement équivalents. La « glocalisation », néologisme forgé pour désigner l'articulation accrue des territoires locaux à l'économie mondiale, souligne la persistance d'une inscription spatiale des phénomènes économiques, sociaux et culturels. Contrairement aux prédictions les plus sombres, les « territoires » avec leurs spécificités ne sont pas effacés sous les flux économiques de la mondialisation. ■

Pour en savoir plus

G. Benko, *Lexique de géographie économique*, Armand Colin, Paris, 2001.
G. Benko, A. Lipietz (sous la dir. de), *La Richesse des régions*, PUF, Paris, nouv. éd., 2000.
J.-P. Gilly, A. Torre (sous la dir. de), *Dynamiques de proximité*, L'Harmattan, Paris, 2000.
A. J. Scott, *Les Régions et l'économie mondiale*, L'Harmattan, Paris, nouv. éd., 2001.

@ Sites Internet

Association de science régionale de langue française : **http://www.montesquieu.u-bordeaux.fr/asrdlf/**
Information géographique du CNRS : **http://www.cybergeo.presse.fr**
DATAR (Délégation à l'aménagement du territoire et à l'action régionale) : **http://www.datar.gouv.fr**
Journal of Economic Geography : **http://www.jeg.oupjournals.org**
Association recherche et régulation : **http://www.upmf-grenoble.fr/irepd/regulation**
Site de Paul Krugman (articles) : **http://www.wws.princeton.edu/vpkrugman/**
CEMI (Centre de recherche sur les modes d'industrialisation) - EHESS :
http://www.ehess.fr/centres/cemi/index.htm

La constitution d'ensembles économiques régionaux accompagne le mouvement de la mondialisation

Par **Denis Clerc**
Économiste, conseiller de la rédaction du mensuel « Alternatives économiques »

LE PRINCIPAL INTÉRÊT D'UN ACCORD COMMERCIAL RÉGIONAL EST DE PERMETTRE AUX ENTREPRISES D'ÉLARGIR LEUR CLIENTÈLE AU-DELÀ DES FRONTIÈRES NATIONALES. CERTES, TOUTES N'Y PARVIENNENT PAS, MAIS POUR CELLES QUI RESTENT, QUEL AVANTAGE ! ELLES PEUVENT BÉNÉFICIER PLEINEMENT DES ÉCONOMIES D'ÉCHELLE.

Ce n'est pas comme dans les cantines où il faut choisir entre fromage et dessert. Régionalisation et mondialisation vont de pair. L'affirmation peut surprendre : ouvrir sa porte aux voisins, n'est-ce pas, d'une certaine manière, rendre l'accès moins facile à ceux qui n'ont pas la chance d'être vos voisins ?

Les nations à l'ambition libre-échangiste qui, en 1947, ont porté sur les fonts baptismaux le General Agreement on Tariffs and Trade, plus connu sous ses initiales (GATT, Accord général sur les tarifs douaniers et le commerce) et aujourd'hui remplacé par l'Organisation mondiale du commerce (OMC), redoutaient tant cet « effet d'éviction » (appelé encore « destruction de commerce ») qu'elles l'ont sévèrement réglementé. Plus on ouvre le club, pensaient-elles, plus il y aura de chance que la concurrence soit forte, donc que les meilleurs l'emportent. Et les meilleurs, à l'époque, étaient les États-Unis (surtout) et le Royaume-Uni (un peu), qui plaidaient donc avec force en faveur d'un libre-échange généralisé et regardaient avec méfiance les accords régionaux dont l'entre-deux-guerres avait, hélas, donné trop d'exemples désastreux : on n'avait pas oublié, aux États-Unis, que l'Allemagne avait croqué l'Autriche en constituant d'abord avec elle une union de paiements. Aussi les accords régionaux de libre-échange (où chaque pays conserve sa liberté par rapport aux pays tiers) ou d'union douanière (où chaque pays doit appliquer la même règle vis-à-vis des pays tiers) n'étaient-ils autorisés qu'à condition qu'ils ne lèsent pas les intérêts des pays tiers. C'est au nom de ce principe que, en 1962, la Communauté économique européenne (CEE) dut accorder aux États-Unis une compensation en échange de la politique agricole commune : une franchise douanière pour les importations de soja et de produits de substitution des céréales destinés à l'alimentation animale.

Les organisations régionales se sont multipliées

La CEE, on le sait, a réussi au-delà des espérances, et n'a cessé d'accueillir de nouveaux pays candidats à l'adhésion. Au point qu'elle a suscité de nombreux émules qui, sans aller jusqu'à un rapprochement institutionnel et politique aussi poussé, ont tenté de reproduire à leur bénéfice cette stimulation réciproque engendrée par un commerce intense entre pays proches.

Sans en faire une liste exhaustive, retenons simplement les derniers-nés de ces accords régionaux : l'Accord de libre-échange nord-américain (ALENA) entre les États-Unis, le Canada et le Mexique, entré en vigueur le 1er janvier 1994 et qui a vocation à accueillir, d'ici à 2005, tous les pays du continent américain qui le souhaiteraient ; le Mercosur (Marché commun – union douanière – du sud de l'Amérique), qui comprend le Brésil, l'Argentine, le Paraguay et l'Uruguay, entré en vigueur le 1er janvier 1995, qui compte comme membres associés le Chili et la Bolivie et cherche à se rapprocher de l'Union européenne ; l'Accord commercial de rapprochement économique (CER) entre l'Australie et la Nouvelle-Zélande ; l'accord de libre-échange des pays signataires de l'Association des nations du Sud-Est asiatique (ANSEA), créée en 1967 et qui comprend le sultanat de Brunéi, l'Indonésie, la Fédération de Malaisie, les Philippines, Singapour, la Thaïlande, le Vietnam (depuis 1995), le Laos et la Birmanie (depuis 1997) et le Cambodge (depuis 1999).

La liste, on l'aura remarqué, comprend la plupart des pays les plus dynamiques en matière de commerce international. Or cette construction progressive d'ensembles régionaux est allée de pair avec la mondialisation des échanges : le commerce au sein de la région, loin de nuire au commerce extrarégional, semble lui avoir servi de support. Ainsi, les échanges extrarégionaux des pays de l'Europe de l'Ouest sont passés de 12,5 % à 15,3 % de leur produit intérieur brut (PIB) entre 1968 et 1983. Et cette tendance se vérifie dans toutes les organisations commerciales régionales : tout se passe comme si, en ouvrant la porte aux voisins, on ouvrait aussi la porte aux pays plus lointains.

La même tendance se vérifie dans toutes les organisations commerciales régionales : tout se passe comme si, en ouvrant la porte aux voisins, on ouvrait aussi la porte aux pays plus lointains.

Une étape vers la globalisation

À la vérité, ce n'est pas étonnant. Le principal intérêt d'un accord commercial régional est de permettre aux entreprises d'élargir leur clientèle au-delà des frontières nationales. Certes, toutes n'y parviennent pas, les plus fragiles, les moins performantes sont amenées à disparaître, laminées par la concurrence nouvelle qui se déploie au sein de la zone. C'est la raison pour laquelle une bonne partie du petit patronat français craignait tant la construction européenne. Il n'y a donc pas que des gagnants. Mais pour ceux qui restent, quel avantage ! Ils peuvent produire et vendre pour de nombreux clients supplémentaires, donc bénéficier pleinement des « économies d'échelle » qui sont la poule aux œufs d'or de la production de masse : un exemplaire supplémentaire de ce livre ne coûte quasiment rien à produire, mais rapporte autant que les précédents, si bien que les gros profits se font en allongeant les séries… et en les vendant. C'est ainsi que l'Union européenne a pu construire une industrie aéronautique, ou pharmaceutique, compétitive. En évitant de s'ouvrir à tous les vents, mais en intensifiant la concurrence au sein de son territoire.

Cependant, pourquoi s'arrêter en si bon chemin ? Quand, après une phase de relative protection interne, on est devenu grand et fort, on peut se permettre d'aller chatouiller le lion sous la moustache. La régionalisation ouvre le chemin à la mondialisation, Airbus s'attaque à Boeing, Michelin concurrence Goodyear, etc. Et, à l'inverse, dans ce combat entre géants, il importe que les produits, à qualité égale, soient aussi peu chers que possible : les composants électroniques des ordinateurs américains et japonais proviennent pour une part de Taïwan, de Chine ou de Thaïlande, cependant que Renault prend le contrôle de Nissan et Ford celui de Mazda. Pour les produits sophistiqués aussi bien que pour les produits de base, le marché est mondial, même si la base de production est régionale. L'AZT, quoique mis au point et commercialisé par un laboratoire américain, est vendu dans le monde entier, tout comme *Urgences, Dallas,* Coca-Cola ou Danone. Dans le domaine de la production comme dans celui de la commercialisation, la régionalisation n'est qu'une étape vers la mondialisation.

Dans le domaine de la production comme dans celui de la commercialisation, la régionalisation n'est qu'une étape vers la mondialisation.

Des objectifs également politiques

Est-ce à dire que, par nature, les structures régionales sont vouées au dépérissement, qu'elles ne sont que des outils temporaires qui feront leur temps ? Sans doute pas : les économistes ont mis depuis longtemps en évidence ce qu'ils appellent les « effets d'agglomération », c'est-à-dire le fait que, lorsque des activités productives de nature similaire se côtoient dans une même zone géographique, il en résulte une stimulation réciproque. La Silicon Valley est l'exemple le plus connu, mais il existe bien d'autres exemples de « districts industriels » où la circulation des idées engendre des effets mutuellement profitables, tout comme la circulation des revenus. Si la structure commerciale régionale favorise ces effets, nul doute qu'elle demeurera vivante, quand bien même le libre-échange deviendrait la règle universelle. Mais, on le devine, il s'agit là de quelque chose d'éminemment fragile : les intérêts économiques ne suffisent pas à rapprocher les peuples, même s'ils y contribuent. C'est la raison pour laquelle les ensembles régionaux se fixent tous, peu ou prou, des objectifs également politiques. Au début, modestement, et de façon subsidiaire, pourrait-on dire. Mais ensuite, ces objectifs deviennent plus ambitieux et mieux affirmés, comme le montre l'exemple de l'Union européenne. Les hommes, on le sait depuis longtemps, ne vivent pas que de pain ou de télé... ■

Pour en savoir plus

D. Clerc, H. Delorme, *Un nouveau GATT*, Complexe, Bruxelles, 1994.

F. Sachwald, « Intégrations régionales et mondialisation. Du commerce aux institutions », *in* S. Cordellier (sous la dir. de), *La Mondialisation au-delà des mythes*, La Découverte, coll. « Les Dossiers de L'état du monde », Paris, 1997 (La Découverte/Poche, 2000).

P. Veltz, *Mondialisation, villes et territoires*, PUF, Paris, 1996.

@ Sites Internet

Organisation mondiale du commerce (OMC) : **http://www.wto.org/**

Le secteur de l'énergie est emblématique des bouleversements entraînés par l'extension de la concurrence aux industries de réseau

Par **Jean-Marie Martin**
IEPE (Institut d'économie et de politique de l'énergie)

En démantelant les secteurs intégrés, les États font surgir le besoin de nouveaux lieux d'échange, d'où l'émergence de marchés en cascade, des ressources primaires aux services énergétiques. Transparentes, les transactions qui s'y déroulent stimulent la concurrence.

Toujours plus vive, la concurrence internationale allait-elle s'arrêter aux portes des industries de réseau (eau, voirie, gaz, électricité, chemin de fer, télécommunications) dont l'indivisibilité des infrastructures avait justifié l'organisation monopolistique ? Les enjeux étaient de taille, tant sous l'angle des missions de service public que sous celui des choix technologiques modelés par les formes d'organisation industrielle. À partir du début des années 1990, la réponse n'a plus fait de doute. La théorie du monopole naturel n'a pas résisté longtemps aux pressions du libéralisme. Le cas de l'industrie électrique illustre bien le phénomène et ses multiples conséquences.

À la fin des années 1970, l'organisation de l'industrie électrique variait d'un pays à l'autre, mais un modèle tendait à dominer : l'entreprise verticalement intégrée, dotée d'un monopole territorial réglementé par les pouvoirs publics, de statut plutôt privé aux États-Unis et au Japon, ou plutôt public dans les autres pays. Bien adapté au contexte économique des Trente Glorieuses, ce modèle donnait, à la fin du XXe siècle, des signes d'épuisement dus à la faible croissance de la demande d'électricité, à la hausse des prix des combustibles, aux nouvelles normes environnementales et à la contestation du nucléaire. Comment restaurer des marges de manœuvre ? En changeant d'organisation.

Les vagues de libéralisation du marché de l'électricité

En 1992, l'*Energy Policy Act* (EPAct) des États-Unis ouvre grande la porte aux producteurs indépendants, puis en 1996, la Federal Energy Regulatory Commission (FERC) fixe les règles d'accès des tiers au réseau (ATR), dont profite l'État de Californie pour contraindre ses compagnies électriques à la déverticalisation. Les autres États de l'Union suivent et déclenchent une restructuration sans précédent de l'industrie électrique américaine.

Auparavant, le Royaume-Uni était allé beaucoup plus loin avec l'*Electricity Act* de 1989, qui avait mis fin au monopole du Central Electricity Generating Board (CEGB), privatisé et éclaté production et distribution. Très rémunératrice, l'industrie électrique britannique attire des investisseurs de divers horizons, dont Électricité de France (EDF) qui a acquis London Electricity en 1999.

Ces expériences ont créé des émules sur tous les continents. En Amérique latine, à l'exception du Mexique, tous les pays ont adopté l'ATR et privatisé leurs industries électriques à plus de 65 %. En Asie du Sud-Est, les entreprises publiques font largement appel à la production indépendante. En Europe, les pays scandinaves ont mis en place un véritable marché de l'électricité, tandis que les anciens pays socialistes d'Europe de l'Est se sont empressés d'adopter le modèle britannique. L'Union européenne a publié en janvier 1997 une directive contraignant ses membres à ouvrir leurs industries électriques à la concurrence à partir de février 1999, ce qu'a fait la France avec sa loi électrique du 10 février 2000.

En démantelant ce secteur intégré, les États font surgir le besoin de nouveaux lieux d'échange, d'où l'émergence de bourses électriques pour les échanges de gros. Transparentes, les transactions qui s'y déroulent stimulent la concurrence. Cette dernière entretient une volatilité des prix génératrice de risques dont il faut se prémunir, d'où l'apparition de marchés à terme dans ce secteur.

Une concurrence à couteaux tirés

À la fin des années 1990, une part croissante des ventes d'électricité transite sur des marchés de gros. Les utilisateurs prennent l'habitude de comparer et discuter les prestations qui leur sont offertes par les fournisseurs en concurrence. L'usager des monopoles publics se mue en client exigeant qui s'informe, arrache des rabais imprévus et contraint ses fournisseurs à devenir des négociants avisés.

Pressées de resserrer leurs coûts par la vive concurrence en aval, les entreprises électriques négocient durement leurs achats de combustibles. Elles renoncent aux contrats pluriannuels, garants de sécurité, pour des achats au coup par coup (marchés spot), gages de plus bas prix. Ce faisant, elles exacerbent la concurrence entre offreurs. En témoigne le marché international du charbon « vapeur » où les prix spot ont considérablement baissé. Le gaz naturel est en passe de suivre le mouvement. En jeu, un nouveau partage de l'énorme rente gazière !

Entre elles, les entreprises ne se font plus de cadeaux. Avec l'abaissement des barrières à l'entrée du réseau électrique, les producteurs indépendants ont été rejoints par de grands groupes.

Entre elles, enfin, les entreprises ne se font plus de cadeaux. Avec l'abaissement des barrières à l'entrée du réseau électrique, les producteurs indépendants ont été rejoints par de grands groupes : les uns, originaires des industries pétrolières et gazières, souhaitent valoriser leur production en la transformant en électricité, les autres, issus des industries de l'eau et du traitement des déchets, désirent tirer profit des complémentarités entre réseaux urbains. Contraintes de réagir, les compagnies électriques en place s'internationalisent pour reprendre là les parts de marché perdues ici. Elles se diversifient soit aux marges du métier d'électricien (négoce, ingénierie, cogénération), soit beaucoup plus loin, sur le terrain des concurrents (vente de gaz, distribution d'eau, télécommunication).

Concurrence et initiatives privées semblent à même de redynamiser des activités matures, rendues peu efficaces par les rentes et les routines, ou menacées de le devenir. Les changements à en attendre varient cependant avec les fondamentaux de chaque industrie car les rythmes d'innovation et la variété des modes de coordination diffèrent dans les chemins de fer, les télécommunications ou l'industrie électrique.

Dans tous les secteurs, la fin des monopoles crée des espaces de liberté propices au renouvellement des technologies et des formes d'organisation industrielle (le câble et la téléphonie mobile ont déjà bouleversé les télécommunications; plus timidement, le transport combiné rail-route perce dans le ferroviaire), dès lors que les réseaux s'ouvrent à des acteurs capables d'introduire une souplesse dont ne sont plus capables les monopoles publics. Jusque-là peu prisées des grandes compagnies électriques, la production éolienne, la petite hydraulique, le solaire photovoltaïque, la cogénération, demain peut-être la pile à combustible stationnaire, accompagnent l'arrivée des producteurs indépendants sur le réseau ou aux marges des réseaux. Le développement de toutes ces technologies, aisément fractionnables parce que peu sensibles aux économies d'échelle, annonce une production répartie d'électricité et une nouvelle architecture des réseaux.

La fin des monopoles crée des espaces de liberté propices au renouvellement des technologies et des formes d'organisation industrielle, dès lors que les nouveaux acteurs introduisent de la souplesse.

La concurrence et le marché ne concourent cependant à la redynamisation des industries de réseau qu'à des conditions précises, surtout lorsque la commodité concernée est aussi particulière que l'électricité, dont production et transport sont liés par une « comptabilité électromagnétique » et dont le caractère non stockable exige une égalité production-consommation de chaque instant. Les marchés capables d'assurer les transactions sont d'une telle complexité qu'ils peinent à émettre des signaux compréhensibles par tous les acteurs, dont les investisseurs garants d'une dimension correcte du parc. La Californie vient de payer en 2000 les conséquences d'un défaut des règles d'organisation des nouveaux marchés, d'une sous-estimation de la fonction de gestionnaire du réseau contrôlé par un régulateur et du manque de cohérence des politiques publiques influençant l'offre et la demande d'électricité. ■

Pour en savoir plus

A. Ayoub (sous la dir. de), « Service public et secteur de l'énergie : problématique, enjeux et politiques », *Revue de l'énergie*, n° 486, Les Éditions techniques et économiques, Paris, mars-avr. 1997.

D. Finon (sous la dir. de), « Changements dans les industries électriques », *Revue de l'énergie*, n° 465, Les Éditions techniques et économiques, Paris, janv.-févr. 1995.

D. Finon, « L'intégration des marchés électriques européens : de la juxtaposition de marchés nationaux à l'établissement d'un marché régional », *Économies et sociétés*, série « Économie de l'énergie », n° 8, janv-févr. 2001.

C. Henry, *Concurrence et service public dans l'Union européenne*, PUF, Paris, 1997.

J. Percebois (sous la dir. de), « Les mutations de l'industrie électrique et gazière en Europe et en Amérique », *Revue de l'énergie* (n° spéc.), Les Éditions techniques et économiques, Paris, juil.-août-sept. 1998.

@ Sites Internet

Institut d'économie et de politique de l'énergie (IEPE) : **http://www.upmf-grenoble.fr/iepe**
Enerdata (statistiques énergétiques) : **http://www.enerdata.fr**
Agence internationale de l'énergie (AIE) : **http://www.iea.org**
Agence d'information sur l'énergie (États-Unis) : **http://www.eia.doe.gov**

Le lobbying en faveur de la « responsabilité sociale des entreprises » peut-il civiliser le capitalisme ?

Par **Guillaume Duval**
Rédacteur en chef adjoint du mensuel « Alternatives économiques »

La Responsabilité sociale des entreprises (RSE), promue par les ONG et la société civile, est désormais encouragée par les États et les organisations internationales. Ce mouvement de fond, malgré les difficultés de sa mise en œuvre, marque probablement un tournant dans l'histoire du capitalisme. Son ampleur et sa vitesse dépendront de la pression exercée sur les entreprises.

En ce début de siècle, la Responsabilité sociale des entreprises (RSE) (en anglais, *Corporate social responsibility* – CSR) est dans l'air du temps. Depuis le milieu des années 1990, on ne compte plus les initiatives d'ONG (organisations non gouvernementales) mobilisant contre les « *sweatshops* » (« usines à suer »), ainsi que les créations de fonds d'investissement socialement responsables, ou de labels sociaux. Et, fait significatif, c'est d'abord au cœur même du système économique, dans le monde anglo-saxon, que cette forme de contestation s'est développée. Par la suite, États et organisations internationales ont commencé à emboîter le pas aux initiatives venues de la « société civile ». À partir de l'année 2000, le Royaume-Uni a contraint les fonds de pension britanniques à rendre compte de la dimension sociale et environnementale de leur politique d'investissement ; la Belgique a adopté début 2002 une loi instituant un label social public ; la France impose aux entreprises cotées de publier des données sociales et environnementales depuis la loi sur les Nouvelles régulations économiques adoptée en 2001 et la Commission européenne a publié en juillet 2001 un *Livre vert* sur la RSE, première étape vers l'adoption de règles communes en ce domaine.

De son côté, l'OIT (Organisation internationale du travail) a décidé en 1995 de rendre huit de ses conventions obligatoires pour tous les États membres, fournissant ainsi une base juridique reconnue à la responsabilité sociale des entreprises, tandis que l'OCDE (Organisation pour la coopération et le développement économiques), club des pays riches, renforçait en juin 2000 ses Principes directeurs à l'intention des multinationales, une référence elle aussi très utilisée ; enfin, Kofi Annan, le secrétaire général des Nations unies, lançait en 1999 le « Global Compact », associant l'ONU, des ONG et des multinationales s'engageant à respecter partout les droits humains fondamentaux, les conventions de base de l'OIT et l'environnement.

Parallèlement, les entreprises ont multiplié rapports, chartes et codes de conduite. Cette intense activité relève cependant en partie d'un effet de mode, et la réalité des pratiques reste souvent très en retrait de la communication autour de ces thèmes. Elle traduit néanmoins aussi un changement profond et probablement durable dans les rapports avec les grandes entreprises à l'heure de la mondialisation.

La difficulté à contrôler les activités transfrontalières

Ce n'est pas d'aujourd'hui que le comportement des multinationales est critiqué. Dès le début des années 1950, les multinationales du pétrole avaient été montrées du doigt pour leur rôle dans la chute du gouvernement iranien de Mohammad Mossadegh qui prétendait nationaliser leurs avoirs et, au début des années 1970, la responsabilité de la multinationale américaine ITT dans la chute du gouvernement de Salvador Allende au Chili avait défrayé la chronique. Face à ces critiques, certaines multinationales s'étaient déjà engagées dans des démarches éthiques. Depuis le tournant des années 1980, les multinationales ont cependant pris une tout autre ampleur dans l'économie mondiale à travers notamment le fantastique mouvement de fusions-acquisitions transfrontières qui a marqué les années 1990. L'encadrement de leurs activités n'a pas suivi : le système interétatique est resté largement paralysé par ses lourdeurs et par l'ampleur des inégalités mondiales qui rend tout compromis difficile. De ce fait, les multinationales sont parvenues sans trop de difficulté à jouer les États les uns contre les autres pour éviter des contraintes sociales ou environnementales supplémentaires.

Fait significatif, c'est d'abord au cœur même du système économique, dans le monde anglo-saxon, que cette forme de contestation s'est développée.

Ces entreprises géantes ont cependant un talon d'Achille : leur puissance dépend beaucoup de leur image de marque. Celle-ci constitue, en effet, un levier très puissant : pour une entreprise dont le bénéfice représente 5 % du chiffre d'affaires, un ordre de grandeur fréquent, il suffit que les ventes reculent de 2 % pour que les bénéfices chutent d'un tiers environ, entraînant le cours de l'action en bourse. Cela a fait naître l'idée qu'on pourrait contraindre les entreprises à modifier leurs pratiques sociales et environnementales au travers de campagnes qui atteignent leur réputation.

À la fin des années 1990, la société d'équipements sportifs Nike a constitué un cas d'école. Les conditions de travail chez ses sous-traitants, en Indonésie notamment, ont fait l'objet de puissantes campagnes de dénonciation. Sans que ces campagnes en soient la cause unique, les ventes se sont mises parallèlement à stagner et l'action à chuter alors même que le reste de l'économie américaine se trouvait encore en pleine euphorie. Nike a dû réagir, mettant en place un code de conduite très complet, organisant des audits chez chacun de ses fournisseurs et en affichant les résultats sur son site Internet. Ces mésaventures ont amené de nombreux chefs d'entreprises à modifier leurs discours et leurs pratiques pour tenir compte de cette menace potentielle.

Des audits très disputés

La responsabilité sociale des entreprises pourrait-elle pour autant civiliser le capitalisme mondialisé ? Il serait prématuré de l'affirmer. Le foisonnement d'initiatives survenu depuis le milieu des années 1980 pose encore de nombreux problèmes. Le premier concerne le contenu même du concept de responsabilité sociale des entreprises. Si l'interdiction du travail forcé ou du travail des enfants fait assez largement consensus, les multinationales continuent souvent à être très réticentes à garantir chez elles et encore plus à exiger de leurs fournisseurs le respect de la liberté syndicale et du droit à la négociation collective. La manière de rendre compte, de façon stable dans le temps et comparable d'une firme à l'autre, des pratiques en matière sociale et environnementale est, elle aussi, cruciale. Souvent, les documents produits par les entreprises relèvent davantage de la publicité que de l'information. La Global Reporting Initiative (GRI), qui regroupe des grandes entreprises, des ONG et des syndicats, s'efforce d'établir des critères communs à l'échelle mondiale. On reste cependant encore loin du compte. Enfin, les contrôles sur place, pièce essentielle du puzzle, sont eux aussi l'objet de débats difficiles. Ils constituent potentiellement un enjeu économique important. Les grandes firmes de l'audit financier, pour la plupart américaines, comme celles de l'inspection de qualité ou de sécurité traditionnelle souhaitent occuper ce créneau. De ce fait, les ONG, souvent à l'origine de ces démarches, se sentent dépossédées, tandis que dans de nombreux pays du Sud les auditeurs des grands cabinets nord-américains, censés dialoguer avec les salariés locaux, sont accueillis avec une grande défiance. Il est déjà arrivé, en Chine en particulier, qu'ils se fassent berner par les directions des entreprises auditées. Sans oublier une certaine méfiance émanant des organisations syndicales qui se demandent si ce processus ne risque pas d'amener ONG et auditeurs professionnels à se substituer à elles.

> ***Les contrôles sur place, pièce essentielle du puzzle, sont eux aussi l'objet de débats difficiles. Les grandes firmes de l'audit financier, pour la plupart américaines, souhaitent occuper ce créneau.***

Malgré toutes ces limites, le mouvement de fond observé autour de la responsabilité sociale des entreprises marque probablement un tournant dans l'histoire du capitalisme. Il aboutit, en effet, à remettre en cause le droit de propriété des actionnaires, les « *shareholders* » anglo-saxons, puisqu'il conduit à reconnaître la légitimité d'autres parties prenantes, les « *stakeholders* », à peser sur les décisions des entreprises et à leur réclamer des comptes. Un mouvement dont l'ampleur et la vitesse continueront évidemment de dépendre de l'intensité de la pression que subiront à l'avenir les entreprises. ■

Pour en savoir plus

J. Ballet, F. De Bry, *L'Entreprise et l'éthique*, Seuil, Paris, 2001.

« Entreprises, quelle responsabilité sociale ? », *Courrier de la planète*, n° 64, Paris, 2001.

G. Férone (sous la dir. de), *Le Développement durable, des enjeux stratégiques pour l'entreprise*, Éd. d'Organisation, Paris, 2001.

@ Sites Internet

Organisation internationale du travail (OIT, normes sociales fondamentales) :
www.ilo.org/public/english/standards/decl/index.htm

Commission européenne (sur la responsabilité sociale des entreprises) :
http://europa.eu.int/comm/employment_social/soc-dial/csr/csr_index. htm

United Nations Global Compact : **www.unglobalcompact.org**

Global Reporting Initiative : **www.globalreporting.org**

OCDE (Principes directeurs à l'attention des entreprises multinationales) :
http://www.oecd.org/oecd/pages/home/displaygeneral/0,3380, EN-home-93-3-no-no-no, FF. html

De l'éthique sur l'étiquette : **www.ethique-sur-etiquette.org**

Les marchés financiers et les nouvelles règles du jeu salarial déstabilisent les relations professionnelles dans les grandes entreprises

Par **Catherine Sauviat, Jean-Marie Pernot**
IRES (Institut de recherches économiques et sociales)

LA GLOBALISATION FINANCIÈRE, EN ÉLARGISSANT LE CADRE DE DÉCISION DES GRANDES ENTREPRISES VERS LES ACTIONNAIRES, A RÉTRÉCI LES MARGES DE MANŒUVRE SYNDICALES EN AFFAIBLISSANT CONSIDÉRABLEMENT LA PORTÉE DE LA NÉGOCIATION COLLECTIVE NATIONALE ET EN MODIFIANT PROFONDÉMENT LES TERMES DES RELATIONS PROFESSIONNELLES.

Depuis les années 1980, la globalisation du capital est allée de pair avec l'affirmation d'un pouvoir financier de type nouveau : celui que la gestion centralisée de l'épargne collective confère à ce qu'il est convenu d'appeler les « investisseurs institutionnels » [*voir article p. 143*]. Les fonds de pension et autres grands gestionnaires d'épargne collective, nouveaux actionnaires des entreprises, sont désormais en position d'exiger une part accrue de la valeur ajoutée, principalement au détriment des salariés. La globalisation financière a surtout déplacé les conditions économiques, sociales et politiques de la confrontation entre le capital et le travail, les marchés financiers venant s'immiscer dans le face-à-face entre les employeurs et les salariés.

Cette immixtion a non seulement induit de nouveaux modes d'évaluation et de gestion des entreprises, mais elle a aussi affaibli les formes de contrôle et de médiation que le mouvement syndical avait progressivement construites, au moyen de luttes et de négociations. Le compromis salarial correspondant à la croissance de type « fordiste » était à base nationale : le salaire se négociait au niveau interprofessionnel ou à celui des branches et évoluait en phase avec les gains de productivité [*voir article p. 188*]. Ses protagonistes en étaient les représentants des syndicats de salariés, ceux des employeurs, et parfois l'État, comme en France. Le risque du salarié portait exclusivement sur la perte de son emploi et donc de son salaire direct.

Ce régime de croissance, ébranlé par la crise des années 1970 et 1980, a été largement remis en cause du fait de la place acquise par les marchés financiers. Outre l'amplification de certaines évolutions préexistantes, telles que l'individualisation croissante de la rémunération et son décrochage par rapport à l'évolution de la productivité, une dose accrue de flexibilité y a été introduite, rendant cette rémunération, dans les grandes entreprises, davantage dépendante et donc « solidaire » des marchés boursiers. Au gré des plans d'achat d'options sur titres (*stock options*) ou d'actionnariat salarié, une nouvelle figure est apparue, celle du salarié-actionnaire, payé pour partie en titres du marché financier (notamment en actions), et en supportant le risque lié. Dans ce nouveau contexte, certaines organisations syndicales cherchent à « faire avec » et à gagner de l'influence sur le contrôle et la gestion des fonds de pension et d'épargne salariale.

L'exemple du capitalisme français est particulièrement emblématique. Les grands groupes industriels et financiers y ont longtemps été liés par un système de participations croisées. Les privatisations des entreprises publiques des années 1980 et 1990, ainsi que le décroisement progressif des participations entre groupes ont ouvert la voie à une entrée massive des fonds de pension et des organismes de gestion de l'épargne collective étrangers dans le capital des grands groupes français. Les fonds anglo-américains, soucieux avant tout de la liquidité et de la rentabilité de leurs placements au travers des plus-values financières, sont devenus les principaux actionnaires de ces groupes. Ils promeuvent un modèle de représentation de l'entreprise fondé sur la « création de valeur » pour l'actionnaire.

Les nouveaux modes de gestion des entreprises

Cette norme s'est imposée à l'échelle mondiale : elle incarne la primauté des intérêts des actionnaires sur tout autre intérêt [*voir article p. 131*]. Le thème de la « création de valeur » pour l'actionnaire est devenu la rhétorique managériale dominante à partir des années 1990. Cette rhétorique s'est concrètement traduite par des restructurations, les grandes entreprises cédant leurs activités non stratégiques, moins rentables et susceptibles d'être externalisées, pour se concentrer sur les segments les plus profitables. Pourtant, la portée stratégique des fusions-acquisitions est loin d'être acquise : un grand nombre de ces opérations aboutissent à un échec. Le primat de la valeur actionnariale a aussi entraîné le développement de formes de rémunérations variables et aléatoires, différenciées selon les catégories de salariés : les cadres dirigeants et « à haut potentiel », qu'il s'agit d'attirer et de fidéliser, ont été les destinataires privilégiés des programmes de *stock options*. Quant au « noyau dur » du salariat des grandes entreprises, il s'est vu offrir diverses modalités d'épargne salariale et/ou d'actionnariat salarié. De nombreux dirigeants ainsi qu'une poignée de cadres de haut niveau allaient désormais avoir le regard rivé sur le cours boursier : la capacité de croissance externe – voire de survie – de leur entreprise, de même que leur rémunération en dépendent. Les fusions-acquisitions ayant comme objectif immédiat la captation d'une plus-value boursière, la portée stratégique de telles opérations à plus long terme n'est pas acquise. Ainsi, une fusion sur deux a abouti à un échec, au point que le mouvement a connu en 2001 un certain ralentissement.

La globalisation financière a surtout déplacé les conditions économiques, sociales et politiques de la confrontation entre le capital et le travail, les marchés financiers venant s'immiscer dans le face-à-face entre les employeurs et les salariés.

Le rôle désormais prépondérant des marchés boursiers pose aux syndicalismes de nouveaux défis, les conduisant à déployer des stratégies non dépourvues de risques. Ainsi, aux États-Unis, l'American Federation of Labor - Congress of Industrial Organization (AFL-CIO) a tenté d'utiliser l'épargne accumulée dans les fonds de pension et l'épargne salariale comme levier de son action. Mais l'importation des risques liés de marché au cœur même du rapport salarial (c'est-à-dire le risque de dépréciation brutale de la valeur de l'épargne accumulée) y est devenue une réalité pour des milliers de travailleurs avec le retournement du cycle boursier à partir de la mi-2000. La chute, à partir de mars-avril 2000, des valeurs boursières du secteur des nouvelles technologies de l'information et de la communication (NTIC), ou encore certaines faillites retentissantes comme celle du groupe américain Enron en décembre 2001 ont laissé sans ressources des milliers de salariés qui ont perdu à la fois leur emploi, leur salaire, leur épargne et leur épargne-retraite.

La chute des valeurs boursières du secteur des nouvelles technologies de l'information et de la communication a laissé sans ressources des milliers de salariés qui ont perdu à la fois leur emploi, leur salaire, leur épargne et leur épargne-retraite.

Quelle stratégie syndicale ?

Cette nouvelle stratégie syndicale a néanmoins fait des émules au Canada et en Europe, à mesure que se développaient les dispositifs d'épargne capitalisée au niveau de l'entreprise, soit sous la forme de plans d'épargne-retraite, soit sous celle de plans d'épargne salariale. À l'instar de l'AFL-CIO, certaines centrales syndicales ont vu dans l'épargne salariale une occasion à saisir pour faire du contrôle – voire de la gestion – de ces moyens financiers un nouvel outil pour l'action dans l'entreprise. D'autres, au contraire, ont réaffirmé qu'il fallait conserver, dans la hiérarchie des revendications syndicales, la priorité à la négociation proprement salariale et à la défense du régime de retraite par répartition, mettant ainsi davantage l'accent sur le risque de voir cette épargne considérée comme un substitut aux augmentations de salaire, ainsi que sur le manque à percevoir qu'elle représente pour le système de protection sociale du fait des exonérations de charges sociales.

Le statut d'actionnaire salarié n'est pas sans ambivalence et sa représentation aux assemblées générales d'actionnaires, voire au sein des conseils d'administration des entreprises, est mal acceptée. L'hostilité du patronat à un partage du pouvoir reste largement de mise même s'il trouve ici ou là, dans ce type d'actionnariat, un soutien utile (mais bien vite oublié) lors de tentatives d'offres publiques d'achat (OPA) inamicales. La vocation des syndicats à représenter les actionnaires reste aussi un point d'opposition entre les centrales : certaines sont restées hostiles à la cogestion et continuent de dénoncer les illusions du pouvoir actionnarial des travailleurs ; d'autres s'y engagent, convaincues de pouvoir ainsi moraliser les marchés financiers et les pratiques des entreprises. ■

Pour en savoir plus

A. Fung, T. Hebb, J. Rogers (sous la dir. de), *Working Capital, The Power of Labor's Pensions*, Cornell University Press, Ithaca, 2001.

F. Lordon, *Fonds de pension, piège à cons ? Mirage de la démocratie actionnariale*, Raisons d'agir, Paris, 2000.

C. Sauviat, « Syndicats et marchés financiers : bilan et limites des stratégies nord-américaines. Quelle valeur d'exemple pour les syndicats en Europe ? », *La Revue de l'IRES*, n° 36, Noisy-le-Grand, 2001.

C. Sauviat, S. Montagne, « La pression des marchés financiers sur les politiques sociales des entreprises. Le cas français », *Travail et emploi*, n° 87, Ministère de l'emploi et de la solidarité/La Documentation française, Paris, juil. 2001.

C. Sauviat, J.-M. Pernot, « Fonds de pension et épargne salariale aux États-Unis. Les limites du pouvoir syndical », *in* Association Recherche et Régulation, *L'Année de la régulation 2000*, vol. 4, La Découverte, Paris, 2000.

@ Sites Internet

IRES (Institut de recherches économiques et sociales) : **http://www.ires-fr.org**

Le Japon n'est plus considéré comme l'unique creuset du modèle productif de demain

Par **Michel Freyssenet**
CNRS (CSU-Iresco), GERPISA

Il n'y a jamais eu de modèle japonais. La « production au plus juste », qui prétend le théoriser, est une construction intellectuelle édulcorant et amalgamant à tort deux systèmes de production complètement différents et incompatibles : le système Toyota et le système Honda.

Au début des années 1980, les États-Unis et l'Europe découvraient, incrédules, la compétitivité ravageuse des firmes japonaises sur leurs propres marchés.

Cette supériorité japonaise fut d'abord attribuée à une automatisation qui aurait été plus avancée. Les entreprises américaines et européennes voulurent retrouver leur suprématie technique, en optant pour des équipements plus automatisés encore, à la fois flexibles et intégrés. Les difficultés productives que leur utilisation engendra amplifièrent la crise au lieu de la surmonter. On en vint alors à des explications « culturalistes ». L'esprit de groupe, le souci du consensus, qui seraient des caractéristiques japonaises, auraient permis une efficacité dans le travail impossible à obtenir ailleurs. Le succès des « transplants japonais » à l'étranger, notamment aux États-Unis, mit à mal cette interprétation. L'explication n'étant ni technique ni « culturelle », on diagnostiqua l'émergence d'un nouveau modèle productif, appelé à prendre la place du « fordisme », devenu inadapté à un marché variable et diversifié.

Le « modèle japonais » fut dénommé plus savamment « *lean production* » ou « production au plus juste » par des chercheurs américains. Ce modèle était censé résoudre la double crise des années 1970 : celle d'une production trop peu diversifiée et adaptée aux demandes d'une clientèle devenue plus exigeante, et celle du travail parcellisé rejeté par les salariés.

Le système qui « allait changer le monde »

La production en petits lots, la polyvalence des opérateurs, le pilotage de la production par l' « aval » permettaient, selon ce modèle, d'accroître la variété de l'offre. La participation des salariés à l'élimination des défauts et des gaspillages et à la recherche des causes des dysfonctionnements, au sein de « cercles de qualité » ou dans leurs équipes de travail sous l'impulsion d'un « leader », redonnait un sens au travail à la chaîne et offrait la possibilité à chacun d'accroître ses compétences, tout en améliorant continûment la productivité et la qualité des produits. En contrepartie de leur implication, les salariés bénéficiaient de la garantie d'emploi et de carrière. Si les sous-traitants acceptaient les objectifs de réduction de coûts et d'amélioration de la qualité et appliquaient les mêmes méthodes, leur volume de commandes et leur marge bénéficiaire étaient assurés. Dès lors chacun y trouvait son compte : les consommateurs avec des produits moins chers, de meilleure qualité, plus variés et innovants ; les actionnaires avec des bénéfices réguliers ; l'État avec des firmes prospères, compétitives sur le marché mondial, assurant en outre la paix sociale.

La « production au plus juste » était le système qui allait « changer le monde » du XXIe siècle. Les doutes ont commencé à apparaître avec la crise prolongée du Japon. Le système qui devait changer le monde commençait mal son œuvre. Il n'empêchait pas la crise dans le pays où il était censé régner. L'entrée spectaculaire en 1999 de Renault dans le capital de Nissan, grevé de dettes et accumulant les déficits, fut un coup rude. Que s'est-il passé ?

Le système Toyota et le système Honda

Il n'y a jamais eu de modèle japonais. La « production au plus juste », qui prétend le théoriser, est une construction intellectuelle édulcorant et amalgamant à tort deux systèmes de production complètement différents et incompatibles : le système Toyota et le système Honda. Ces deux systèmes sont entrés en crise au début des années 1990 (on mit dix ans à s'en apercevoir), au moment même où la *lean production* était célébrée comme le modèle de l'avenir. D'autres entreprises japonaises, notamment Nissan, Mitsubishi et Mazda dans le secteur automobile, n'ont jamais réussi à construire des systèmes cohérents. Enfin, hors du Japon, au moins un autre modèle productif a existé et a été tout aussi performant sur longue période, celui incarné notamment par Volkswagen depuis la crise de 1974.

Toyota avait été amené dans les années 1950 à mettre en œuvre une stratégie de profit consistant à réduire en permanence les coûts à volume constant, ne pouvant à l'époque compter sur les économies d'échelle en l'absence d'une demande suffisante. Son originalité a été de continuer dans cette voie, après et malgré le décollage de la demande intervenu dans les années 1960. Il garantissait l'emploi à ses salariés, sous réserve qu'ils réduisent eux-mêmes mois après mois au sein de leur équipe de travail les temps attribués pour effectuer les opérations qu'ils avaient en charge, en appliquant notamment les principes du « juste à temps », et qu'ils acceptent un système d'horaire les contraignant à faire des heures supplémentaires immédiatement après les heures légales de travail journalier. Toyota dut toutefois, pour obtenir les résultats escomptés, faire dépendre le montant du salaire mensuel et la promotion de la réalisation des objectifs fixés. Il suscita simultanément de nombreux sous-traitants, qui lui faisaient alors défaut, en aidant des cadres à créer leur entreprise et en leur assurant un volume de travail, sous réserve de s'engager sur des objectifs de coût et de qualité.

Toyota avait été amené à mettre en œuvre une stratégie de profit consistant à réduire en permanence les coûts à volume constant, ne pouvant à l'époque compter sur les économies d'échelle en l'absence d'une demande suffisante.

Honda suivit une tout autre voie. Tard venu à la construction automobile, il se fit une place entre les deux grands, Toyota et Nissan, en lançant des véhicules innovants, répondant aux attentes de catégories nouvelles d'acheteurs, et en étant capable de répondre immédiatement et massivement à la demande lorsque celle-ci confirmait les anticipations faites. Il mit en place pour ce faire un système de conception original capable d'innovations commercialement utiles et un système de production très réactif pour faire face au moindre coût aux succès comme aux échecs. Il y parvint à travers un système de recrutement, de salaire et de promotion fondé sur l'expertise, l'initiative et l'intérêt individuels à l'opposé de l'esprit du système Toyota.

L'enjeu du compromis de gouvernement d'entreprise

Mais tout système productif a ses limites. Toyota et Honda rencontrèrent les leurs début 1990. L'explosion de la demande automobile au Japon et dans d'autres pays, durant la période dite de la « bulle spéculative », dans la seconde moitié des années 1980, obligea le premier à recruter massivement et le second à répondre à des demandes nouvelles, aussi brutales qu'inattendues. Sur un marché du travail tendu, Toyota ne trouva pas la main-d'oeuvre jeune qui lui était nécessaire, celle-ci se détournant d'un travail jugé trop dur et peu valorisant. À défaut il eut recours systématiquement et continûment aux heures supplémentaires, provoquant finalement la réaction des salariés et du petit encadrement, au point d'être contraint de changer profondément son système de production. Honda a, quant à lui, confondu les demandes des individus brutalement enrichis lors de la bulle spéculative avec des tendances durables. Elles s'évanouirent avec l'éclatement de la « bulle ».

Deux conditions sont à réunir : une stratégie de profit pertinente par rapport au mode de croissance et de distribution du revenu national, et un « compromis de gouvernement de l'entreprise » entre ses principaux acteurs.

La leçon de l'histoire est qu'il n'y a pas de « *one best way* ». Les dirigeants, comme les salariés, ne sont pas contraints de se soumettre à un système unique censé être la condition de la survie de leur entreprise. Tout laisse à penser qu'il y a deux conditions à la performance des entreprises dans un système capitaliste : une stratégie de profit pertinente par rapport à la structure de la demande, c'est-à-dire au mode de croissance et de distribution du revenu national, et un « compromis de gouvernement de l'entreprise » entre ses principaux acteurs pour mettre en œuvre des moyens cohérents avec cette stratégie et acceptables par tous. ■

Pour en savoir plus

R. Boyer, E. Charron, U. Jurgens, S. Tolliday, *Between Imitation and Innovation. The Transfer and Hybridization of the Productive Models in the International Automobile Industry,* Oxford University Press, Oxford, 1998.

R. Boyer, M. Freyssenet, *Les Modèles productifs,* La Découverte, coll. « Repères », Paris, 2000.

É. Dourille-Feer, *L'Économie du Japon,* La Découverte, coll. « Repères », Paris, 1998.

J.-P. Durand, J. J. Castillo, P. Stewart, *L'Avenir du travail à la chaîne,* La Découverte, coll. « Recherches », Paris, 1998.

M. Freyssenet, « Le modèle productif japonais n'a jamais existé », *in* R. Boyer, P. F. Souyri, *Mondialisation et régulations – Europe et Japon face à la singularité américaine,* La Découverte, Paris, 2001.

M. Freyssenet, A. Mair, K. Shimzu, G. Volpato, *Quel modèle productif ? Trajectoires et modèles industriels des constructeurs automobiles mondiaux,* La Découverte, coll. « Recherches », Paris, 2000.

K. Shimizu, *Le Toyotisme,* La Découverte, coll. « Repères », Paris, 1999.

J. Womack, D. Jones, D. Roos, *Le système qui va changer le monde,* Dunod, Paris, 1992.

@ Sites Internet

Groupes d'études et de recherche permanent sur l'industrie et les salariés de l'automobile (GERPISA) :
http://www.gerpisa.univ-evry.fr

Politique, valeurs et utopies

Multiculturalisme
Antimondialisation
État et société
Multipartisme
Communication
Exigences démocratiques
Développementisme
Post-communisme
Principe de précaution
Nationalismes
Internet
Écologie politique
Pouvoir locaux
Propriété intellectuelle
Crimes et réconciliation

Sur le plan politique, le multiculturalisme semble connaître un certain recul

Par **John Crowley**
Politologue, CERI-Sciences Po

Sans doute les sociétés contemporaines sont-elles traversées de clivages culturels, mais l'analyse pratique du multiculturalisme et de ses limites suggère que ceux-ci sont latents et très largement secondaires. La vraie revendication des étrangers ou des minorités semble être la participation politique sur une base égalitaire, ce qui passe généralement par un accès plus aisé à la nationalité.

Depuis le milieu des années 1980, le multiculturalisme est devenu, un peu partout, un enjeu politique majeur. Divisant aussi bien la gauche que la droite, il suscite des débats confus, dont les aspects philosophiques sont les mieux connus. Toutefois, malgré leur intérêt théorique – qui engage la nature même de la personne humaine dans son rapport à la société et à la culture –, les débats philosophiques sont peu concluants. C'est au niveau politique que, pour le meilleur et pour le pire, se situent les enjeux du multiculturalisme.

Le multiculturalisme répond à des mobilisations et des revendications qui s'inscrivent dans l'épuisement, entre la fin des années 1960 et le début des années 1980, d'un modèle économique et politique dans lequel les fruits de la croissance plutôt que les identités occupaient la place centrale. Elles visent des modèles d'organisation sociale qui exigent de certains – mais non de tous – qu'ils se transforment pour accéder à la citoyenneté. Officiellement, les identités, les cultures, les religions, les orientations sexuelles n'ont pas de place dans une sphère publique égalitaire et uniforme. En réalité, la majorité retrouve dans la sphère publique les structures familières de sa sphère privée, alors que les autres doivent y évoluer en terre étrangère. Le multiculturalisme se propose précisément de renverser cette polarité : remise en cause des violences coloniales à l'égard des peuples autochtones (notamment en Australie, au Canada, aux États-Unis) ; « souverainismes » provinciaux ou régionaux, dont le Québec est exemplaire ; nouvelles formes de la mobilisation politique post-migratoire.

Critique de la fausse neutralité de la citoyenneté uniforme

Ces mobilisations ne suffisent toutefois pas à expliquer l'importance du multiculturalisme. La critique de la fausse neutralité de la citoyenneté uniforme s'enracine tout autant dans la culpabilité intellectuelle relative au colonialisme et aux modalités historiques de constitution des nations. C'est avec bonne conscience, « au nom de la civilisation », qu'ont été menées des politiques d'assimilation forcée qui ont détruit ou perverti des modes de vie, des langues, des croyances traditionnels. Considéré politiquement, le multiculturalisme en est la mauvaise conscience symétrique.

Politique par ses fondements, le multiculturalisme l'est également par ses manifestations, dans des domaines comme l'éducation, l'intégration des immigrés, la politique sociale, l'accès aux droits politiques. C'est sur ce plan politique pratique que le multiculturalisme semble connaître un certain recul. Les raisons en sont politiques et sociologiques plutôt que philosophiques, comme le montre l'analyse des trois axiomes multiculturels les plus caractéristiques.

Les trois axiomes multiculturels

Premier axiome : les cultures minoritaires persistent davantage qu'on ne le croyait, et rien ne justifie de le déplorer. L'école ne peut pas et ne doit pas se donner pour objectif une conformité homogène, qu'on l'appelle « assimilation » ou « intégration ». Au contraire, face à une socialisation marchande homogénéisante, l'école a entre autres missions de protéger une certaine authenticité culturelle. Parfois, surtout aux États-Unis, cette authenticité peut se penser comme opposition entre les cultures et la Culture, jugée élitiste et particulariste. Mais cette conclusion est incompatible avec une critique sérieuse de la « marchandisation » culturelle. L'éducation multiculturelle se traduit parfois par le souci de transmettre à l'école les langues et cultures parentales, et plus généralement par la refonte des programmes d'histoire, de géographie, de littérature, pour détacher l'enseignement de ces matières de toute velléité de transmission d'un « roman national ». Le multiculturalisme rencontre ainsi des évolutions internes aux disciplines concernées, où s'est peu à peu imposée, à partir du milieu des années 1970, une vision hostile à la fois aux « grands hommes » et à la nation comme unité d'analyse.

Malgré leur intérêt théorique, les débats philosophiques sont peu concluants. C'est au niveau politique que, pour le meilleur et pour le pire, se situent les enjeux du multiculturalisme.

Deuxième axiome : les besoins sociaux – en matière de santé, de logement, de dépendance, etc. – sont culturellement définis. Une politique sociale uniforme est donc inégalitaire quant à ses effets. Il faut au contraire une sensibilité à la diversité culturelle, c'est-à-dire en pratique une meilleure intégration de l'action sociale associative et de celle de l'État. Ici encore, le multiculturalisme rencontre un mouvement plus général. Même en France, où une certaine tradition étatiste reste parfois soupçonneuse à l'égard de l'action associative, on voit plus d'une trace de cette imbrication, dont le Fonds d'action sociale pour les travailleurs immigrés et leurs familles est le lieu institutionnel. *A fortiori* dans d'autres pays, où politique sociale et « charité » privée se sont depuis toujours pensées comme complémentaires.

Troisième axiome : la citoyenneté doit se penser sans rapport à l'appartenance nationale. Elle doit plutôt être l'expression juridique de la participation à la société, ce qui implique notamment que le droit de vote soit tributaire de la résidence plutôt que de la nationalité. Le progrès de cette idée a été inégal, mais le principe d'un droit de vote local sans considération de nationalité fait son chemin, stimulé en Europe par l'attribution d'un tel droit aux citoyens de l'Union européenne depuis le traité de Maastricht (1992). Cette réforme est également soutenue par une critique plus générale de l'État-nation. Une citoyenneté purement locale ne serait pas « au rabais », mais au contraire plus réelle qu'une citoyenneté nationale jugée purement abstraite par cette école de pensée.

Une société composée de sous-ensembles culturels ?

Pourtant, il semble que le multiculturalisme ne « marche » pas. Les trois axiomes reposent sur un postulat tacite : que la société peut, au moins en partie, se découper en groupes définis chacun par une culture. De ce fait, il y aurait concordance entre les revendications concrètes qui émergent de groupes culturellement défavorisés et les exigences théoriques post-coloniales et post-nationales. Cependant, ce n'est pas forcément ce que l'on constate même dans des cas apparemment propices. Par exemple, dans le sud de la Californie, il n'est pas évident que le bilinguisme anglais-espagnol persiste à la troisième génération, ni que les Américains d'origine mexicaine s'en soucient massivement. Cette population, comme d'autres, paraît trop hétérogène pour constituer un « groupe » aux intérêts et revendications politiques cohérents.

De même, les pays qui, à l'instar de la Suède et des Pays-Bas, ont formulé certains aspects de leurs politiques sociales en termes communautaires dans les années 1970-1980 ont tendu à remettre en cause le deuxième axiome dans les années 1990. Ni la définition des populations visées en termes « ethniques », ni l'appel à l'intermédiation communautaire ne semblent avoir promu l'efficacité de la lutte contre la pauvreté et l'exclusion. Enfin, dans tous les pays ayant fait l'expérience d'un droit de vote ou de mécanismes représentatifs spécifiques pour les étrangers, on a constaté une forte désaffection à leur égard. La vraie revendication des étrangers ou des minorités semble être la participation politique sur une base égalitaire, ce qui passe généralement par un accès plus aisé à la nationalité, afin d'y exprimer des intérêts socio-économiques ordinaires.

Contrairement à une certaine interprétation du multiculturalisme, les immigrés et les minorités se définissent politiquement, comme « tout le monde », par rapport à l'emploi, aux retraites, à la santé, aux transports, aux impôts...

Contrairement en effet à une certaine interprétation du multiculturalisme, les immigrés et les minorités se définissent politiquement, comme « tout le monde », par rapport à l'emploi, aux retraites, à la santé, aux transports, aux impôts... Sans doute les sociétés contemporaines sont-elles traversées de clivages culturels, mais l'analyse pratique du multiculturalisme et de ses limites suggère que ceux-ci sont latents et très largement secondaires. ■

Pour en savoir plus

F. Constant, *Le Multiculturalisme,* Flammarion, coll. « Dominos », Paris, 2000.

M. Elbaz, D. Helly (sous la dir. de), *Mondialisation, citoyenneté et multiculturalisme,* Presses de l'université Laval, Sainte-Foy (Québec)/L'Harmattan, Paris, 2000.

H. Greven-Borde, J. Tournon (sous la dir. de), *Les Identités en débat : intégration ou multiculturalisme,* L'Harmattan, Paris, 2000.

W. Kymlicka, *La Citoyenneté multiculturelle. Une théorie libérale du droit des minorités,* La Découverte, Paris, 2001.

W. Kymlicka, S. Mesure (sous la dir. de), « Les identités culturelles », *Comprendre. Revue de philosophie et de sciences sociales,* n° 1, PUF, Paris, 2000.

D. Lacorne, *La Crise de l'identité américaine. Du melting-pot au multiculturalisme,* Fayard, Paris, 1997.

M. Wieviorka, *Une société fragmentée ? Le multiculturalisme en débat,* La Découverte, Paris, 1997.

M. Wieviorka, J. Ohana (sous la dir. de), *La Différence culturelle : une reformulation des débats,* Balland, Paris, 2001.

Les réseaux antimondialisation dessinent-ils véritablement une société civile internationale ?

Par **Béatrice Pouligny**
Politologue, CERI-Sciences Po

L'ACTIVISME DES RÉSEAUX « ANTIMONDIALISATION » REPRÉSENTE UNE NOUVELLE DONNE DANS L'ACTUALITÉ INTERNATIONALE. ÉVOQUER À LEUR PROPOS UNE « SOCIÉTÉ CIVILE INTERNATIONALE » QUI, PEU À PEU, STRUCTURERAIT LES INTÉRÊTS D'ACTEURS TRANSNATIONAUX AGISSANT PAR-DELÀ LES FRONTIÈRES CONDUIT À SE POSER LA QUESTION DE LEUR REPRÉSENTATIVITÉ ET DE LEUR LÉGITIMITÉ.

À la suite de la contestation de la réunion de l'OMC (Organisation mondiale du commerce) à Seattle, fin 1999, les rassemblements, manifestations et forums « antimondialisation » se sont multipliés. Mêlant organisations non gouvernementales (ONG), syndicats et regroupements en tous genres opposés aux politiques néo-libérales, ces réseaux militants rappellent de façon salutaire que des choix de politique économique sont encore possibles. De ce seul fait, leur participation politique est précieuse. Beaucoup d'analystes vont plus loin, considérant qu'ils forment une « société civile internationale » et constitueraient une importante force travaillant à la démocratisation des processus de décision. Pour en juger, encore faudrait-il pouvoir répondre à des questions précises : qui fait quoi ? au nom de qui ? comment ? où ? quand ? avec quels objectifs ? quels résultats ? comment s'organisent concrètement les interactions entre différents réseaux d'actions… ? Malheureusement, ces questions sont très souvent éludées ou ne reçoivent que des réponses de nature idéologique. Dans ce contexte, l'expression « société civile internationale » relève généralement plus du discours politique que du cadre d'analyse.

Une notion d'usage problématique

La notion de « société civile » est elle-même très faiblement définie, ce qui explique la grande diversité de ses usages. De fait, le champ qu'elle couvre implicitement est très variable. Aux États-Unis, le secteur privé marchand fait partie de la « société civile ». En France, au contraire, cette dernière est généralement présentée comme une sphère d'organisation intermédiaire, un « tiers secteur » qui ne viserait pas le profit. Hors Occident, cette appellation est généralement appliquée à des organisations non gouvernementales (ONG – formule elle-même très floue) qui, pour obtenir ce « label », présentent une image formelle et « moderne » qui répond aux attentes de leurs interlocuteurs, mais ne représente pas tous les modes d'organisation locaux [*voir article p. 113*].

Par ailleurs, la « société civile » est aujourd'hui souvent analysée comme une entité sociale opposée à l'État alors qu'il n'en était rien dans la pensée pré-hégélienne et que cette dichotomie est, dans les faits, loin d'être aussi claire. Si l'on veut comprendre ce qui est en train de changer dans la façon de faire de la politique dans le monde, le couple État/société civile ne doit pas être compris en opposition, ou dans une logique de résistance, mais bien dans ses multiples relations.

Un groupe d'acteurs éclaté et hiérarchisé

De même, alors que la notion de « société civile » est le plus souvent utilisée comme une catégorie globale, homogène, l'observation de situations concrètes rappelle que, par définition, elle fait référence à une pluralité de situations, d'acteurs et surtout d'intérêts. Les réseaux antimondialisation peuvent être analysés comme des formes temporaires de coopération transnationale entre des acteurs nationaux. Pour comprendre comment ce type de relations peut s'engager, il faut tenir compte d'inégalités très fortes dans l'accès à la scène internationale. Produire des documents, les distribuer avant des réunions internationales, envoyer des délégations à des réunions ou des manifestations, avoir accès aux médias, faire pression sur les gouvernements… sont autant d'activités très coûteuses et tout simplement inaccessibles à l'immense majorité des organisations qui pourraient se reconnaître dans le mouvement « antimondialisation ». De même, l'accès à Internet, organe clé de communication entre les « anti », reste très inégal pour de nombreuses raisons, techniques et économiques. En dehors des pays riches, il concerne surtout une petite élite déjà largement « transnationalisée ». C'est ainsi que s'est très rapidement établie une véritable hiérarchie au sein du mouvement (qui ne se réduit pas au clivage Nord-Sud). Cela est visible lorsqu'on suit de près le rôle clé joué par l'International Forum on Globalisation (club fermé d'intellectuels occupant des postes de responsabilité croisés dans plusieurs organisations). Même un mouvement paysan beaucoup plus large comme Via Campesina est loin de « l'armée sans hiérarchie » parfois annoncée. En effet, au-delà de quelques événements médiatiques pour lesquels on a besoin des gens de la « base » pour témoigner ou pour faire masse, l'action se discute et s'organise au sein de petits comités restreints. Bien plus, ceux qui occupent des positions de pouvoir et d'accès privilégié aux décideurs ou aux médias résistent souvent à l'arrivée de nouveaux partenaires et protègent leur prétention à représenter tout le monde.

Ceux qui occupent des positions de pouvoir et d'accès privilégié aux décideurs ou aux médias résistent souvent à l'arrivée de nouveaux partenaires et protègent leur prétention à représenter tout le monde.

S'il existe aujourd'hui une « société civile internationale », la formule désigne une arène de luttes, un espace extrêmement fragmenté et contesté où la politique concerne essentiellement la façon dont certains individus et groupes émergent et sont légitimés, par les gouvernants, les institutions ou les médias qui jouent ici un rôle crucial.

Vers une démocratisation de la vie politique internationale ?

Outre le fonctionnement des institutions de leur pays, les « antimondialisation » visent généralement les institutions internationales mais aussi les forums (ou « clubs ») dont se sont dotés les gouvernements. La participation de la « société civile » a été encouragée, de longue date, par les organisations internationales elles-mêmes : statut consultatif à l'ONU, procédures *ad hoc* lors de conférences internationales, « comité ONG » de la Banque mondiale... De leur côté, les ONG ont pris l'habitude, depuis le Sommet sur l'alimentation, en 1967, d'organiser des forums parallèles aux grands rendez-vous internationaux ; ceux-ci se sont considérablement développés depuis la conférence de Rio sur l'environnement, en 1992. Toutefois, l'impact de ces évolutions sur la démocratisation de la vie politique internationale reste difficile à évaluer. Dans des négociations, il arrive que des décisions soient prises sous la pression d'individus qui ne sont ni élus ni dûment mandatés par qui que ce soit pour représenter une vision et donc des intérêts. Or, au moins en Europe, ils se trouvent face à des gouvernants qui ont, eux, été élus dans des conditions effectivement démocratiques. La représentativité des porte-parole du mouvement antimondialisation doit être interrogée dans cette perspective. Qui représentent-ils ? Sur quelles bases ?... La plupart des intéressés refusent cette discussion au motif qu'ils ne défendent pas un intérêt particulier mais ceux de l'humanité dans son ensemble et qu'à ce titre la question de la représentativité ne saurait leur être opposée. Mais le risque est grand de n'y trouver qu'une forme d'autolégitimation. La mondialisation donne la sensation de connexions universelles mais elle n'engendre pas la perception équivalente d'une communauté qui serait fondée sur des valeurs et croyances partagées, encore moins des intérêts.

Implicitement, les réseaux antimondialisation soulignent les limites, au regard d'enjeux globaux, d'un contrat social et politique articulé uniquement sur des États-nations, mais ils n'offrent pas d'alternative claire.

Dans la sphère nationale, la légitimité électorale n'exclut pas les autres formes de légitimité mais elle est placée au-dessus des autres lorsqu'il s'agit de procéder à des arbitrages et de trancher en dernier ressort. Quels acteurs vont être chargés, à l'échelle internationale, de désigner l'intérêt général ? Qui garantira une certaine équité procédurale et, considérant les fortes asymétries existant entre acteurs, sera garant de la représentation des intérêts minoritaires ? Qui assurera une certaine transparence et publicité des processus ? Implicitement, les réseaux antimondialisation soulignent les limites, au regard d'enjeux globaux, d'un contrat social et politique articulé uniquement sur des États-nations, mais ils n'offrent pas d'alternative claire. ■

Pour en savoir plus

Y. Dezalay, B. Garth, « L'impérialisme de la vertu », *Le Monde diplomatique*, Paris, mai 2000.

A. M. Florini (sous la dir. de), *The Third Force. The Rise of Transnational Civil Society*, Carnegie, Washington DC, 2000.

S. Khilnani, « La "société civile", une résurgence », *Critique internationale*, n° 10, Presses de Sciences Po, Paris, janv. 2001.

B. Pouligny (dossier dirigé par), « Une société civile internationale ? », *Critique internationale*, n° 13, Presses de Sciences Po, Paris, oct. 2001.

« Société civile mondiale : la montée en puissance », *Courrier de la planète*, n° 63, Solagral/UNESCO, Montpellier/Paris, 2001.

@ Sites Internet

Independent Media Center (agence de presse ; information quotidienne sur l'actualité de la contestation) :
http://www.indymedia.org

Même allégé de certaines fonctions, l'État reste un cadre privilégié de régulation politique des sociétés

Par **Jacques Chevallier**
Droit public et science politique,
Université Paris-II-Panthéon-Assas

DANS UN MONDE OÙ LES POINTS DE REPÈRE S'EFFACENT, OÙ LES CERTITUDES S'EFFRITENT, L'ÉTAT RESTERA, ET SANS DOUTE POUR LONGTEMPS, LE PRINCIPE FONDAMENTAL D'INTÉGRATION DES SOCIÉTÉS ET LE LIEU PRIVILÉGIÉ DE FORMATION DE L'IDENTITÉ COLLECTIVE.

Apparu en Europe occidentale au sortir de la féodalité, l'État est devenu au cours du XXe siècle la figure imposée de l'organisation politique. Toute entreprise de libération nationale a été sous-tendue par l'objectif de construire un État, et toute révolution a été amenée à se couler dans le moule étatique. Il n'y avait, semble-t-il, pas d'alternative à l'État qui, emblématique de la modernité, semblait épuiser l'univers du pensable. Cette diffusion de la forme étatique a été puissamment favorisée par la contrainte internationale : les rapports internationaux ont été structurés autour des États et l'adoption de la forme étatique est un passeport nécessaire pour l'entrée dans la société internationale.

Cadre exclusif d'allégeance et principe unique d'identification, l'État se présente comme la clef de voûte et l'élément fondamental de la cohésion des sociétés. Cette fonction, l'État l'assure sur les trois plans, ou registres, qui constituent le soubassement de l'ordre politique : l'affirmation et la défense de l'identité collective (fonction de symbolisation), la protection et la sauvegarde de l'ordre social (fonction de domination) et, enfin, l'harmonisation des comportements et la résolution des conflits sociaux (fonction de régulation). Ces trois aspects indissociables renvoient l'un à l'autre. De même que l'État ne devient un principe d'identification qu'à partir du moment où il est érigé en foyer de la loi et en dispositif d'intégration, la domination politique s'exerce à travers l'imposition d'un ordre de significations et la prise en charge des fonctions collectives. Quant à la régulation, elle passe par l'utilisation combinée d'une puissance de contrainte, juridique et matérielle, et des ressorts du symbolique.

La mise en œuvre de ces fonctions présuppose dans tous les cas l'établissement de « frontières » circonscrivant et délimitant l'espace sur lequel l'État peut prétendre à une pleine et entière « souveraineté ». Dans l'État absolutiste, ces frontières marquent les limites de la diffusion de la puissance royale. Elles symbolisent dans l'État-nation l'identité de la collectivité nationale. Elles définissent enfin le champ d'application du protectorat économique et social de l'État-providence. Dans cet espace ainsi clôturé, l'État était conçu comme le seul « maître à bord » :

nulle autorité concurrente à la sienne, nulle contrainte qui ne soit le produit de sa libre volonté.

Des frontières remises en cause

Cette construction est apparemment en voie de se déliter, du fait de la mondia lisation. Les frontières, physiques et symboliques, qui délimitaient la sphère d'influence, la surface d'emprise de l'État, sont devenues floues, poreuses. Les États sont traversés par des flux de tous ordres qu'ils sont incapables de contrôler, de canaliser et, au besoin, d'endiguer. Leur capacité de régulation devient du même coup aléatoire et les équilibres économiques et sociaux échappent désormais largement à leur maîtrise. Corrélativement, de nouveaux mécanismes tendent à apparaître au-delà de l'État, pour assurer la régulation de ces flux : la fonction politique tend à se déplacer vers des espaces élargis, de nature interétatique, voire supraétatique. Cette dynamique s'est notamment traduite au niveau européen par la mise en place d'institutions de type supranational, qui étendent lentement mais sûrement le champ de leurs compétences au détriment de celui des États membres [*voir article p. 83*] !

Les frontières, physiques et symboliques, qui délimitaient la sphère d'influence, la surface d'emprise de l'État, sont devenues floues, poreuses.

Ainsi débordé et dépassé, l'État semble perdre son emprise symbolique sur ses ressortissants. L'identité nationale à partir de laquelle a été forgé le lien politique ne relève plus de l'évidence. Elle est prise en tenaille entre des identités de proximité et les liens de solidarité qui se développent au-delà de l'État-nation. De nouveaux espaces de citoyenneté tendent à se constituer, mettant en cause la prétention de l'État à l'exclusivité.

Un risque de balkanisation

Cette balkanisation « identitaire » rend plus difficile le contrôle des allégeances par l'État et comporte des dangers pour la cohésion politique. L'accent mis sur les collectivités les plus proches d'appartenance – dotées de compétences étendues, à la faveur des politiques de décentralisation –, plutôt que sur la nation, risque de distendre le lien civique. De même, la construction d'espaces plus larges de référence favorise le développement de nouveaux liens de solidarité. Tout se passe désormais comme si les individus étaient écartelés entre plusieurs principes d'identification. Cet éclatement est propice à l'activation des forces centrifuges qu'avait occultées le poids de l'identité nationale. L'affaiblissement des États favorise la résurgence de groupes minoritaires, opposant leur identité propre à celle de la nation. Cette affirmation peut conduire à la revendication du droit à l'autodétermination, débouchant sur une lutte de libération nationale. La pertinence de l'État en tant que cadre de régulation politique paraît ainsi compromise par ces deux mouvements, externe et interne, qui s'alimentent réciproquement.

Ces mouvements ne signifient pas pour autant que l'État soit désormais dépassé en tant que forme d'organisation politique. Même si l'interpénétration croissante des économies réduit sa capacité d'action, il garde la responsabilité d'assumer certaines fonctions collectives essentielles, de nature régalienne (police, justice, défense) mais aussi économiques et sociales. L'État constitue toujours le niveau privilégié de régulation, dont dépendent l'équilibre économique et la cohésion sociale, et sa médiation est requise pour gérer les retombées de la mondialisation. De même, s'il est concurrencé par de nouveaux acteurs (firmes multinationales, organisations intergouvernementales, forces transnationales), il reste placé au centre des rapports internationaux. La société internationale reste dominée par les États et sa configuration dépend avant tout des inégalités de puissance et des rivalités entre ces derniers.

La société internationale reste dominée par les États et sa configuration dépend avant tout des inégalités de puissance et des rivalités entre ces derniers.

L'État reste un niveau indépassable

Aucune alternative à l'État ne se dessine au demeurant clairement. La construction européenne, dans laquelle on a pu trouver la préfiguration d'un nouveau modèle d'organisation politique, reste compatible avec la logique étatique. Qu'elle reste un mode de coordination souple entre États, respectueux des spécificités nationales, ou qu'elle évolue vers un système de nature plus fédérale, l'Europe ne rompt pas avec le cadre étatique : la « citoyenneté européenne » consacrée par le traité de Maastricht de 1992 n'est qu'une citoyenneté subsidiaire, se superposant aux citoyennetés nationales. Le modèle étatique reste par ailleurs la référence des mouvements de libération : loin de rompre avec l'idéologie nationale, ils entendent en effet retrouver ou conquérir la maîtrise de leur destin collectif par la formation d'un nouvel État-nation ; le but poursuivi est de convertir l'unité postulée du groupe en puissance étatique. Quant à la diversification des référents identitaires, si elle peut être source de tensions ou de conflits, elle contribue aussi à asseoir l'identité collective : ces référents ne fonctionnent en effet pas sous un rapport de concurrence ou de substituabilité, mais sont au contraire agencés selon plusieurs niveaux superposés et emboîtés, et le lien civique continue d'être fondé en premier lieu sur l'appartenance à l'État-nation.

Dans un monde où les points de repère s'effacent, où les certitudes s'effritent, l'État restera, et sans doute pour longtemps, le principe fondamental d'intégration des sociétés et le lieu privilégié de formation de l'identité collective. ■

Pour en savoir plus

B. Badie, *Un monde sans souveraineté. Les États entre ruse et responsabilité*, Fayard, Paris, 1999.

B. Badie, M.-C. Smouts (sous la dir. de), *L'International sans territoire*, L'Harmattan, Paris, 1996.

P. Braud, *Science politique II. L'État*, Seuil, Paris, 1997.

E. Gellner, *Nations et nationalismes*, Payot, Paris, 1989.

J. Laroche, *Politique internationale*, LGDJ, Paris, 2e éd., 2001.

M.-C. Smouts (sous la dir. de), *Les Nouvelles Relations internationales. Pratiques et théories*, Presses de Sciences Po, Paris, 1998.

@ Sites Internet

Organisation des Nations unies : **http://www.un.org/**

Banque mondiale : **http://www.worldbank.org/**

Union européenne : **http://europa.eu.int**

Centre d'études et de recherches internationales (CERI Science Po) : **http://www.ceri-sciences-po.org**

Centre d'études prospectives et d'informations internationales (CEPII) : **http://www.cepii.fr**

Les progrès du multipartisme cachent la persistance du manque de démocratie

Par **Patrick Baudouin, Antoine Bernard**

Respectivement président d'honneur et directeur exécutif de la FIDH

LORS DES OPÉRATIONS D'ASSISTANCE ET D'OBSERVATION DES ÉLECTIONS ORGANISÉES SOUS L'ÉGIDE DES ORGANISATIONS INTERGOUVERNEMENTALES, LE PRINCIPE DE NON-INGÉRENCE DANS LES AFFAIRES INTÉRIEURES DE L'ÉTAT INTERDIT D'ÊTRE TROP REGARDANT SUR LA REPRÉSENTATIVITÉ DES GOUVERNEMENTS OU SUR LA LÉGITIMITÉ DES SYSTÈMES POLITIQUES MIS EN PLACE.

La chute du mur de Berlin a entraîné celle de nombreux régimes autoritaires et à parti unique. Le vent de la démocratie a semblé souffler sur la planète entière et les années 1990 ont connu un nombre record d'élections. Le multipartisme a considérablement progressé et souvent permis, comme l'a montré de façon exemplaire l'Afrique du Sud, l'instauration d'une alternative démocratique. Dans de nombreux États cependant, le multipartisme, même très développé, n'est synonyme ni de démocratie ni de respect des droits de l'homme.

Le cas de la Turquie est symbolique : malgré l'existence de nombreux médias et les joutes électorales à répétition des principaux partis politiques, l'alternance s'y produit encore sous le contrôle des militaires. Dans un contexte de guerre sale justifiée par la lutte contre le terrorisme, le pouvoir a persisté dans une politique de violations massives des droits de l'homme. Et, sur fond de corruption généralisée, des partis par trop gênants ont été purement et simplement interdits. Ce fut le cas du Parti travailliste démocratique (DEP, pro-kurde), interdit en 1994 et dont le successeur, le Parti démocratique du peuple (HADEP), était à la mi-1999 soumis à la censure du Conseil constitutionnel. Ce fut aussi le cas du Parti de la prospérité (Refah, islamiste) en 1998. L'arrestation en février 1999 d'Abdullah Öcalan, le leader du Parti des travailleurs du Kurdistan (PKK, mouvement terroriste marxiste-léniniste), a été suivie par celle de nombreux membres du HADEP et d'une radicalisation du régime avec la victoire des courants les plus nationalistes aux élections législatives d'avril 1999. De fait, la démocratie ne peut être réduite au multipartisme ; celui-ci en est une condition nécessaire mais non suffisante.

Des démocraties de façade

Le modèle de la démocratie libérale s'est généralisé depuis la fin de la Guerre froide. Mais, dans de nombreux pays, l'avènement du multipartisme n'est qu'une façade. À partir de 1990, la subordination de l'aide extérieure aux pays d'Afrique francophone à un meilleur respect des droits de l'homme a certainement contribué à la disparition de nombreux systèmes de parti unique. Pourtant, dix ans plus tard, le multipartisme n'avait pas entraîné de véritable changement politique. Le pouvoir demeurait confisqué par les mêmes élites, souvent corrompues, les atteintes à la dignité humaine étaient encore monnaie courante alors que les partis politiques, discrédités, ne parvenaient pas à représenter les aspirations de la population. On comptait dans le Zaïre de Mobutu Sese Seko (1965 à 1997) plusieurs centaines de partis politiques en 1995 alors que les violations des droits de l'homme demeuraient généralisées dans un État en déliquescence.

C'est un multipartisme le plus souvent formel qui a été soutenu à l'occasion des nombreuses opérations d'assistance et d'observation des élections organisées sous l'égide des organisations intergouvernementales pendant la décennie 1990 pour soutenir les processus de transition pacifique. Il est vrai que le principe de non-ingérence dans les affaires intérieures de l'État interdisait d'être trop regardant sur la représentativité des gouvernements ou sur la légitimité des systèmes politiques mis en place. Cette situation a certainement fait l'affaire de certains gouvernements occidentaux et de bailleurs de fonds internationaux. Ceux-ci se sont en effet trouvés à la fois juges et parties d'élections à haute valeur économique ou politique pour leurs intérêts respectifs, et se sont parfois accommodés de résultats stupéfiants. La Tunisie offre un exemple topique de pays dit multipartite loué par ses partenaires économiques, alors que le chef de l'État s'est prévalu, avec 99,27 % des voix aux élections de 1999, d'un score digne des grandes dictatures staliniennes, et que la nature exclusivement policière du régime a confiné toute velléité d'opposition aux culs-de-basse-fosse ou au silence.

Garantir la liberté de choix

La pluralité effective de partis politiques est considérée comme une forme aboutie d'organisation de la vie politique démocratique. Celle-ci suppose néanmoins que préexiste à la formation de partis le principe de la liberté de choix. La République populaire de Chine, comme tout régime de parti unique, n'offre au peuple aucune faculté de choisir ni de se prononcer librement sur des représentants. En revanche, alors qu'il n'existe pas de partis politiques *stricto sensu* en Iran et que les droits fondamentaux y étaient violés de façon systématique, les élections législatives de 1996, et surtout la présidentielle de mai 1997, marquée par un taux de participation de 80 %, ont confirmé une volonté d'alternance en élisant un président réformateur. La volonté populaire exprimée alors aura été d'autant plus remarquable qu'elle intervenait dans un contexte totalitaire, créant un cas unique de « président opposant ». Mohammad Khatami a été réélu en juin 2001.

La contestation par certains gouvernements de l'universalité des droits de l'homme au nom des « spécificités religieuses et culturelles » a gagné du terrain.

La contestation par certains gouvernements de l'universalité des droits de l'homme au nom des « spécificités religieuses et culturelles » a par ailleurs gagné du terrain. Ces positions ont surtout pour finalité d'annihiler toute liberté de choix et de pérenniser les régimes en place. Cela a été le cas de 1996 à 2001 dans l'Afghanistan soumis au joug des taliban, mais aussi en Malaisie ou dans l'Indonésie de Suharto.

Libre choix et multipartisme dépendent fondamentalement des valeurs essentielles retenues pour l'organisation de la vie en société : seul le respect des droits de l'homme, tels qu'énoncés dans la Déclaration universelle de 1948 et les instruments internationaux ultérieurs, permet d'en garantir l'effectivité.

Les droits économiques et sociaux, éternels oubliés

Il est des évidences à rappeler : sauf à rester un vain mot, le multipartisme doit aller de pair avec le respect des principales libertés politiques. C'est ce qu'ont voulu souligner les partis d'opposition en Algérie lorsqu'ils ont décidé d'appeler au boycottage de l'élection présidentielle d'avril 1999, n'estimant pas réunies les conditions d'un scrutin libre et honnête. C'est également ce qu'a démontré la junte militaire birmane, en séquestrant et en privant de parole Aung San Suu Kyi de peur qu'elle n'exerce le pouvoir que le peuple lui avait confié (80 % des suffrages) en 1990. Et lorsque, dans les anciennes dictatures, la démocratie semble pouvoir fonctionner, les fantômes du passé resurgissent. Le verrouillage des institutions opéré par le général Pinochet au Chili ne pouvait sauter qu'en apportant d'une façon ou d'une autre une réponse à l'exigence de justice des victimes de son régime. Les procédures judiciaires engagées à son encontre en Espagne en 1998 ont constitué un début de réponse à cette situation.

> ***Sauf à rester un vain mot, le multipartisme doit aller de pair avec le respect des principales libertés politiques.***

Le respect des droits économiques et sociaux est tout autant une condition d'un multipartisme effectif. Outre la corruption présidant à l'achat des votes, comme au Cameroun de Paul Biya ou dans la Russie d'Eltsine ou de Poutine, la mainmise d'entreprises multinationales sur les richesses d'un pays avec la complicité des élites locales, ou la conduite, souvent imposée par les institutions financières internationales, de politiques économiques et budgétaires qui consolident des inégalités sociales criantes, sont autant d'aliénations de la capacité d'un peuple à librement décider de son sort.

De la décennie 1990, la leçon peut une nouvelle fois être tirée : le respect des droits de l'homme, la démocratie – dont le multipartisme réel est un élément déterminant – et le développement sont interdépendants. Seule leur progression simultanée peut apporter les améliorations auxquelles les populations aspirent et ont droit. ■

Pour en savoir plus

Nations unies, *Les Droits de l'homme et les élections. Manuel sur les aspects juridiques, techniques et relatifs aux droits de l'homme des élections. Série formation professionnelle*, n° 2, Centre pour les droits de l'homme, Genève/New York, 1994.

Nations unies, *Déclaration et programme d'action de Vienne. Conférence mondiale sur les droits de l'homme*, DPI/1934-93630, Genève/New York, 1993.

M. Pilon, *L'Observation internationale des élections*, Observatoire permanent de la coopération-Karthala, Paris, 1997.

La Lettre et les rapports de la FIDH (Fédération internationale des ligues des droits de l'homme), Paris.

@ Sites Internet

Union interparlementaire : **http://www.ipu.org**

Institut pour la démocratie et l'assistance électorale : **http://www.int-idea.se**

Organisation pour la sécurité et la coopération en Europe (OSCE), Bureau pour les institutions démocratiques et les droits de l'homme : **http://www.osce.org** et **http://www.odihr.org**

Centre international des droits de la personne et du développement démocratique : **http://www.ichrdd.ca**

FIDH (Fédération internationale des ligues des droits de l'homme) : **www.fidh.org**

La communication représente un nouvel horizon des utopies totalisantes, prenant le relais du « progrès sans fin »

Par **Armand Mattelart**
Sociologue de la communication, Université Paris-VIII-Saint-Denis

DEPUIS LE MILIEU DES ANNÉES 1980, LA TECHNO-UTOPIE D'UNE MODERNITÉ SANS PROJET A BALAYÉ LE RÊVE ÉMANCIPATEUR D'UN PROJET DE MODERNITÉ FONDÉ SUR LE DÉSIR D'EN FINIR AVEC LES INÉGALITÉS ET LES INJUSTICES. LA PENSÉE GESTIONNAIRE INCITE D'AILLEURS OUVERTEMENT À CROIRE QUE CET IDÉAL EST RÉVOLU.

« Where conquest has failed, business can succeed » : telle est la profession de foi de la nouvelle élite mondiale. Tout en s'affichant ouvertement apolitique, l'auto-nommée *Global Business Class* se veut, sur fond de dérégulation et de privatisation, une « sorte de conscience sociale globale » colportant la croyance eschatologique en l'avènement de l'ultime phase de l'histoire de l'humanité : la société de communication.

Le mariage des imaginaires de la communication et du progrès n'est, certes, pas une nouveauté. Il est à la source même du projet universaliste de la modernité occidentale et a cheminé de concert avec la représentation d'un monde en mouvement, susceptible de perfectibilité, et avec le déclin des certitudes sur les cycles temporels et la répétition des événements. *Religare* : n'est-ce pas ainsi que les réformateurs utopistes du XIXe siècle envisageaient la fonction « progressiste » dévolue aux réseaux de communication, consacrés « agents de civilisation » ? À l'instar de la religion, ces réseaux reliaient les nations et les individus entre eux. Pour les premiers idéologues du libre-échange, ce lien social devait permettre le plein exercice de la nouvelle division internationale du travail. Pour les précurseurs du socialisme, il était le vecteur de l'« association universelle » de l'humanité. Les uns et les autres croyaient que les réseaux conjureraient définitivement le spectre de la guerre, libéreraient les forces du progrès et rapprocheraient ainsi le genre humain de l'idéal de bonheur auquel il était prédestiné. Tributaire de la conception chère aux Lumières de l'échange comme créateur de valeurs, la vision prophétique des dispositifs de la communication s'est renouvelée au gré des générations techniques. De la communication à longue distance à Internet, chaque nouveau vecteur a porté l'espoir de retrouvailles avec l'âge d'or de l'abondance pour tous et d'une agora élargie à l'échelle du monde.

Une utopie aux fondements ultralibéraux

Depuis le milieu des années 1980, la techno-utopie d'une modernité sans projet a balayé le rêve émancipateur d'un projet de modernité fondé sur le désir d'en finir avec les inégalités et les injustices. La pensée gestionnaire incite d'ailleurs ouvertement à croire que cet idéal est révolu. Lorsqu'il a proposé en mars 1994 à la « grande famille humaine » son projet d'autoroutes de l'information ou *Global Information Infrastructure*, le vice-président des États-Unis Albert Gore a bien fait miroiter les vertus de la « conversation globale » que ce réseau des réseaux devrait, selon lui, permettre : étendre l'idéal démocratique athénien à l'ensemble de la planète tout en sortant les peuples démunis de leur « sous-développement ». Mais, en même temps, il a lourdement insisté sur la condition *sine qua non* de la réussite de cette prothèse de salut : que les États ouvrent totalement leur marché des télécommunications aux entreprises privées.

En sacrifiant au culte de la communication, le nouveau libéralisme a, par le truchement de son déterminisme technique, donné un nouveau souffle à la conception déterministe des « forces du marché ». Or, de toute évidence, les modalités d'implantation des technologies creusent les écarts, engendrent de nouvelles hiérarchies et exclusions, au point que certains analystes parlent à bon droit de « techno-apartheid ».

Les prétentions hégémoniques de la pensée unique

Cette religion de la communication reconduit l'idéologie diffusionniste de la modernisation trimbalée par la vieille religion du progrès. Point de salut pour les damnés de la Terre hors le modèle occidental. Dans un ouvrage sur la *Société post-capitaliste,* forme qu'est appelée, selon lui, à prendre la société de l'information, le gourou de la doctrine managériale Peter Drucker n'affirme-t-il pas sans ambages que « l'homme instruit de demain devra s'attendre à vivre dans un monde globalisé, qui sera un monde occidentalisé » ? On en oublierait presque le dramatique fiasco enregistré par l'idéologie du développement [*voir article p. 000*] comme progrès unilinéaire dans les années 1970, pour cause de négation des particularités culturelles et historiques ! Et pour réaliser cette société présentée comme « libre de frictions », Drucker exhorte les intellectuels à souscrire l'alliance avec les managers. Le géopoliticien Zbigniew Brzezinski a livré depuis longtemps l'ultime clé de la voie vers ce monde globalisé. Il prétend que les États-Unis, de par l'importance et le rayonnement qu'ont acquis leurs réseaux d'information et de communication, représentent la « première société globale de l'histoire ». Archétype de l'avenir de l'intégration planétaire, c'est vers ce nouvel horizon que le reste du monde tourne le regard. CQFD : les rapports impériaux sont morts puisque s'est naturalisée cette option unique d'universalisme.

La religion de la communication reconduit l'idéologie diffusionniste de la modernisation trimbalée par la vieille religion du progrès. Point de salut pour les damnés de la Terre hors le modèle occidental.

Liberté, égalité, stupidité

La techno-utopie nourrit les discours de combat des organisations corporatives de la *Global Business Class* qui n'ont trêve de les opposer aux partisans de politiques publiques de régulation dans tous les lieux où se formulent les normes appelées à régir l'architecture du nouvel ordre des réseaux (Union européenne, Organisation mondiale du commerce - OMC, Organisation de coopération et de développement économiques - OCDE, Union internationale des télécommunications - UIT). C'est le cas lorsqu'il s'agit de faire rétrocéder les espaces de l'expression citoyenne au profit de la « liberté d'expression commerciale » au nom de l'adage néopopuliste de la liberté et de la souveraineté absolue du consommateur. Pour justifier la thèse de l'application intransigeante du critère de marchandise à toute forme de production intellectuelle, condition essentielle du *free flow of information* à l'échelle mondiale, n'a-t-on pas vu les groupes de pression alléguer : « Laissez les gens regarder ce qu'ils veulent. Laissez-les libres d'apprécier. Faisons confiance à leur bon sens. La seule sanction appliquée à un produit culturel doit être son échec ou son succès sur le marché. » Dans cette chimère du face-à-face entre l'individu souverain et le marché, s'exprime le songe managérial d'une planète sans médiations et délestée de toute histoire !

La techno-utopie nourrit les discours de combat des organisations corporatives de la* Global Business Class *qui n'ont trêve de les opposer aux partisans de politiques publiques de régulation dans tous les lieux où se formulent les normes.

En 1997, Ted Turner, le patron de *CNN*, affirmait dans une interview à la chaîne franco-allemande *Arte* : « Nous avons joué un rôle positif. Depuis la création de *CNN*, la Guerre froide a cessé, les conflits en Amérique centrale ont pris fin, c'est la paix en Afrique du Sud. Les gens voient bien que c'est idiot de faire la guerre. Or personne ne veut avoir l'air stupide. Avec *CNN*, l'information circule dans le monde entier et personne ne veut ressembler à un débile. Donc ils font la paix, parce que c'est malin. » Deux ans plus tard, le conflit du Kosovo laissait voir le côté dérisoire de discours messianiques qui donnent à croire que la pan-télévision, à elle seule, fait et recompose le monde. La riposte aux attentats du 11 septembre 2001 aux États-Unis a piégé la doctrine du *free flow of information*. La Maison-Blanche a invité les médias à l'autocensure. Le FBI a mis Internet sous étroite surveillance. Des films qui ont contribué à asseoir à l'étranger l'*American way of life* ont été retirés de l'affiche, et Hollywood incité à rejoindre le chœur de la propagande de l'Amérique en guerre. Le choc avec l'ennemi invisible n'a pas pour autant entraîné la mise en question du postulat de la « révolution dans les affaires militaires », décrétée à la suite de la chute du Mur de Berlin. Le primat de l'instauration universelle de la *free-market democracy* et de ses réseaux continue à fonder la doctrine de la « sécurité globale ». ■

Pour en savoir plus

Z. Brzezinski, *Between Two Ages, America's Role in the Technetronic Era*, Viking Press, New York, 1970.

P. Drucker, *Post-capitalist Society*, Butterworth-Heinemann, Oxford, 1993.

A. Mattelart, *Histoire de la société de l'information*, La Découverte, coll. « Repères », Paris, 2001.

A. Mattelart, *Histoire de l'utopie planétaire. De la cité prophétique à la société globale*, La Découverte, Paris, 1999.

A. Mattelart, *La Communication-Monde*, La Découverte, Paris, 1992.

A. Mattelart, *L'Invention de la communication*, La Découverte, Paris, 1994 (La Découverte/Poche, 1997).

UNESCO, *Rapport mondial sur la culture*, Paris, 2000.

@ Sites Internet

Enduring Freedoms : **http://www.enduring.freedoms.net**

Le gouvernement représentatif ne paraît plus suffisant pour répondre à l'exigence démocratique

Par **Jacques Chevallier**
Droit public et science politique,
Université Paris-II-Panthéon-Assas

L'IDÉAL DÉMOCRATIQUE SUPPOSE QUE LES CITOYENS DISPOSENT D'UNE EMPRISE SUR LES CHOIX COLLECTIFS, ET LA CITOYENNETÉ TEND À DEVENIR UNE CITOYENNETÉ ACTIVE, INCOMPATIBLE AVEC TOUTE IDÉE DE DÉPOSSESSION ; LE DÉVELOPPEMENT, DANS TOUS LES PAYS ET À TOUS LES NIVEAUX, DE LA TECHNIQUE RÉFÉRENDAIRE S'INSCRIT DANS CETTE PERSPECTIVE.

La construction des États-nations s'est traduite à partir de la fin du XVIIIe siècle par une nouvelle formulation du lien politique et l'inflexion des modes de construction du pouvoir. L'affirmation du principe démocratique a conduit à ériger la collectivité des citoyens en source de tout pouvoir : il n'y a d'autorité légitime que celle qui émane du peuple, et il n'y a de contrainte acceptable que celle qui s'appuie sur son consentement. Ce principe démocratique sera toutefois canalisé par la logique représentative qui implique certaines modalités d'aménagement du pouvoir : le peuple n'a pas la responsabilité directe de la gestion des affaires publiques ; ce sont les représentants élus par lui qui sont chargés d'agir et de décider en son nom. À la différence de la démocratie antique, fondée sur la participation directe de chaque citoyen à la gestion de la « chose publique », la démocratie moderne a été conçue comme une démocratie « gouvernée », dans laquelle le pouvoir effectif est exercé par des représentants. Certes, ces représentants sont élus par l'ensemble des citoyens, dans le cadre d'une compétition organisée, et ils restent placés sous le contrôle permanent de l'« opinion publique ». Néanmoins, la démocratie représentative implique bel et bien que les citoyens se trouvent dépossédés de l'exercice effectif du pouvoir au profit de gouvernants, dont l'élection est censée garantir la légitimité.

Le triomphe apparent de la démocratie libérale

Les années 1990 ont apparemment marqué le triomphe de cette conception, compte tenu de l'effondrement des modèles alternatifs de démocratie « populaire », dominant dans les pays socialistes, et de démocratie « authentique », avancé dans les pays en développement. La sortie du totalitarisme et de l'autoritarisme que recouvraient en réalité ces deux modèles s'est effectuée par la transposition des mécanismes de la démocratie libérale, qui semble être devenue le seul régime politique légitime et qui bénéficie d'un consensus général [*voir article p. 202*].

Cependant, alors même que le modèle libéral a connu et connaît une spectaculaire diffusion à l'Est et au Sud, il est entré en crise à l'Ouest. Cette crise comporte de multiples facettes étroitement liées : crise de la représentation, exprimée par le discrédit affectant une « classe politique » stigmatisée par de multiples scandales ou affaires, crise de la participation, marquée par la montée de l'abstentionnisme et le désinvestissement dans les partis politiques, crise du lien social et politique, illustrée par le repli sur la sphère privée, la perte des références collectives, l'approfondissement des clivages sociaux. Cette crise ne relève pas seulement du discours et des croyances. Elle débouche sur une inflexion en profondeur des mécanismes de la démocratie représentative : il s'agit à la fois de limiter l'omnipotence des représentants et de dépasser la logique de la représentation par l'activation des mécanismes démocratiques.

Encadrer le pouvoir des représentants

L'accent mis aujourd'hui dans les pays du Nord – mais aussi, de plus en plus, au Sud et à l'Est – sur le thème de l'État de droit traduit un souci d'encadrement du pouvoir des représentants. L'État de droit implique en effet que la liberté de décision des organes de l'État est, à tous les niveaux, encadrée par l'existence de normes juridiques, dont le respect est garanti par l'intervention d'un juge. Il postule que les élus ne disposent plus d'une autorité sans partage mais que leur pouvoir est par essence limité. Ce faisant, l'État de droit paraît relever d'une conception plus authentique de la démocratie, en excluant toute confusion entre celle-ci et le système représentatif. En contrôlant la conformité à la Constitution des lois adoptées par les représentants, le juge constitutionnel ne ferait, en fin de compte, que garantir la souveraineté constituante du peuple, qui est au principe même de la démocratie. De même, en traquant les pratiques de corruption politique, les magistrats ne feraient que soumettre les élus au respect des lois qu'ils ont eux-mêmes adoptées.

L'État de droit implique que la liberté de décision des organes de l'État est, à tous les niveaux, encadrée par l'existence de normes juridiques, dont le respect est garanti par l'intervention d'un juge.

Le nouveau rôle joué par le juge n'est pourtant pas sans incidence sur la logique démocratique. Il relativise la légitimité résultant de l'élection en mettant l'accent sur la prééminence du droit. Cette évolution favorise du même coup la montée en puissance du pouvoir judiciaire que l'on observe aujourd'hui. Le juge apparaît comme le garant de certaines valeurs fondamentales, qui doivent être mises hors de portée des élus, et comme le défenseur des droits des citoyens contre la volonté capricieuse des gouvernants.

Cette conception nouvelle de la démocratie prend également d'autres formes : recours à des experts, pour éclairer le sens des choix, appel à des sages, pour énoncer des solutions praticables et rechercher les voies d'un consensus, mise en place d'instances de régulation indépendantes, pour assurer une meilleure protection des libertés et arbitrer entre les intérêts en présence. Tous ces mécanismes illustrent à la fois la promotion, à côté des élus, de nouveaux acteurs de la démocratie, s'appuyant sur d'autres principes de légitimité que l'élection.

Vers une démocratie « délibérative »

Le gouvernement représentatif ne paraît plus quant à lui suffisant pour répondre à l'exigence démocratique. Il aboutit à cantonner les droits politiques des citoyens à la simple désignation de représentants. Or, la crise de la représentation a montré que cette conception était désormais caduque. L'idéal démocratique suppose que les citoyens disposent d'une emprise sur les choix collectifs, et la citoyenneté tend à devenir une citoyenneté active, incompatible avec toute idée de dépossession. Le développement, dans tous les pays et à tous les niveaux (national et local), de la technique référendaire s'inscrit dans cette perspective. Aménagée sous des formes très diverses, l'expression populaire directe est perçue comme indispensable pour remédier à la crise de la représentation. La démocratie représentative est ainsi complétée par des éléments de démocratie semi-directe, destinés à en corriger les abus et à combler la distance qui s'est creusée entre gouvernants et gouvernés.

La pratique référendaire relève elle-même d'une problématique plus générale visant à assurer une présence plus active des citoyens dans les processus politiques, dans le cadre de ce qu'on peut appeler une « démocratie continue ». Il ne s'agit plus seulement d'associer les groupes d'intérêt organisés à l'élaboration des politiques, mais également de solliciter la participation du public, dans le cadre de procédures d'enquête publique voire de « conférences de citoyens ». Le développement du militantisme associatif atteste par ailleurs le rôle croissant de nouvelles formes d'engagement par lesquelles les citoyens cherchent à avoir prise sur les décisions. Ces changements témoigneraient, selon Jürgen Habermas, de la promotion d'un modèle de « politique délibérative », fondé sur la communication, la discussion, la négociation. On retrouverait par là les fondements mêmes de la logique démocratique, qui implique la confrontation permanente des opinions, par les procédures instituées à cet effet ; les décisions deviennent l'aboutissement de processus complexes au cours desquels de multiples points de vue sont appelés à s'exprimer.

La logique démocratique implique la confrontation permanente des opinions ; les décisions deviennent l'aboutissement de processus complexes au cours desquels de multiples points de vue sont appelés à s'exprimer.

À travers cette démocratie participative et continue tendrait à se construire un nouveau lien civique, reposant sur une plus forte implication des individus dans les choix collectifs. ■

Pour en savoir plus

P. Braud, *Science politique I. La démocratie*, Seuil, Paris, 1997.
J. Chevallier, *Institutions politiques*, LGDJ, Paris, 1996.
J. Chevallier, *L'État de droit*, Montchrestien, coll. « Clefs », Paris, 1999, 3e éd.
D. Gaxie, *La Démocratie représentative*, Montchrestien, coll. « Clefs », Paris, 1996, 2e éd.
J. Habermas, *L'Intégration républicaine. Essais de théorie politique*, Fayard, Paris, 1998.
D. Rousseau (sous la dir. de), *La Démocratie continue*, Bruylant-LGDJ, Paris, 1995.

@ Sites Internet

Centre d'études et de recherches internationales (CERI-Sciences Po) : **http://www.ceri-sciences-po.org**

Aux déconvenues suscitées par l'idéologie développementiste ont succédé de nouveaux credo

Par **André Guichaoua**
Sociologue, Université des sciences et technologies de Lille

IL APPARAÎT RÉTROSPECTIVEMENT QUE LA PROBLÉMATIQUE DU DÉVELOPPEMENT, LES INSTITUTIONS ET LES ACTIVITÉS QUI L'ACCOMPAGNENT ONT PARADOXALEMENT ASSEZ BIEN RÉSISTÉ AUX DIVERSES DÉCONVENUES ET CONTESTATIONS.

Au lendemain des indépendances, la volonté de rattrapage des pays développés, que les divers leaders du tiers monde avaient affirmée avec force à la conférence de Bandung en 1955, bénéficie d'un soutien unanime. Qu'il s'agisse des pays proches du camp socialiste au nationalisme sourcilleux ou des pays libéraux restés proches de leurs ex-métropoles, le même postulat optimiste prévaut : l'indépendance politique devait libérer des dynamismes internes inédits et puissants. L'idéologie développementiste commune reposait sur deux présupposés majeurs : la croissance accélérée des forces productives grâce à la diversification des productions et à l'industrialisation, au recours aux modèles techniques les plus productifs, à l'intégration dans une division internationale du travail rééquilibrée d'une part et, d'autre part, le rôle majeur de l'État dans la mise en œuvre et le contrôle du processus de croissance aussi bien au niveau des ressources nationales que de la mobilisation des soutiens populaires.

Certes, la politique des blocs occidental et soviétique introduisait un clivage majeur, mais celui-ci ne portait pas sur les présupposés ni, pour l'essentiel, sur les fins de l'idéologie développementiste. La démarcation portait sur la question de l'égalité des groupes sociaux et des nations dans le double domaine des efforts consentis pour la production des richesses et de leur redistribution. L'économie politique appliquée au développement du tiers monde a alors fonctionné comme une tentative de rationalisation de la prophétie originaire, libérale ou révolutionnaire, véritable science du salut anticipant sur un nouvel ordre économique international.

L'échec de quatre décennies du développement

Le clivage fondateur entre les voies libérales ou socialistes sur la priorité à accorder aux droits civils et politiques, d'un côté, ou aux droits économiques et sociaux, de l'autre (le second volet étant censé découler mécaniquement du premier et vice versa), s'efface devant ce constat désenchanté : les « sous-développés » n'ont, dans leur très grande majorité, bénéficié ni de la démocratie ni du développement économique. Au cours des quatre dernières decennies du XXe siècle, la part des 20 % les plus pauvres est passée de 2,3 % à 1,4 % du PIB mondial, les 20 % les plus riches de 70 % à 85 %, tandis que l'écart des revenus entre ces deux groupes a doublé.

On a ensuite assisté à une double recomposition. D'un côté, à la suite de l'effondrement des pays du bloc socialiste, les politiques libérales ont déployé sans entraves leurs logiques d'ajustement macroéconomique et substitué les démarches pragmatiques du *development management* dans toutes les sphères de l'organisation politique et sociale des pays assistés (*capacity building, good governance,* promotion de la société civile, développement local, intégration régionale, prévention des conflits, conditionnalité sociale, écologie...). Les différentes organisations internationales ont théorisé ces nouveaux credo autour des concepts de développement humain durable, de développement écologiquement rationnel, etc., qui avaient l'avantage de ne pas mettre en cause les savoir-faire des développeurs et de proposer une nouvelle synthèse, vague et évolutive, susceptible d'intégrer les dynamiques du changement social par le « haut » et par le « bas » et de répondre aux attentes des acteurs les plus divers.

Replis « communautaristes » et contre-idéologies

En contrepoint à ces approches technocratiques se sont reconstituées les bases d'une nouvelle utopie post-tiers-mondiste et anti-développement glorifiant l'autonomie des hommes ou l'irréductibilité culturelle. L'arrière-plan commun à ces diverses approches consiste à substituer à la tyrannie du marché et à sa rationalité instrumentale une autre rationalité qui réintroduirait la créativité et l'imaginaire. En affirmant le primat de la culture, elles ne prônent pas seulement un rééquilibrage des préoccupations productivistes au profit du social. Il s'agit de réapprécier la hiérarchie des valeurs et des aspirations des individus et des groupes hors de la stricte reproduction matérielle, d'affirmer la diversité des « aires culturelles » et le respect des identités ethniques, nationales, religieuses, de laisser les peuples définir leurs voies et rythmes de développement.

En contrepoint aux approches technocratiques se sont reconstituées les bases d'une nouvelle utopie post-tiers-mondiste et anti-développement glorifiant l'autonomie des hommes ou l'irréductibilité culturelle.

Plus globalement, la crise des mouvements sociaux organisés qu'incarne le retour à des formes de regroupement collectif autour des communautés élémentaires (famille, clan, région, ethnie, langue ou religion), avec des projets de société limités à ces nouvelles frontières, peut être interprétée comme une forme de reconstruction de l'identité contestée de diverses catégories d' « exclus » (minorités religieuses, ethniques, paysanneries en déclin). Un tel départage fournit les éléments d'une représentation idéale pour exprimer la perception d'une injustice et d'une impuissance radicales : les uns, « ceux d'en haut », étant réputés cumuler toutes les positions dominantes dans les hiérarchies du savoir, de l'argent et de l'exercice de l'autorité, les autres, « ceux d'en bas », se voyant pour la plupart condamnés sans espoir de mobilité à occuper les positions inférieures, voués à l'inculture, à la misère et à la soumission.

Des politiques de développement sans ambitions

Face à la modernisation rapide, à la différenciation sociale, à l'occidentalisation du comportement des élites urbaines et à l'abolition des liens sociaux traditionnels, aussi bien les courants fondamentalistes que le militantisme ethnique ou nationaliste tentent de recréer une solidarité sublimée pour de larges couches de la population, faute de lieux et d'occasions où exprimer d'autres solidarités mobilisatrices et agissantes. Ces différentes thèses, qui connaissent un grand succès auprès de nombreuses ONG « apolitiques », mettent le doigt sur les impuissances les plus flagrantes des approches développementistes et des sciences sociales réduites à des techniques d'acculturation planifiée.

En effet, la volonté des organes dirigeants de l'administration internationale (FMI, Banque mondiale, OCDE, OMC, PNUD) de se limiter à assurer un ordre politico-économique mondial a déjà fait éclater la problématique traditionnelle du développement : d'un côté, elle tend à fondre les relations avec les pays « émergents » dans le cadre des relations économiques internationales dites normales (*trade and not aid*) ; de l'autre, parmi les pays « qui sont provisoirement dans l'impossibilité de s'engager dans la voie du développement pour des raisons qui leur sont propres », l'engagement des opérateurs extérieurs porte essentiellement sur l'appui au secteur privé (*aid for trade*) ou se limite à une politique humanitaire en faveur des groupes les plus touchés par la pauvreté, les conflits et les catastrophes naturelles. Pour l'essentiel, les principaux thèmes sur lesquels se recentrent les préoccupations des grands bailleurs de fonds s'inspirent de stratégies sécuritaires plus que de diffusion du progrès et du bien-être : promotion de politiques antinatalistes, contrôle des flux de migrants économiques et politiques, sauvegarde des équilibres naturels mondiaux, mobilisation contre les nouvelles endémies et fléaux (sida, drogue).

Pour l'essentiel, les principaux thèmes sur lesquels se recentrent les préoccupations des grands bailleurs de fonds s'inspirent de stratégies sécuritaires plus que de diffusion du progrès et du bien-être.

Rétrospectivement, il apparaît que la problématique du développement, les institutions et les activités qui l'accompagnent ont paradoxalement assez bien résisté aux diverses déconvenues et contestations. Il reste à l'« industrie du développement », recentrée sur des tâches prioritaires (sécurité collective et protection sociale, promotion de l'éducation et de la santé, de l'État de droit et des libertés publiques), à faire la preuve de son adéquation au nouveau contexte international en instaurant des relations plus transparentes et bénéfiques pour les pays concernés. ■

Pour en savoir plus

« Coopération internationale, le temps des incertitudes » (dossier coord. par A. Guichaoua), *Revue Tiers-Monde*, n° 151, juill-sept 1997, Paris.

A. Guichaoua, Y. Goussault, *Sciences sociales et développement*, Paris, A. Colin, coll. « Cursus », Paris, 1993.

PNUD, *Rapport mondial sur le développement humain*, Économica, New York/Paris, annuel.

@ Sites Internet

Institute for Development Studies : **http://www.ids.ac.uk**

Institut de recherches pour le développement (IRD, ex-ORSTOM) : **http://www.orstom.fr**

Banque mondiale : **http://www.worldbank.org**

Comité d'aide au développement de l'OCDE (Organisation de coopération et de développement économiques) **http://www.oecd.org/dac/**

Conférence des Nations unies sur le commerce et le développement (CNUCED) : **http://www.unctad.org**

Les élites des pays post-communistes appartiennent de moins en moins à l'ancienne nomenklatura

Par **Georges Mink**
Sociologue, CNRS, IEP-Paris

La thèse du « complot de la nomenklatura communiste », qui aurait – provisoirement – rendu le pouvoir politique pour se nicher dans l'économie de marché, grâce aux délits d'initiés, à la privatisation illégale, au vol du bien public au moment de la grande confusion révolutionnaire, n'est pas vérifiée.

La chute des régimes du « socialisme réel » en Europe centrale et orientale et dans l'ex-URSS a entraîné des mutations profondes tant sur le plan économique et social que sur celui des institutions politiques : généralisation de l'économie de marché, renversement des hiérarchies sociales, apparition des nouveaux groupes dominants et de classes moyennes, pluralisme démocratique. Le caractère inédit de cette transformation radicale tenait au fait qu'elle s'opérait pour le compte d'une classe qui n'existait pas encore : les capitalistes, les actionnaires, les propriétaires des moyens de production. Elle promettait d'être bénéfique pour une autre couche sociale, la classe moyenne, elle aussi encore dans un état embryonnaire sur la scène du post-communisme. Si l'on ajoute au tableau le fait que le nouveau régime politique (qui n'avait que peu de rapport avec le précédent, caractérisé par le règne sans partage du parti unique) manquait cruellement d'une classe politico-administrative, alors on obtient un paysage insolite, fait de déficits en acteurs sociaux.

En fait, en arrière de ce gros plan, comme pour démontrer la véracité du dicton populaire sur la nature qui n'aime pas le vide, des transitions humaines furent rapidement à l'œuvre. Le changement fut conduit vaille que vaille, tantôt par des élites anciennes converties, tantôt par des élites nouvelles très vite aguerries dans le processus des alternances. C'est plutôt le tempo de ces changements qui a varié, selon les vicissitudes de la formation des nouvelles classes dirigeantes

L'arrivée des hommes nouveaux

Cette situation où il était difficile de nommer et de classer les groupes porteurs de changement fut aussi à l'origine de diverses spéculations sur les « hommes de l'ombre », les acteurs occultes. La thèse la plus célèbre fut celle du « complot de la nomenklatura communiste », qui aurait – provisoirement – rendu le pouvoir politique pour se nicher dans l'économie de marché, grâce aux délits d'initiés, à la privatisation illégale, au vol du bien public au moment de la grande confusion révolutionnaire. Tout cela pour échapper au sort que les anciens dominés réservent aux anciens dominants. Le phénomène du retour rapide au pouvoir par la voie des urnes des anciens communistes convertis à la social-démocratie a conforté les partisans de cette thèse. Qu'en fut-il en réalité ?

Depuis 1989, les pays post-communistes se sont dotés de nouvelles institutions politiques, des partis politiques se sont affermis à travers de nombreuses épreuves électorales. Les nouveaux venus à la politique ont eu, au cours des années 1990, largement l'occasion d'effectuer leur *cursus honorum,* depuis l'élection locale jusqu'à l'élection nationale. Les assemblées législatives définissent – ou tentent de définir – le cadre juridique de transformations qu'une administration publique de plus en plus jeune et bien formée applique. Certains pays communistes assimilent les fonctionnements économiques et politiques de leurs voisins de l'Ouest en vue de leur adhésion à l'Union européenne (Estonie, Hongrie, Pologne, Slovénie, République tchèque). Ils forment à cette fin des centaines de spécialistes du droit communautaire qui alimentent les rangs des élites politico-administratives. Dans tous les pays post-communistes, un réseau dense et nouveau d'écoles d'administration publique, de commerce, de journalisme, etc. est apparu, affinant le niveau d'instruction de ces élites. L'adoption de lois sur le statut de la fonction publique rend progressivement plus stables et plus attractifs les emplois dans les nouvelles bureaucraties étatiques.

Le plus grand renouvellement a eu lieu en République tchèque en raison notamment de la législation « décommunisatrice » qui a été promulguée.

L'ex-nomenklatura est mieux accrochée en Russie

Certes, les changements des structures économiques sont plus lents et des formes mixtes de propriété (capital étranger, propriété d'État, actionnariat populaire) prédominent, ce qui n'est pas sans conséquence sur le profil composite des élites économiques (gestionnaires, managers, grands commis d'État, actionnaires privés, propriétaires privés, actionnaires et propriétaires étrangers).

Les seuls travaux empiriques effectués au milieu des années 1990, sur des échantillons représentatifs des élites hongroise, polonaise et russe par l'équipe d'Ivan Szelenyi, montrent deux tendances lourdes : un grand renouvellement des élites politiques et une plus grande continuité du côté des élites économiques, encore dominées par des cadres de la nomenklatura communiste.

Toutefois, les différences sont considérables d'un pays à l'autre. C'est en Russie que la nomenklatura ressemble le plus à une caste fermée. En effet, à la différence de la Hongrie ou de la Pologne, une bien plus grande proportion de la nomenklatura communiste y avait déjà des origines familiales communistes. C'est encore en Russie que l'ancienne nomenklatura est la plus présente dans l'économie comme dans la politique. Elle l'est moins en Pologne et encore moins en Hongrie. Le plus grand renouvellement a eu lieu en République tchèque en raison, explique le sociologue Pavel Machonin, de la rupture juridique introduite dans ce pays dès le lendemain de la « révolution de velours », notamment la législation « décommunisatrice » qui n'autorisait pas les anciens communistes à occuper des postes importants dans la hiérarchie d'État ou dans le secteur public de l'économie.

Des idées reçues démenties par la recherche sociologique

Ce qui frappe le plus, c'est le niveau d'instruction de l'ancienne nomenklatura qui prend part à la transformation post-communiste. Dans tous les pays où des études ont été menées, 90 % de ses effectifs détenaient un diplôme d'études supérieures. Contrairement à un cliché répandu, il ne s'agissait que d'une infime proportion de diplômés des écoles du parti, les plus nombreux étant les diplômés des écoles d'ingénieurs, d'économie et de gestion.

Par ailleurs, un autre stéréotype est démenti par l'enquête d'Ivan Szelenyi : les entrepreneurs privés issus de la nomenklatura occupaient en son sein plutôt les postes subalternes que dirigeants. Cela a poussé les sociologues polonais à parler d'une « révolution des directeurs adjoints ». Ce phénomène de remplacement des cadres dirigeants par leurs collaborateurs de rang inférieur a eu pour effet un sensible rajeunissement des élites économiques et politiques issues de l'ancien régime. La même étude montre que les couches supérieures de la nomenklatura, en Hongrie comme en Pologne, sont statistiquement peu présentes dans les nouvelles élites. Ainsi fut infirmée la thèse d'un complot de la nomenklatura.

Les couches supérieures de la nomenklatura, en Hongrie comme en Pologne, sont statistiquement peu présentes dans les nouvelles élites. Voilà qui infirme la thèse d'un complot de la nomenklatura.

Si la part de la nomenklatura dans les classes dirigeantes est relativement faible – et ira forcément en décroissant, tout simplement en raison de son vieillissement et des nouveaux canaux, plus méritocratiques, de production des élites –, d'autres études ont cependant montré qu'il y avait une certaine inégalité des chances au moment de la transition politique en Europe centrale et orientale entre le citoyen ordinaire et le membre de la nomenklatura. Ce dernier avait en effet reçu en « dot » du communisme un important capital social sous forme de relations avec l'espace économique ex-soviétique, de première importance dans la période de l'accumulation primitive du capital, de même qu'il avait davantage de capacités pour appréhender plus rapidement les réalités de l'économie de marché. Mais, comme le dit le politologue Pierre Kende, « du moins pour la Hongrie, la vérité est prosaïque [...]. Les vrais dirigeants du régime communiste défunt ont – sauf exception rarissime – disparu de la scène politique, comme ils ont déserté l'économie ». ■

Pour en savoir plus

G. Hermet, L. Marcou (sous la dir. de), *Des partis comme les autres ? Les anciens communistes en Europe de l'Est*, Complexe, Bruxelles, 1998.

P. Machonin, « Socio-Economic Changes in the Czech Republic », *Working Papers*, Institut de sociologie de l'Académie des sciences de la République tchèque, Prague, 1996.

G. Mink, *Vie et mort du bloc soviétique*, Casterman/Giunti, Paris/Florence, 1997.

G. Mink, J.-C. Szurek, « L'ancienne élite communiste en Europe centrale : stratégies, ressources et reconstructions identitaires », *Revue française de science politique*, vol. 48, n° 1, Paris, févr. 1998.

G. Mink, J.-C. Szurek, *La Grande Conversion : le destin des communistes en Europe de l'Est*, Seuil, Paris, 1999.

I. Szelenyi, D. Treiman, E. Wnuk-Lipinski (sous la dir. de), *Elity w Polsce, w Rosji i na Wegrzech, Wymiana czy reprodukcja* (Les élites en Pologne, en Russie et en Hongrie, Circulation ou reproduction), ISP-PAN, Varsovie, 1995.

J. Wasilewski (sous la dir. de), *Elita polityczna 1998* (Élite politique en 1998), ISP-PAN, Varsovie, 1999

La gestion des risques technologiques tend à se soumettre au « principe de précaution »

Par **Yannick Barthe**
CNRS/CERAT, IEP-Grenoble

LA GESTION DES RISQUES SE TRANSFORME. À UN MODE DE GESTION AUTORITAIRE, CENTRÉ SUR LE SECRET ET LA TOUTE-PUISSANCE DE L'EXPERTISE, TEND À SE SUBSTITUER UN NOUVEAU MODE D'ACTION FAISANT DAVANTAGE APPEL AU DÉBAT PUBLIC ET À LA CONCERTATION.

Les risques technologiques ont longtemps été considérés comme des aléas anticipés, dont la science pouvait identifier les facteurs et la technique conjurer les effets. C'est sur la base de cette interprétation que leur traitement a pu s'opérer au sein d'arènes restreintes, réservées aux seuls spécialistes. L'expertise produite par les scientifiques et techniciens était censée permettre une prise de décision « rationnelle », allant dans le sens d'une parfaite « maîtrise » des risques. Dès lors, la contestation des décisions était attribuée à l'ignorance et à l'irrationalité des « profanes ». Ce mode de gestion des risques est ébranlé par une crise profonde. La multiplication des débats publics autour des choix technologiques et de leurs conséquences futures en est sans doute le signe le plus manifeste. La mise en place par les pouvoirs publics de procédures de consultation ou encore l'édiction de nouveaux principes d'intervention comme le « principe de précaution » peuvent s'analyser comme autant de réponses institutionnelles à cette crise.

C'est à la faveur d'un certain nombre d'affaires marquantes, dans le domaine de l'environnement et de la santé notamment, que le thème des risques collectifs s'est imposé de manière durable dans l'espace public. De la crise dite de la « vache folle » (encéphalopathie spongiforme bovine – ESB) aux polémiques sur le stockage des déchets nucléaires, en passant par les conflits autour de la diffusion des organismes génétiquement modifiés – OGM [*voir article p. 48*], les années 1990 ont été marquées par de violentes controverses trouvant leur source dans le développement scientifique et technologique.

La fin du monopole des blouses blanches

Pour être différentes, ces controverses n'en présentent pas moins des caractéristiques communes. Tout d'abord, elles font intervenir un nombre toujours plus grand de protagonistes. Le monopole de la parole légitime sur ces questions, autrefois détenu par les scientifiques, se voit de plus en plus contesté par les représentants d'intérêts économiques ou les nombreux porte-parole du « public ». Groupes socioprofessionnels, journalistes, mouvements de consommateurs, associations de protection de l'environnement, on n'en finirait pas de recenser tous les acteurs qui estiment avoir un droit de regard sur la gestion des risques collectifs et qui sont porteurs de revendications et d'intérêts souvent opposés.

Le résultat le plus significatif de cette entrée en scène des non-spécialistes est incontestablement l'enrichissement du débat. Loin de se limiter à l'échange d'arguments de nature scientifique, celui-ci se voit lesté de considérations politiques, éthiques, économiques, qui apparaissent comme inextricablement mêlées. La notion de risque elle-même se transforme, devenant plus opaque, et tendant à être envisagée comme une construction sociale, c'est-à-dire comme le résultat de l'interaction d'une multitude d'acteurs aux identités très diverses.

Cette reformulation du problème des risques semble d'autant plus justifiée que les incertitudes sont grandes. Est-il possible de garantir la sûreté d'un stockage de déchets nucléaires dont la nocivité s'étale sur des milliers d'années ? Peut-on assurer la « traçabilité » de certains aliments contaminés ? La science et la technique se révèlent souvent incapables de répondre de manière assurée à ces questions. La production d'expertise, loin de clore la controverse, a bien souvent pour effet de l'alimenter en rendant visible l'ampleur des incertitudes. Devant l'élargissement du temps et de l'espace à prendre en considération, les experts sont amenés à reconnaître de larges zones d'ignorance.

La production d'expertise, loin de clore la controverse, a bien souvent pour effet de l'alimenter en rendant visible l'ampleur des incertitudes.

Dans ce contexte d'incertitude, la prise de décision devient délicate. Pour être légitimes, les décisions publiques ne peuvent plus reposer sur l'autorité indiscutable de la science mais doivent combiner des légitimités différentes et tendre à la recherche de compromis rationnels entre des intérêts hétérogènes.

Les citoyens prennent la parole

Devant la montée des débats, la gestion des risques se transforme. À un mode de gestion autoritaire, centré sur le secret et la toute-puissance de l'expertise, tend à se substituer un nouveau mode d'action faisant davantage appel au débat public et à la concertation. Parallèlement à la mise en place d'instances d'information et de concertation, comme dans le cas de l'implantation d'installations industrielles à risque, ce changement se signale par la multiplication des procédures dites d'évaluation sociale des choix scientifiques et technologiques. En mobilisant les points de vue des non-spécialistes grâce à des enquêtes et des auditions publiques, ces procédures visent à élargir les critères d'appréciation des conséquences d'une technologie et à faciliter l'inventaire des enjeux qui peuvent s'y rapporter. Elles visent également à créer des espaces de discussion dans lesquels sont systématiquement confrontés les arguments des « experts » et ceux des « profanes ».

Parmi ces procédures, les plus innovantes sont sans doute les « conférences de consensus ». Ces débats publics sont destinés à recueillir l'avis informé d'un groupe de citoyens, choisis de telle sorte qu'ils reflètent au mieux la diversité des statuts socioprofessionnels, sur une question scientifique et technique représentant un enjeu politique et social important. Le principe de ces conférences a d'abord été élaboré au Danemark, avant d'être expérimenté par plusieurs pays européens. Ainsi, en juin 1998, une « conférence de citoyens » s'est tenue en

France à propos des OGM alors qu'une conférence de consensus était organisée l'année suivante au Royaume-Uni sur la question des déchets nucléaires.

La précaution, un principe très politique

L'énoncé d'un « principe de précaution » dans la gestion des activités à risques est un autre signe de changement. Introduit en 1989 par le traité de La Haye sur la protection de la mer du Nord, repris dans la déclaration de Rio et le traité de Maastricht en 1992, le principe de précaution a été transposé dans certains systèmes juridiques nationaux. Ce principe a reçu plusieurs définitions et la notion fait encore l'objet d'interprétations variées. D'une manière générale, la précaution renvoie à la prise en compte de risques que l'état des connaissances ne permet ni d'identifier complètement, ni de quantifier à l'aide de calculs probabilistes. Selon cette notion, l'absence de certitude sur ces risques, notamment les risques à très long terme, ne doit pas retarder l'adoption de mesures visant à prévenir une atteinte grave et irréversible à l'environnement. L'émergence de l'idée de précaution traduit également le dépassement d'une approche en termes de maîtrise technique ou d'élimination des risques au profit de mécanismes de définition et de négociation collectives de leur acceptabilité. En ce sens, l'application d'un principe de précaution n'a de signification que si elle fait l'objet d'un véritable débat public.

L'absence de certitude sur les risques encourus, notamment les risques à très long terme, ne doit pas retarder l'adoption de mesures visant à prévenir une atteinte grave et irréversible à l'environnement. L'application d'un tel principe suppose un véritable débat public.

La gestion des risques a donc connu plusieurs déplacements qui semblent aller dans le sens d'une approche, sinon plus démocratique, du moins plus pragmatique. Il s'agit moins de nourrir l'illusion de leur maîtrise technique que d'organiser leur prise en charge collective à travers des procédures politiques permettant expérimentation et apprentissage collectif. Dans les espaces de discussion ainsi créés, la représentation des citoyens et leur rôle actif dans les processus décisionnels deviennent alors des questions cruciales, auxquelles des réponses satisfaisantes restent encore à trouver, en dépit de nombreux signes d'ouverture. ■

Pour en savoir plus

M. Callon, P. Lascoumes, Y. Barthe, *Agir dans un monde incertain. Essai sur la démocratie technique*, Seuil, Paris, 2001.

O. Godard (sous la dir. de), *Le Principe de précaution dans la conduite des affaires humaines*, Éd. de la MSH/INRA, Paris, 1997.

P. Lascoumes, « La précaution comme anticipation des risques résiduels et hybridation de la responsabilité », *L'Année sociologique*, vol. 46, n° 2, PUF, Paris, 1996.

« Politiques du risque », *Politix*, n° 44, L'Harmattan, Paris, 1998.

@ Sites Internet

Programme « Risques » du CNRS : **http://www.msh-alpes.prd.fr/programmecnrs/risques.htm**

L'idéologie nationaliste a trouvé une vigueur renouvelée, mais elle habille des projets politiques contradictoires

Par **Joseph Krulic**
Historien, chercheur associé au CERI-Sciences Po

Bien que les extrêmes droites n'étaient à la fin des années 1990 à la tête d'aucun État, elles sont ici des alliées du pouvoir ou là des repoussoirs permettant de justifier des projets politiques prétendument modérés, mais en réalité radicaux par leurs effets.

Les années 1990 ont vu la résurgence de nationalismes divers dans le monde entier. Ce terme recouvre cependant des comportements et des cultures politiques très différents. Il faut distinguer en effet entre l'indépendantisme se manifestant dans les pays développés, les aspirations de populations à fonder une nation dans les régions moins riches et le nationalisme de « crispation ».

L'indépendantisme s'est manifesté en Europe médiane par la sécession des pays baltes quittant l'Union soviétique en 1991 ou celle de la Slovénie quittant la Yougoslavie la même année. En Europe occidentale, le Scottish National Party a obtenu des résultats significatifs aux élections du parlement écossais du 7 mai 1999 et, de leur côté, les autonomistes catalans ont reçu du gouvernement Aznar de larges transferts de souveraineté. En Amérique, la question du statut du Québec a dominé la vie politique canadienne durant toute la décennie. Les acteurs de ces nationalismes ont notamment en commun de préférer l'action juridique à la violence, ce qui les distingue nettement dans la constellation des mouvements identitaires.

Du nationalisme d'affirmation nationale...

Les mouvements d'affirmation nationale constituent une deuxième famille, au sein de laquelle se situent par exemple Albanais du Kosovo, Kurdes ou Palestiniens. L'usage combiné de la lutte armée et de la négociation, l'absence de passé étatique bien établi, un niveau de vie souvent plus bas que celui des structures politiques dont ils veulent se détacher caractérisent, entre autres, ces mouvements. Leurs « mythes fondateurs » se réfèrent au principe du « premier occupant » (les Albanais se voyant comme les descendants des Illyriens antiques, les Kurdes comme ceux des Assyriens, les Palestiniens revendiquant quatorze siècles de passé arabe).

Une autre justification de ces mouvements, qui cherchent souvent à fonder de nouveaux États, est de représenter une population majoritaire, ou qui l'a été dans un passé proche, avant des exodes forcés. Par ce dernier trait, ces nationalismes d'affirmation nationale se rattachent au principe de la légitimité démocratique qui fait dépendre la dévolution du pouvoir de l'élection populaire. Ces deux aspects, légitimité historique et démographique, peuvent se combiner entre eux. Les mythes historiques des nationalismes du XIXe siècle (comme la découverte de manuscrits prétendument médiévaux en Bohême en 1817) voulaient signifier que la légitimité du pouvoir venait de peuples qui s'étaient constitués au cours de l'histoire et non des rois et empereurs sur la base d'un ordre religieux immuable.

Cependant, la variable religieuse intervient et complexifie les données. Les Kurdes, qui sont musulmans sunnites comme les Turcs, ne sont pas menacés d'être déportés hors de Turquie, mais d'être assimilés linguistiquement et culturellement pour la majorité d'entre eux. La répression sanglante vise, dans cette situation, à briser les groupes combattants. En revanche, les Albanais du Kosovo ou les Palestiniens sont en majorité musulmans ce qui les différencie des Serbes orthodoxes ou des juifs israéliens, avec lesquels les distances sont maintenues. Le destin de ces musulmans oscille alors entre intégration difficile et exode. Arabes d'Israël depuis 1948 et Albanais du Kosovo depuis 1913 connaissent de graves problèmes d'intégration, même si leurs droits politiques sont parfois reconnus (les Arabes israéliens sont citoyens, mais sans être astreints au service militaire et, entre 1974 et 1989, les Albanais du Kosovo ont bénéficié d'une large autonomie). Mais ils peuvent aussi subir le sort de réfugiés après avoir été chassés par la force (le « nettoyage ethnique » du Kosovo en 1998-1999) ou être contraints à l'exil en l'absence de perspectives économiques et politiques.

... à la crispation identitaire

Ces conflits mettent en lumière une troisième forme de nationalisme, fondée quant à elle sur la crispation ou le ressentiment. Elle est le fait d'États-nations, dont certains ont pu se constituer à la suite de luttes de libération nationales, mais qui, une fois établis, refusent qu'une partie de leur population (ou du territoire qu'ils contrôlent) suive à son tour une évolution analogue. La Serbie des années 1839-1914 a, comme l'Algérie de 1954-1962, le Yishouv des Juifs de Palestine des années 1918-1948 ou le Kosovo des années 1981-1999, été le théâtre de tels nationalismes.

Le nationalisme d'affirmation nationale se mue ainsi aisément en nationalisme de crispation, parfois même chez les mêmes personnes. Vaso Cubrilovic, que l'on vient de redécouvrir comme l'auteur du plan « fer à cheval » de 1937 (ressorti des cartons en 1999), qui voulait expulser tous les « Arnautes » (Albanais) du Kosovo, était l'un des membres de l'équipe qui a préparé l'attentat de Sarajevo le 28 juin 1914. L'idée de réunir tous les Slaves du Sud, supposés frères des Serbes dans une « Yougoslavie » (le pays des Slaves du Sud) n'était pas pour ce personnage, philosophe et ministre dans le royaume de 1918-1941, puis dans la Yougoslavie titiste, contradictoire avec celle de chasser des non-Slaves, souvent musulmans de surcroît. Sa participation à l'attentat de 1914 l'avait rendu intouchable, y compris durant les épurations dont les Yougoslaves étaient menacés à l'époque du premier titisme (1945-1966). Le parcours éclectique de ce personnage, républicain en 1914, mais qui servit ensuite la monarchie et le régime communiste, met en évidence un trait fondamental : le nationalisme de crispation peut être le fait de courants politiques les plus divers et n'est pas, loin s'en faut, l'apanage de l'extrême droite.

Le nationalisme d'affirmation nationale se mue aisément en un nationalisme de crispation, parfois même chez les mêmes personnes.

Les régimes communistes ont su mettre en œuvre un « nationalisme d'appareil » quand ils ont eu besoin de renforcer leur légitimité : il en va ainsi du programme de « bulgarisation » des Turcs dans la Bulgarie de Todor Jivkov des années 1985-1989 ou de la dérive de la Serbie de Slobodan Milosevic à partir de 1987. Les courants de droite gardent cependant le rôle principal : c'est le cas d'une partie de la droite israélienne, porteuse de projets très ségrégationnistes vis-à-vis des Palestiniens. Et, bien que les extrêmes droites n'étaient au tournant du siècle à la tête d'aucun État, elles sont ici des alliées du pouvoir ou là des repoussoirs permettant de justifier des projets politiques prétendument modérés, mais en réalité radicaux par leurs effets.

Le terreau fertile des infortunes de la démocratie

Dans les pays d'Europe occidentale ou aux États-Unis, ce nationalisme de crispation reste porté par l'extrême droite, mais craintes et nostalgies s'expriment ailleurs sur la scène politique. En France par exemple, la plupart des hommes politiques et des historiens sont persuadés qu'entre le patriotisme républicain et le nationalisme exclusif, qui s'est manifesté depuis le boulangisme jusqu'au Front national, il existe une démarcation nette. Cela est peut-être vrai au niveau de discours politiques élaborés, mais plus complexe au niveau de la population et de ses représentations. Les études sur le Front national de Jean-Marie Le Pen montrent que ce dernier attire aussi les voix d'éléments de droite radicalisés, déçus notamment que le mouvement gaulliste ait abandonné son discours « national », tout comme il séduit dans les classes populaires une partie des électeurs « ninistes » (ni droite ni gauche), qui auraient voté pour une gauche plus contestataire dans une autre conjoncture. Le nationalisme de crispation, dont il existe une paradoxale « internationale » (Le Pen a affiché son amitié pour l'extrémiste serbe Vojislav Seselj dans l'affaire du Kosovo), prospère ainsi sur les débuts difficiles ou les déceptions de la démocratie. De Boulanger à Le Pen, de Drumont à Seselj, des pangermanistes à Milosevic, d'une fin de siècle à l'autre, le nationalisme se nourrit des infortunes de la promesse démocratique. ■

De Drumont à Seselj, des pangermanistes à Milosevic, d'une fin de siècle à l'autre, le nationalisme se nourrit des manquements de la promesse démocratique.

Pour en savoir plus

B. Anderson, *L'Imaginaire national. Réflexions sur l'origine et l'essor du nationalisme*, La Découverte, Paris, 1996 (à paraître en Découverte/Poche).
S. Cordellier (sous la dir. de), *Nations et nationalismes*, La Découverte, Paris, 1995.
A. Dieckoff, *La Nation dans tous ses États*, Flammarion, Paris, 2000.
E. Gellner, *Nations et nationalismes*, Payot, Paris, 1989.
I. Greilsamer, *La Nouvelle Histoire d'Israël, essai sur une identité nationale*, Gallimard, Paris, 1998.
P. Nebojsa (sous la dir. de), *Radiographie d'un nationalisme, les racines serbes du conflit yougoslave*, Éd. de l'Atelier, Paris, 1998.
J. Pluymène, *Les Nations romantiques, histoire du nationalisme, le XIXe siècle*, Fayard, Paris, 1979.
P.-A. Taguieff, G. Delannoi (sous la dir. de), *Nationalismes en perspective*, Berg, Paris, 2001.
A.-M. Thiesse, *La Création des identités nationales*, Seuil, Paris, 1999.

Internet n'est pas intrinsèquement un outil contribuant à la démocratie

Par **Jean-Marie Charon**
Sociologue des médias, CNRS

> Faute de pouvoir prétendre à une diffusion universelle et générale du savoir, à l'accession de tous aux moyens de décrypter la complexité du monde, Internet renvoie avec plus de force que jamais à la question cruciale de la compétence et de la déontologie de ceux qui font métier de traiter l'information.

Des milliers de forums électroniques, des administrations ou des collectivités locales qui s'adressent directement aux internautes, des médias albanophones ripostant sur la Toile au joug serbe... Agora à l'échelle planétaire, Internet dessinerait un nouvel espace du politique où seraient valorisées la démocratie directe, l'expression du pluralisme, la mobilisation citoyenne.

Sa première vertu serait la disparition de tout intermédiaire entre dirigeants et citoyens. Désormais, ceux-ci peuvent s'exprimer directement et librement. Finis les biais, erreurs et autres censures introduits par les médiateurs, les journalistes et les éditeurs, *exit* le bombardement de nouvelles standardisées, formatées selon les exigences de la diffusion de masse. Les dialogues en ligne, où chacun peut interroger un ministre, symbolisent cette libération.

Mais, que gagne l'internaute dans ce face-à-face ? Le court-circuitage des médiateurs, c'est aussi la disparition des repères et des règles d'identification des messages, ce qui aboutit à mettre sur le même plan des informations, des données officielles, de la publicité, de la propagande, du prosélytisme et des rumeurs. Quant au dialogue avec les dirigeants, butant sur l'impossibilité de répondre à des milliers de questions, il se résume au mieux aux réponses de conseillers anonymes.

Chacun est alors tenté de se recentrer sur ses propres pôles d'intérêt, sur ses valeurs et ceux qui les partagent, à travers les mêmes sites ou les mêmes forums. Aussi l'espace politique du Web se fragmente-t-il à l'infini, avec ses sous-groupes ignorant les autres, qu'il est inutile de voir, d'entendre ou d'accepter. Nous sommes loin de la démocratie en tant que mode d'intégration de tous, en tant que dialogue ouvert aux spécificités et aux différences, aux opinions majoritaires comme minoritaires.

Les illusions de la liberté d'expression

Qu'à cela ne tienne : le Web offre des possibilités d'expression directe illimitées. Chacun peut donner son point de vue sur les sujets qui lui tiennent à cœur, dans les forums, par courrier électronique ou sur son propre site. Il suffit se surfer sur le réseau pour constater la diversité, la richesse... ou la redondance des analyses, la finesse ou le sectarisme des discours.

Cependant, la question de la qualité des contenus est peut-être secondaire. Ce qui paraît surtout manquer, c'est l'essentiel : le cadre et la finalité de l'échange, la progression et les prolongements de propos lancés comme autant de bouteilles à la mer. Croyant se libérer des contraintes d'un cadre institutionnalisé, la parole, l'opinion, ne fait que se perdre dans un espace sans limites, sans enjeux ni débouchés. L'expression politique est déconnectée de son objet : la capacité d'agir sur la réalité.

Ce qui paraît surtout manquer, c'est l'essentiel : le cadre et la finalité de l'échange, la progression et les prolongements de propos lancés sur la Toile comme autant de bouteilles à la mer.

Les réseaux électroniques permettent pourtant vote en direct et action collective organisée. La question avait déjà été étudiée bien avant qu'Internet ne tisse sa toile. Avec des dizaines de millions de personnes connectées dans le monde, la promesse est aujourd'hui plus substantielle. On peut se réjouir de voir fleurir les manifestations d'adhésion ou les désaccords. Les boîtes aux lettres d'entreprises et sites officiels sont submergés de messages de protestation, pétitions, appels collectifs, campagnes ciblées, etc.

Mais peut-on assimiler l'expression populaire par le vote, au terme d'une campagne exposant chaque point de vue, explicitant les enjeux de la consultation, avec l'appel à l'expression d'un avis, sans les garanties nécessaires que sont l'information contradictoire et équilibrée, la représentativité, l'identification fiable des votants ou des signataires de pétitions ? Les mobilisations de nombreux internautes mal identifiés peuvent se révéler n'être que des ersatz de *lobbying* auprès des pouvoirs économiques et politiques. De même, leur consultation peut se diluer dans un marketing permanent collectant avis, attentes ou opinions, sans enjeux réels.

Une information sans hiérarchie

Il peut paraître étonnant de mettre en doute la représentativité et l'intérêt du vote ou des consultations *via* Internet, alors que cet outil offre une capacité de stockage et de circulation des connaissances inégalée. Il suffit de lancer un moteur de recherche sur n'importe quel sujet pour obtenir des centaines, des milliers de références, immédiatement accessibles, de toute nature et de toutes origines. C'est précisément ce foisonnement de « connaissances » qui pose problème. Comment entreprendre une démarche d'information face à la masse de ces documents ? Comment opérer les bons choix et sur quels critères ?

Internet, ce n'est pas l'Encyclopédie, car le principe encyclopédique suppose un mode d'organisation, des informations et des savoirs, ainsi que des principes de validation se fondant sur des choix culturels et politiques. Sur le Web, toutes les formes de documents, de discours, de points de vue se trouve placées côte à côte. La compétence de l'internaute relève alors de sa capacité à identifier les sources crédibles ou à anticiper sur les *a priori* présidant à chaque propos. Du coup, l'un des meilleurs atouts du système disparaît. Là où il prétendait lever les handicaps liés à la maîtrise du livre ou de la presse, il réintroduit la nécessité d'une compétence. Sans cette dernière, l'usager est ballotté et trompé par toutes formes d'embrigadement, de désinformation, de publicité. Loin de lever les inégalités culturelles, Internet les renforce, faisant du meilleur utilisateur du réseau celui qui dispose du meilleur bagage, à l'instar de ceux qui se servent au mieux de la presse écrite, radiophonique ou télévisuelle. Dans ce domaine, la loi n'est pas celle du partage, mais celle du cumul. Et l'inégalité, pour ne pas dire la ségrégation, se constate tant à l'échelle nationale qu'internationale, quand bien peu d'habitants des pays du Sud ont la possibilité de rouler sur les « autoroutes de l'information ».

Le besoin de médiations

La puissance de l'outil de recherche et sa richesse sont précieuses pour ceux qui font profession d'investiguer et s'emploient à créer une certaine transparence dans les zones opaques de nos sociétés, à lever le voile sur les lieux de pouvoir et de décision politiques, économique ou judiciaires. Dès les débuts d'Internet, des journalistes ont mis sur le réseau toutes les informations qu'il était possible d'obtenir sur des dirigeants ou des organisations. Il est incontestable que la dimension internationale est un atout, pour autant que les principaux pays pratiquent le libre accès aux données publiques, ce qui est loin d'être le cas. Mais au-delà des obstacles, de nombreux documents confidentiels, des faits tenus secrets s'offrent désormais opportunément là où il était bien difficile de regrouper, de recouper, de comparer.

La puissance de l'outil de recherche et sa richesse sont précieuses pour ceux qui font profession d'investiguer et s'emploient à créer une certaine transparence dans les zones opaques de nos sociétés.

En se gardant de tout idéalisme, il est clair qu'Internet est un outil pour toute démocratie qui, *via* ses médias, permet de mieux apprécier les pratiques et les stratégies des décideurs. Il est d'ailleurs urgent que journalistes et rédactions, notamment dans les pays du Sud, se saisissent davantage de ces moyens. Paradoxalement, le réseau, qui promet à chaque individu de s'émanciper des médiateurs, les y ramène. Faute de pouvoir prétendre à une diffusion universelle et générale du savoir, à l'accession de tous aux moyens de décrypter la complexité du monde, Internet renvoie avec plus de force que jamais à la question cruciale de la compétence et de la déontologie de ceux qui font métier de traiter l'information. ■

Pour en savoir plus

« Communiquer à l'ère des réseaux », *Réseaux*, n° 100, Hermes, Paris, 2000.

P. Flichy, *L'Imaginaire d'Internet*, La Découverte, Paris, 2001.

M. Guillaume, *Où vont les autoroutes de l'information ?*, Descartes & Cie, Paris, 1997.

B. Lopez, « La société de l'information, promesse de futur ou slogan néo-libéral ? », *MédiasPouvoirs*, n° 43-44, Paris, 3e trim. 1996.

S. Ollitrault, « De la caméra à la pétition-web », *Réseaux*, n° 98, Hermes, Paris, 1999.

D. Wolton, *Internet et après ? Théorie critique des nouveaux médias*, Flammarion, Paris, 1999.

L'écologie politique prend des formes très différentes au Nord et au Sud

Par **Jean-Paul Deléage**
Historien des sciences, Université d'Orléans ; directeur de la revue « Écologie & Politique »

> EN 1972, À STOCKHOLM, EN MARGE DE LA PREMIÈRE CONFÉRENCE DES NATIONS UNIES CONSACRÉE À L'ENVIRONNEMENT, L'ÉCOLOGIE POLITIQUE EST NÉE À L'ÉCHELLE INTERNATIONALE. DES MILLIERS DE JEUNES LANCENT LE SLOGAN QUI DEVIENDRA LE PREMIER MOT D'ORDRE DE L'ÉCOLOGISME : « NOUS N'AVONS QU'UNE SEULE TERRE ! » AUQUEL SERA AJOUTÉ LE NON MOINS FONDAMENTAL « UN SEUL PEUPLE ! ».

Les dernières décennies du XXe siècle ont été marquées par un élargissement décisif de la conscience environnementale aux problèmes que pose l'irruption des techniques et de la science dans tous les domaines de la vie quotidienne.

L'écologie avant la lettre existait certes depuis longtemps. Dès le XIXe siècle, aux États-Unis, des écrivains comme Henry Thoreau ou Walt Whitman avaient exalté l'attrait de nouveaux rapports à la nature. Au début de notre siècle, faisant écho aux prophéties désespérées de grands chefs indiens, le Californien John Muir avait saisi les risques de banalisation par la puissance technique des plus beaux sites de l'Amérique et créé le Sierra Club. C'est d'Amérique encore, au début des années 1960, que viennent les souffles précurseurs de l'écologie politique : Jack Kerouac et ses « clochards célestes », Gary Snyder et ses « poèmes beatniks », Paul Goodman chantre du post-anarchisme, théorisé par le philosophe hédoniste Alan Watts. Ce sont les figures littéraires d'un basculement culturel qui trouve aussi ses racines dans la critique scientifique du productivisme avec Rachel Carson, auteur du célèbre *Silent Spring* (1962), ou Barry Commoner à l'origine du mouvement *Science and Survival* (1966).

En Europe, dès 1965, les premiers « écolos » néerlandais avaient proposé de lutter contre la pollution automobile en mettant des bicyclettes en libre-service au centre des villes. En juin 1970, une liste écologiste enlève 11 % des voix aux élections municipales d'Amsterdam. En 1972, à Stockholm, en marge de la première conférence des Nations unies consacrée à l'environnement, des jeunes lancent le slogan qui deviendra le premier mot d'ordre de l'écologisme : « Nous n'avons qu'une seule Terre ! » Jeunes des campus où a soufflé la révolte étudiante, représentants d'associations de défense de la nature ou d'ethnies écrasées par la colonisation, scientifiques critiques de la *big science*, tous témoignent des dangers d'un développement destructeur de la nature et des humains. Au slogan « Une seule Terre ! », ils ajoutent le non moins fondamental « Un seul peuple ! ». À Stockholm, l'écologie politique est née à l'échelle internationale.

Une nébuleuse planétaire

Ainsi se développent des mouvements de citoyens qui sont autant de protestations contre la destruction de leur environnement quotidien, de leur milieu de vie, au double sens matériel et culturel. L'écologie politique naissante catalyse une révolte profonde contre la destruction du « monde vécu » de chacun. Aucun des grands pays industrialisés n'échappe à la montée de ces nouveaux mouvements. Le cas du Japon est emblématique. Au début des années 1960, la lutte s'y développe sur trois fronts : l'empoisonnement par le mercure de la baie de Minamata, la contamination par le cadmium de la préfecture de Toyama et la lutte contre la pollution atmosphérique autour du combinat de Yokkaïchi. Fondés sur le désir de protéger les conditions élémentaires de la vie humaine, ces mouvements émergent aussi en Europe et en Amérique du Nord.

Partout, ils s'expriment par de nouvelles formes d'organisation démocratique: *Burgerinitiativen* en Allemagne, vastes *lobbies* de consommateurs aux États-Unis pesant sur les décisions de l'administration et/ou boycottant certains produits dangereux mis sur le marché par les grandes firmes de la chimie ou de l'agroalimentaire. Dans de nombreux pays, des réseaux s'opposent au nucléaire civil et militaire. Les pays socialistes n'échappent pas à la montée de l'écologie politique, voie privilégiée de l'émergence d'oppositions d'inspiration démocratique. Partout dans le monde, des luttes aux formes extrêmement diverses alimentent une critique nouvelle de la modernité dont la civilisation américaine est devenue l'emblème provocateur. Exploitation aveugle de la nature, destruction barbare des cultures dominées, risque nucléaire majeur: tels sont les dangers contre lesquels se constituent les mouvements écologiques de citoyens dans les pays industrialisés.

De la contestation à la gestion

Il a fallu attendre la fin des années 1990 pour qu'en France, avec les Verts, et en Allemagne, avec les Grünen, les partis écologistes accèdent à un « écologisme d'État ». Et assument des responsabilités gouvernementales significatives dans des alliances avec la social-démocratie.

Dans les années 1960, les Kabouters d'Amsterdam se couchent sur le parking du maire de la ville. Ils rejettent la civilisation automobile et veulent planter des micropotagers sur le toit des maisons et des voitures pour absorber la pollution. Ils défendent l'habitat traditionnel qui seul permet de « rester tous ensemble ». En RFA, les *Grünen* s'opposent par l'action directe à l'implantation des centrales nucléaires, à l'extension des pistes de l'aéroport de Francfort. Ils sont les infatigables animateurs d'un puissant mouvement pacifiste contre les euromissiles de l'OTAN (Organisation du traité de l'Atlantique nord). En France, où ils manifestent aussi en masse contre le nucléaire et le délire autoroutier, les « écolos » entrent symboliquement en politique avec la candidature de René Dumont à l'élection présidentielle de 1974.

Dans les pays industrialisés commence alors, avec des succès divers, une longue marche vers la reconnaissance par les institutions politiques, suivant les cadres marqués par l'histoire, les traditions et les règles du jeu politique propres à chaque État. Dans la plupart d'entre eux naissent au début des années 1980 des partis verts qui s'engagent dans les compétitions électorales. Il faut cependant attendre la fin des années 1990 pour qu'en France, avec les Verts, et en Allemagne, avec les *Grünen*, les partis écologistes accèdent à un « écologisme d'État » et assument des responsabilités gouvernementales significatives dans des alliances avec la social-démocratie. Ils s'éloignent de l'activisme des associations, des contre-sociétés urbaines et/ou des méthodes des *Ecowarriors* anglo-saxons pour s'impliquer dans la gestion quotidienne des communes et des régions. Il aura fallu près de vingt années pour parvenir à cette reconnaissance officielle en politique, au prix des compromis – des compromissions diront certains – qu'une telle reconnaissance entraîne, comme on l'a vu à propos des débats houleux suscités par les bombardements de l'OTAN sur la Serbie au printemps 1999.

Le risque d'une fracture Nord-Sud

Simultanément à cette évolution des partis verts dans la ceinture dorée de la planète, ont émergé au Sud de multiples mouvements pour lesquels lutte environnementale et justice sociale sont au cœur d'un véritable écologisme populaire. Cet écologisme, très présent dans certains syndicats paysans et de nombreuses communautés indigènes, défend le droit de chacun à vivre décemment de ses ressources et de son travail, comme l'affirme avec éloquence la « Charte des peuples » défendue par le Third World Network. Pour ce réseau international, comme pour les intellectuels engagés dans ce combat, la qualité éthique d'une société est déterminée non seulement par la justice entre les humains (entre hommes et femmes en particulier), mais aussi par la justice dans la relation avec la terre et les autres espèces.

De multiples mouvements ont émergé au Sud pour lesquels lutte environnementale et justice sociale sont au cœur d'un véritable écologisme populaire, très présent dans certains syndicats paysans et de nombreuses communautés indigènes.

Il est à craindre cependant que les divergences et les contradictions dans les engagements – de certaines fractions éclairées des couches moyennes dans les rouages institutionnels de la modernisation écologique du capitalisme, d'un côté, et, de l'autre, de celui de mouvements populaires défendant la survie économique et écologique des « damnés de la Terre » – n'introduisent d'irrémédiables ruptures entre ces deux composantes de l'écologisme mondial, celle du Nord et celle du Sud.

L'écologie politique, porteuse d'une critique radicale de notre mode d'occupation de la planète, succomberait alors à son tour aux effets de la crise qui affecte désormais les rapports des hommes avec la nature et ceux qu'ils entretiennent entre eux. Le temps est venu de reconnaître la capacité de l'imaginaire écologique d'informer aussi profondément que possible l'imagination politique. ■

Pour en savoir plus

A. Bramwell, *Ecology in the 20th Century, A History*, Yale University Press, New Haven/Londres, 1989.

D. Chartier et J.-P. Deléage, « The International Environmental NGOs : From the Revolutionary Alternative to the Pragmatism of Reform », *Environmental Politics*, vol. 7, n° 3, Londres, p. 26-41.

F. Faucher, *Les Habits verts de la politique*, Presses de Sciences Po, Paris, 1999.

« L'écologie au-delà de l'utopie » (dossier), *Le Débat*, n° 113, Gallimard, Paris, janv.-févr. 2001.

Les pouvoirs locaux s'affirment, y compris sur la scène internationale

Par **Serge Allou**
Groupe de recherche et d'études technologiques (GRET), Institut français d'urbanisme (IFU)

Les pouvoirs locaux sont-ils condamnés à devoir rassembler les conditions locales d'une intégration fonctionnelle aux marchés ? Ou peuvent-ils être des lieux d'élaboration d'un développement construit sur la base d'une négociation entre les acteurs locaux ?

La montée en puissance des pouvoirs locaux, de Curitiba à Séoul, d'Oslo à Johannesburg, apparaît en ce début de XXIe siècle comme un phénomène général. Certes, la structuration territoriale des États est toujours le fruit d'une histoire particulière, et les situations diffèrent d'un continent ou d'un pays à l'autre. Néanmoins, là où le pouvoir central était traditionnellement fort, on observe partout aujourd'hui une croissance significative des dépenses publiques des collectivités locales et le développement de politiques de décentralisation.

En Europe du Nord, la France, pays de tradition jacobine s'il en est, est un cas exemplaire. Entre la fin des années 1960 et le début des années 1990, la part des dépenses publiques réalisées par les collectivités locales est passée de 5 % à 10 % du produit intérieur brut national. Les lois de décentralisation de 1982 ont de leur côté engagé un processus de transfert de compétences et de responsabilités du niveau central vers le niveau local qui s'est poursuivi jusqu'au milieu des années 1990.

Dans les pays en développement, le rapport de la Banque mondiale soulignait en 1995 que soixante-trois des soixante-quinze pays ayant une population supérieure à cinq millions d'habitants connaissaient un processus de décentralisation. Ainsi, en Afrique francophone, même si les collectivités locales ne mobilisent encore guère plus de 1 % des dépenses publiques, la décentralisation est un fait général. Lancée au Sénégal dès 1972, elle s'est étendue à la plupart des autres pays de la région au début des années 1980. En Amérique latine, au même moment, l'élargissement des pouvoirs municipaux allait de pair avec l'élection démocratique des maires et des conseils : au Pérou en 1981, en Bolivie en 1987, en Colombie en 1988 (après cent ans de nomination des maires par le pouvoir exécutif).

Quand les États se déchargent sur les administrations territoriales

De multiples facteurs ont concouru à cette évolution. La restructuration des systèmes de production et d'échanges sur une base mondiale – la « globalisation » – a eu un double effet. D'une part, elle a considérablement affaibli les capacités d'intervention des États dans les processus d'accumulation et de régulation. D'autre part, dans un contexte marqué par une interdépendance croissante des entreprises locales avec des marchés, des circuits et des centres de décision de plus en plus internationaux, elle a contraint les acteurs politico-institutionnels locaux à inventer des solutions pour promouvoir le développement économique de leurs territoires. Placées dans un cadre de concurrence mondiale exacerbée, les villes tout particulièrement, au risque d'une relégation sans partage, se sont vues sommées d'agir pour être attractives. Elles doivent offrir des avantages fiscaux, investir dans les services de pointe et les infrastructures, bref, savoir se vendre et séduire les investisseurs : le *city marketing* est désormais pour elles une activité stratégique. [*Voir article p. 173.*]

Les villes doivent désormais offrir des avantages fiscaux, investir dans les services de pointe et les infrastructures. Le* city marketing *est devenu pour elles une activité stratégique.

L'essor des pouvoirs locaux est aussi un mouvement contemporain de la généralisation des programmes d'ajustement structurel imposés à la plupart des pays en développement, mais aussi mis en œuvre dans nombre de pays du Nord confrontés à une crise fiscale de l'État. Outre les mesures macroéconomiques bien connues (libéralisation des échanges, privatisations, suppression du contrôle des prix et des subventions publiques, etc.), les politiques de décentralisation ont constitué l'un des volets principaux de la réforme des structures d'État que préconisaient ces programmes.

Face au poids de la dette publique et, surtout dans les pays en développement, à l'incapacité gestionnaire des administrations centrales, l'objectif était de transférer à l'échelon local la charge de la fourniture de différents biens et services collectifs. Souci d'efficacité et d'une plus grande transparence dans la gestion des affaires publiques, certes, mais aussi aveu d'impuissance et de débordement : il s'agissait à l'évidence pour les pouvoirs centraux de se décharger de la gestion de conflits sociaux croissants.

Un besoin de démocratie locale

À ces facteurs « négatifs » s'ajoutent les effets d'une importante mobilisation sociale. Cela est particulièrement vrai en Amérique latine où, par exemple, la généralisation des « grèves civiques » en Colombie au début des années 1980 ou encore la recrudescence des mouvements de protestation dans les derniers mois du gouvernement Morales Bermudez au Pérou à la fin des années 1970 ont grandement accéléré les processus de transfert de pouvoirs aux autorités municipales. Les mouvements sociaux urbains exprimaient ainsi une revendication de participation et une aspiration à la démocratie locale.

Peut-être faut-il aussi analyser ce phénomène de territorialisation des pouvoirs à la lumière de la transformation de nos sociétés. Celles-ci sont désormais beaucoup moins « verticales », déterminées par des rapports de classe et d'exploitation, et davantage « horizontales » : il s'agit désormais d'échapper à l'exclusion, de rester dans la partie, à quelque niveau que ce soit. Comme l'a écrit le sociologue français Alain Touraine, « l'affaire n'est plus d'être *up or down*, mais *in or out* ».

Cette nouvelle configuration place les pouvoirs locaux devant un double défi. Le premier est de nature interne : comment résister et s'affirmer dans un contexte de concurrence internationale sans, dans le même temps, creuser les phénomènes d'exclusion à l'échelle des territoires ? La course aux avantages comparatifs sur la scène mondiale est-elle compatible avec l'invention d'instruments et de formes d'action politique qui permettent une intégration sociale au niveau local ?

La « gouvernance », un concept à la mode

La réponse donnée aujourd'hui à ces questions tient dans un mot quasi magique : la gouvernance. Pour certains, ce concept renvoie à une modernisation des systèmes de gestion locale dans le sens d'une plus grande efficacité, d'une meilleure transparence des circuits de décision et d'une capacité accrue de contrôle technique et financier sur l'administration des affaires. Pour d'autres, elle implique un profond renouvellement des formes de gouvernement local faisant droit à la participation des organisations de la société civile aux décisions, à l'action et à son évaluation. Et là est bien en effet l'enjeu pour les pouvoirs locaux. Sont-ils condamnés à devoir rassembler les conditions locales d'une intégration fonctionnelle aux marchés ? Ou peuvent-ils être des lieux d'élaboration d'un développement construit sur la base d'une négociation entre les acteurs locaux ?

Le second défi est : comment éviter que l'écart ne se creuse entre les grandes villes intégrées à la nouvelle économie-monde et une majorité de villes moyennes et petites laissées sur le bord du chemin ? La constitution d'associations de collectivités et de réseaux à l'échelle régionale, nationale et surtout internationale était, au début du XXIe siècle, la principale réponse apportée par les autorités locales elles-mêmes. Prolongeant des expériences de coopération interétatique, les pouvoirs locaux sont parvenus à obtenir des États, lors de la seconde conférence mondiale sur les villes (conférence Habitat II, Istanbul, juin 1996), leur reconnaissance formelle comme acteurs politiques du développement. Les expériences de budget participatif et de consultations urbaines qui se développent en Amérique latine tracent une voie innovante en ce sens. Au-delà du renforcement des compétences, du pouvoir de négociation technique et financier et de la légitimité que peut représenter pour chacun l'insertion dans de tels réseaux, le phénomène traduit l'émergence de nouveaux acteurs dont les voix se font de plus en plus entendre sur la scène internationale. ■

Comment éviter que l'écart ne se creuse entre les grandes villes intégrées à la nouvelle économie-monde et une majorité écrasante de villes moyennes et petites laissées sur le bord du chemin ?

Pour en savoir plus

J. Borja, M. Castells, *Local and Global. Management of Cities in the Information Age*, UNCHS, Earthscan, Londres, 1997.

F. Godard (sous la dir. de), *Le Gouvernement des villes. Territoire et pouvoir*, Descartes et Cie, Paris, 1997.

« Gouvernances », *Les Annales de la recherche urbaine*, n° 80-81, Ministère de l'Équipement, des Transports et du Logement, Paris, 1998.

M. Grossi, S. Peñalva, *Gobierno y democracia local en América latina*. Clacso, Buenos Aires, 1988.

S. Jaglin, A. Dubresson (sous la dir. de), *Pouvoirs et cités d'Afrique noire. Décentralisations en questions*, Karthala, Paris, 1993.

P. L. McCarney, *Cities and Governance. New Directions in Latin America, Asia and Africa*, Centre for Urban and Community Studies, University of Toronto, Toronto, 1996.

Programa de gestión urbana, *Hacia una gestión urbana participativa en ciudades latinoamericanas y del Caribe*, PNUD Habitat, PGU-ALC, Quito.

@ Sites Internet

International Union of Local Authorities : **http://www.iula.org**

Programme de gestion urbaine – Amérique latine et Caraïbes : **http://www.pgualc.org**

Programme de développement municipal – Afrique de l'Ouest : **http://www.pdm-net.org**

Le développement du numérique s'accompagne à la fois d'une mise en cause et d'un renouveau de la propriété intellectuelle

Par **Jean Martin**
Avocat, Université Paris-IX-Dauphine, expert auprès de la Commission européenne

LORSQUE LES FACILITÉS DES MOYENS TECHNIQUES SE CONJUGUENT AVEC UNE CULTURE DU PARASITISME, FAIRE RESPECTER LE DROIT DE LA PROPRIÉTÉ INTELLECTUELLE DEVIENT UN DÉFI DIFFICILE À RELEVER. LES RAVAGES SONT CONSIDÉRABLES, AU DÉTRIMENT DE LA CRÉATION ET DE L'ÉCONOMIE.

La plus grande fortune personnelle du monde n'est pas industrielle ni pétrolière. Elle est fondée sur des droits de propriété intellectuelle : Bill Gates et ses logiciels. La capitalisation boursière de grands groupes américains (Général Motors, Exxon) est dépassée par celle de jeunes entreprises du cyberespace (Amazon.com, etc.) aux pertes abyssales.

Ce déplacement du monde du réel au virtuel s'accompagne à la fois d'une mise en cause et d'un renouveau de la propriété intellectuelle – ce droit de l'immatériel, des idées et des signes, de la communication avant la lettre. Il protège les créateurs et les investisseurs : logiciels, bases de données, arts plastiques et graphiques, images de synthèse et autres produits et services de la société de l'information.

Mais, conçu pour régir les créations des belles lettres et beaux arts, cet outil est-il adapté à la gestion des nouvelles richesses et de la nouvelle économie ? Si sa remarquable « plasticité » s'est révélée capable en quelques années d'intégrer la plupart des nouveaux objets, des nouvelles formes de création et des nouveaux modes d'exploitation, elle ne doit cependant pas dissimuler l'âpreté des controverses qui animent les cercles de juristes spécialisés, et surtout les organisations professionnelles, les conférences économiques mondiales – GATT (Accord général sur les tarifs douaniers et le commerce) puis OMC (Organisation mondiale du commerce). Devenu stratégique, car au cœur de l'économie de la société mondiale de la communication (vecteur et contenu), il relève de deux des principales logiques de la société de l'information : garantir une protection tout en assurant la circulation, favoriser un accès gratuit tout en permettant la rémunération des créateurs et des investisseurs.

Protéger la création et garantir la circulation

Deux revendications s'opposent, aussi essentielles et légitimes mais contradictoires : protection, car la création est un investissement intellectuel et financier qui participe d'une économie complexe et fragile, devenue essentielle pour l'emploi;

libre circulation car la création est aussi une « connaissance » qui participe du culturel, du bien public dont l'accès et l'utilisation la plus large sont souhaitables et rendus possibles aujourd'hui presque sans restriction grâce au numérique et aux réseaux. Comment bâtir et favoriser le développement de cette nouvelle économie sans protéger de façon équitable et stimulante l'investissement créatif ?

Cette confrontation n'est pas nouvelle. C'est sa vigueur qui l'est, explosive et subversive : face aux armes des « pirates », invisibles, volatiles, mondiales, les moyens de défense sont trop faibles. Le secteur de l'édition et le secteur musical illustrent la gravité de la situation : le « photocopillage » et le téléchargement permettent l'accès à des textes et des musiques à moindre frais.

L'équilibre du modèle économique est mis en cause, car les recettes destinées à assurer la rémunération de tous les intervenants du processus artistique et économique de la création se tarissent. Protéger la création passe alors par le réexamen de la question de l'équilibre relatif au titulaire des droits, de celle des modes de rémunération et de gestion des droits, ou encore des exceptions qui permettaient jusqu'alors la « copie privée » dès l'instant que celle-ci devient le mode principal « d'utilisation » – d'exploitation.

Les « pirates » ont toujours existé sur terre et sur mer, pourquoi les routes de la communication échapperaient-elles au phénomène ? Le terme « parasite » lui sera préféré car il illustre mieux les dimensions culturelles et économiques de cet enjeu de société. Si, dans le monde matériel, l'appropriation du bien d'autrui n'est pas culturellement acceptable, dans le monde de l'immatériel, cet acquis n'existe pas : copier des œuvres, les faire circuler sur le réseau ne provoque pas en effet ce sentiment de spoliation, de nuisance au droit d'un autre.

__Les « pirates » ont toujours existé sur terre et sur mer, pourquoi les routes de la communication échapperaient-elles au phénomène ? Le terme « parasite » lui sera préféré car il illustre mieux les dimensions culturelles et économiques de cet enjeu de société.__

Le droit de la propriété intellectuelle, dont l'objet est de protéger l'immatériel, prévoit bien des sanctions pour de tels comportements. Mais lorsque les facilités des moyens techniques se conjuguent avec une culture du parasitisme, le défi est difficile à relever. Les ravages sont considérables, au détriment de la création et de l'économie.

Le numérique, une arme contre les « pirates » ?

Dans tous les pays, les professionnels des différents secteurs (presse, livre, audiovisuel, etc.) et les pouvoirs publics, désormais conscients de ces enjeux, se mobilisent pour tenter de contenir et de résorber l'endémie.

Sur le plan international, des États trop accueillants (Chine, Asie du Sud-Est, par exemple), véritables « paradis du piratage », sont incités à mettre en œuvre des législations respectueuses de la propriété intellectuelle. Dans le cadre de l'OMC sont négociées des règles communes destinées à répondre au besoin de protection et aux réalités techniques des nouveaux modes de communication et du numérique, dans le cadre notamment de la libéralisation des services.

Mais si les techniques viennent perturber le droit, elles sont aussi porteuses de solutions : de vastes programmes de politiques publiques ont été engagés pour élaborer des réponses techniques au défi du numérique. Ils visent l'identification des œuvres et le contrôle de leur utilisation. Une fois l'œuvre identifiée (comme un produit l'est par son code barre, par exemple), son utilisation peut être électroniquement autorisée, sa circulation contrôlée et, le cas échéant, rémunérée. Transparence, facilité, économie et efficacité : le modèle est séduisant. Il n'est pas sans limite : la fraude informatique reste une menace réelle, malgré la cryptographie, et le système ne doit pas aboutir à un « flicage » – risque sérieux avec la propension actuelle au fichage systématique et à l'espionnite au motif du marketing.

Le « tout numérique » est également susceptible de bouleverser les modes de gestion des droits de la propriété intellectuelle. La gestion collective, amorcée par les sociétés d'auteurs, s'est développée, favorisée par les pouvoirs publics et retenue notamment pour la copie privée (rémunération perçue sur les supports vierges, vidéo et sonore), la reprographie, etc., mais elle n'offre pas la souplesse de la gestion individuelle, seule capable d'affiner les conditions d'autorisation de l'utilisation consentie et la rémunération. Le numérique offre la possibilité d'un retour à une gestion plus individuelle par le titulaire du droit lui-même : identification de l'œuvre et du titulaire des droits d'exploitation, connaissance des modalités d'autorisation et des conditions financières, accord et paiement en ligne. Si bien que les deux systèmes devraient coexister, selon les secteurs, voire se compléter dans certains cas. De même, une partie de la fonction de contrôle serait effectuée par la collecte et le traitement des données des gestionnaires de ces nouveaux « octrois » sur les réseaux, grâce aux filtres qui détecteront la circulation et la réception des œuvres.

De vastes programmes de politiques publiques ont été engagés pour élaborer des réponses techniques au défi du numérique : ils visent l'identification des œuvres et le contrôle de leur utilisation.

Deux autres sujets font l'objet d'une controverse. C'est d'abord l'attribution de la titularité des droits d'exploitation : qui de l'auteur, créateur humain, ou de l'organisation, géniteur économique, doit posséder les droits d'exploitation ? Un autre point sensible demeure, celui de la rémunération : la législation impose un droit de l'auteur à une rémunération proportionnelle aux recettes, obligation dont la comptabilité individuelle est lourde à tenir et qui est critiquée par certains.

« La crise » du droit d'auteur est essentiellement nourrie d'une adaptation permanente du droit face à l'apparition de nouvelles créations et de nouveaux modes d'exploitation. De ce point de vue, la période actuelle est particulièrement riche sous l'effet conjugué de l'évolution des techniques numériques et des pratiques sociales. Le droit des « belles lettres » devient un droit économique et technologique ; il est le gérant et le garant de la « propriété intellectuelle », cette première richesse de la société de l'information. Le créateur est concerné, et avec lui aujourd'hui les investisseurs de la création. ■

Les sociétés s'interrogent sur leur passé et sur les crimes qui les hantent

Par **Philippe Moreau Defarges**
IFRI (Institut français des relations internationales)

La repentance, c'est-à-dire la mise au jour du passé et de ses tragédies, s'impose de plus en plus comme un ingrédient nécessaire des processus de paix et de réconciliation, mais cette démarche se révèle insuffisante si elle ne se prolonge pas par un projet d'avenir entre les anciens ennemis.

Le 7 décembre 1970, Willy Brandt, alors chancelier de la République fédérale d'Allemagne (RFA), s'agenouille devant le monument du ghetto de Varsovie. Pour la première fois, le responsable d'un État prend en charge, par un acte à la fois intime et très visible, l'un des crimes les plus terribles commis par son pays ; il ne s'agit plus d'effacer le passé, mais de l'assumer. Depuis la Grèce antique, la réponse traditionnelle des sociétés ayant subi un traumatisme (guerre civile, dictature sanglante, occupation étrangère...) est de l'effacer, de faire comme s'il n'avait pas existé (principe de l'amnistie). En 1598, le roi de France Henri IV opte pour cette solution avec le célèbre édit de Nantes : « Que la mémoire de toutes choses passées depuis mars 1585 [début officiel des guerres de religion en France] [...] demeure éteinte et assoupie comme une chose non advenue. » Telle est également la démarche de l'Espagne post-franquiste qui, pour assurer la paix civile, choisit de « laisser les morts enterrer les morts », en clair de considérer la guerre civile (1936-1939) comme une question désormais historique.

La repentance comme psychanalyse collective

Alors pourquoi ce changement, cette mise au jour des atrocités du passé ? Tout d'abord, chaque époque a son unité, son esprit. La repentance s'apparente à une psychanalyse collective, la remontée au jour des drames ensevelis promettant à la société traumatisée un équilibre plus authentique. À cet égard, ce mouvement s'est d'abord essentiellement inscrit dans l'aire catholico-protestante, avec pour objet la Shoah (la destruction des Juifs d'Europe), l'attitude des Européens face aux peuples autochtones (Indiens d'Amérique du Nord, Aborigènes d'Australie, Maoris de Nouvelle-Zélande), l'héritage de l'apartheid en Afrique du Sud, la « lustration » – ou le « blanchiment » – du communisme en Europe centrale et orientale et, enfin, la mise au jour des crimes des dictatures en Argentine et au Chili. Le Japon, pays asiatique, est, lui aussi, confronté à ses crimes de la Seconde Guerre mondiale, mais ses rares excuses ont été à peine articulées. Les raisons de cette répugnance sont peut-être moins civilisationnelles (appartenance de ce pays à une culture de la face et non à celle du péché) que politiques, les Japonais considérant qu'ils agissaient au nom de l'empereur – maintenu en 1945 par l'occupant américain – et qu'ils ont subi pour leur part le crime unique des bombardements atomiques sur Hiroshima et Nagasaki. Quant au Cambodge, lui aussi asiatique, il n'a cessé d'annoncer et de repousser le procès de l'utopie sanglante des Khmers rouges. Ici aussi, ce qui paraît décisif, c'est moins la culture asiatique que des réalités humaines universelles : plusieurs dirigeants ont été dans le passé des Khmers rouges, la grande majorité de la population étant très jeune, absorbée par une très difficile survie quotidienne.

La repentance s'apparente à une psychanalyse collective, la remontée au jour des drames ensevelis promettant à la société traumatisée un équilibre plus authentique.

Toute repentance est une relation entre des victimes, ou leurs descendants, et d'anciens bourreaux – ici, en général, leurs descendants. En ce qui concerne les victimes, le fait nouveau réside dans leur prise de parole. L'histoire était et reste largement faite par les vainqueurs. Mais les vaincus ou plutôt leurs enfants ou leurs arrière-arrière-petits-enfants, retournant souvent contre leurs anciens maîtres leurs principes de dignité, exigent et obtiennent réparation (par exemple, Américains d'origine japonaise enfermés durant la Seconde Guerre mondiale). Aucun passé n'est à l'abri : c'est ainsi que la mythologie de la conquête de l'Ouest est mise à mal par les revendications indiennes.

Faire passer le passé

La reconnaissance des crimes est toujours un enchaînement d'épreuves. C'est ce que montrent les repentances à l'égard des Juifs. Pour que ces repentances aient pu être exprimées (principalement dans les années 1990), il a fallu que les Juifs à la fois regardent en face leur passé et qu'ils ne se perçoivent plus seulement comme des victimes honteuses mais comme des acteurs pouvant se battre et gagner. La guerre dite « des Six Jours », en juin 1967, aura marqué, de ce point de vue, un tournant. Et pourtant, que de victimes toujours bafouées !

Quant aux bourreaux ou aux responsables des traumatismes, se repentent-ils ? Albert Speer, ancien ministre de l'Armement de Hitler, figure emblématique du « bon nazi » au procès de Nuremberg, ne nie pas les crimes commis, mais ment gravement sur ses responsabilités. Frederik de Klerk, dernier président de l'Afrique du Sud de l'apartheid, et aussi prix Nobel de la paix, refuse de se soumettre à la commission Vérité et Réconciliation mise en place pour clarifier le passé. Par ailleurs, les vainqueurs ne se repentent pas : pourquoi iraient-ils semer le doute sur la légitimité de leur victoire ? La repentance, du côté de ceux qui se repentent, est un chemin tortueux. Plongée dans une histoire refoulée, elle obéit nécessairement à des motifs politiques. Sous Jean-Paul II, l'Église catholique multiplie les gestes de repentance en direction des juifs, des protestants, des Indiens d'Amérique, afin d'affirmer une certaine modernité de l'Église, celle-ci regardant son passé en face, conformément à l'exigence contemporaine de sincérité.

En Afrique du Sud, comme dans les anciens pays communistes, il faut à tout prix exorciser le passé, ce qui explique la constitution de commissions d'examen des itinéraires individuels. Le point d'arrivée est souvent amer, comme le souligne l'admirable formule du chef de l'État tchèque Vaclav Havel : « Nous sommes tous coupables. » Ainsi, en ex-Allemagne de l'Est, cette dissidente découvrant que la police politique connaissait parfaitement son emploi du temps, l'agent qui la surveillait étant son propre mari... Au Rwanda, le génocide des Tutsi par les Hutu en 1994 devait donner lieu à une expiation exemplaire, avec la création, par le Conseil de sécurité des Nations unies, d'un Tribunal pénal international (TPI). Or, ce Tribunal fonctionne très mal ; de plus, le Rwanda, au moins pour les Hutu qu'il détient, veut « se faire justice » lui-même.

Un rapport de force politique

La repentance n'est en rien une formule miracle. Ce qui demeure fondamental dans le règlement non du traumatisme, mais du conflit qui a provoqué le traumatisme, c'est la donne politique, en clair un rapport de force accepté par les anciens ennemis. Après la Seconde Guerre mondiale, l'Europe – surtout occidentale – a accédé à une incontestable paix parce qu'elle était sous la garde de puissances supérieures (États-Unis et aussi Union soviétique), qui, en fait, ont imposé, notamment à l'Allemagne, le pays perturbateur des années 1870-1945, de se redéfinir de fond en comble. En ce qui concerne l'Irlande du Nord, le processus de paix et de réconciliation engagé en 1998 est devenu possible parce que tant le Royaume-Uni que la République d'Irlande ont accepté qu'un jour l'Ulster puisse soit rester britannique, soit rejoindre la République d'Irlande, soit devenir indépendante.

Ce qui demeure fondamental dans le règlement non du traumatisme, mais du conflit qui a provoqué le traumatisme, c'est la donne politique, en clair un rapport de force accepté par les anciens ennemis.

Au-delà de cette configuration de forces, le dépassement du traumatisme requiert de faire que le passé soit révolu. Un projet d'avenir est alors indispensable. Telle est l'une des raisons d'être de la construction européenne : bâtir une dynamique d'intérêts communs, économiques, monétaires, politiques entre les anciens ennemis. Si les peuples des Balkans ou du Proche-Orient veulent sortir du cauchemar de leur histoire, ils devront eux aussi bâtir une dynamique régionale reposant sur le développement économique, des mécanismes de règlement des différends, la démocratie et la tolérance ou le mélange des cultures. ■

Pour en savoir plus

E. Barkan, *The Guilt of Nations,* W. W. Norton, New York, 2000.

I. Buruma, *Wages of Guilt, Memories of War in Germany and Japan,* Vintage, Londres, 1994.

P. Moreau Defarges, *Repentance et réconciliation,* Presses de Sciences Po, Paris, 1999.

« Oublier nos crimes », *Autrement,* n° 144, Paris, 1994.

« La mémoire, entre histoire et politique », *Les Cahiers français,* n° 303, La Documentation française, Paris, juil.-août 2001.

BUSSIÈRE CAMEDAN IMPRIMERIES
GROUPE CPI

Composition Nord Compo, Villeneuve-d'Ascq
Impression réalisée sur Cameron
à Saint-Amand-Montrond (Cher)
en juin 2002. (2e *tirage*)
Dépôt légal du 1er tirage : 1er trimestre 2002.
N° d'impression : 022570/1.
Imprimé en France